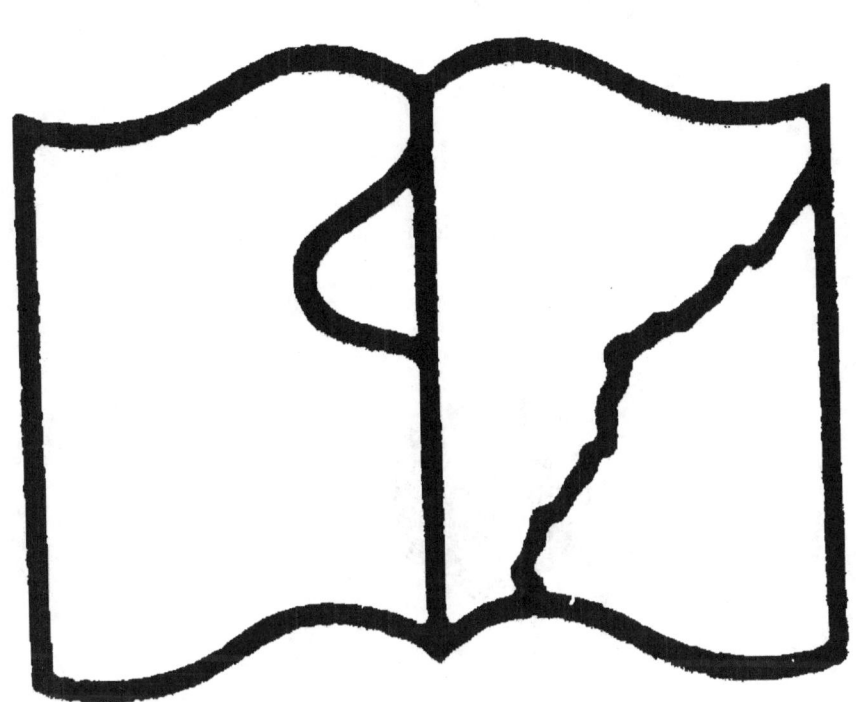

THÉATRE
D'UN
PARESSEUX

PAR

Ch.-J.

« Aucun résultat ne vaut aucun effort. »

PARIS

F. FESTCHERIN ET CHUIT, ÉDITEURS

LIBRAIRES DE L'ÉCOLE NATIONALE DES BEAUX-ARTS

18, rue de l'Ancienne-Comédie, 18

1886

THÉATRE
D'UN
PARESSEUX

8° Yf
261

IL A ÉTÉ TIRÉ DE CET OUVRAGE
Cinq cents exemplaires numérotés à la presse.

ÉVREUX, IMPRIMERIE DE CHARLES HÉRISSEY

THÉATRE
d'un
PARESSEUX

PAR

CH.-J.

« Aucun résultat ne vaut aucun effort. »

PARIS

F. FESTCHERIN ET CHUIT, ÉDITEURS

LIBRAIRES DE L'ÉCOLE NATIONALE DES BEAUX-ARTS

18, rue de l'Ancienne-Comédie, 18

—

1886

PRÉFACE

« *Aucun résultat ne vaut aucun effort.* »
Le choix que j'ai fait de cet apophtègme pour devise expliquera suffisamment au lecteur pourquoi je ne me suis pas donné la peine d'en rechercher l'auteur; et, malgré son air de famille avec les maximes d'Epictète, je ne jurerais pas que c'est de lui.

Je publie ces essais uniquement pour m.: listraire d'un grand chagrin. J'ai voulu, par ce travail forcé, arracher mon esprit à une pente douloureuse, et j'y ai trouvé, dans une certaine mesure, le remède que je cherchais.

J'ai fort peu produit, et la raison en est

bien simple : quand je sentais mon esprit en disposition laborieuse, je lui lâchais la bride, mais sans jamais lui donner un coup de fouet.

C'est bien là, n'est-ce pas, ce qui caractérise le véritable paresseux.

Maintenant que le lecteur me connaît à fond, j'exhume mes manuscrits de la poussière sous la quelle un demi-siècle les avait ensevelis.

C. J.

1886.

AVANT-PROPOS

Imbécile ! — *Je prends ce mot dans sa signification latine, qui n'est pas tout à fait bête, mais bien faible d'esprit.*

C'est mon premier essai.

Je fus tenté par l'idée de mettre en scène une courtisane de haute volée. C'était nouveau, à cette époque, en 1843, dix ans avant la Dame aux Camélias; mais, depuis, cette variété de la femme s'est multipliée d'une façon prodigieuse; et ces demoiselles, encouragées par leurs succès, ont audacieusement, et, aussi, triomphalement conquis une grande place dans la société moderne, où elles s'étalent le front haut et le visage découvert.

Aussi cette nouvelle couche a-t-elle été très fructueusement exploitée au théâtre.

On va me trouver bien timoré, bien provincial lorsque je fais consentir ma donzelle à un traité de cent mille francs pour lâcher sa proie, mais il y a longtemps de cela, et alors cette somme faisait un certain effet. Aujourd'hui, il faudrait y mettre un million, car elles traitent de puissance à puissance avec les plus hautes célébrités de la société honnête; elles les effacent souvent, non seulement par la beauté qui est, ou plutôt, qui devrait être le physique obligé de leur emploi, mais aussi par l'élégance des toilettes, le luxe des équipages, la splendeur de leurs hôtels et de leurs réceptions. — Très souvent, on a vu leurs fantaisies régler la mode; on les connaît, on en parle, on raconte leurs petites histoires; elles font, enfin, partie de ce monde dans lequel, autrefois, il n'en était question qu'entre hommes, à mots couverts et par allusions discrètes.

Ah! c'est que ce n'est plus à l'amour qu'elles sacrifient, c'est à Plutus; elles ne sont plus sans ordre et sans prévoyance; elles se sont rangées, elles comptent et comptent aussi bien que les hommes d'affaires les plus madrés. Elles ont terres et châteaux, et je ne pourrais pas citer toutes celles qui ont acheté, par un mariage, le titre de comtesse ou de marquise, car les parchemins à vendre ne manquent pas. On est tellement affamé de jouissances et de luxe qu'il faut se procurer de l'argent, n'importe comment, et beaucoup de gens n'hésitent pas à en aller demander aux sources les plus impures.

Nous vivons dans l'ère des cocottes.

Bien loin de moi l'idée de leur jeter la pierre; elles ont eu cent fois raison de changer de système et de prendre leurs précautions contre l'égoïsme et l'oppression des hommes dont elles ont été si longtemps les victimes. — Il faut que tout le monde vive ; tant pis pour ceux qui vont se brûler à ces attrayantes chandelles.

On ne compte pas le nombre des mineurs détournés par ces demoiselles ; et j'entends par mineurs, non pas ceux qui aspirent à leur vingt et unième année, mais bien ceux qui, ayant passé cet âge n'ont pas encore acquis leur équilibre mental, la plénitude de leur raison ; qui flottent éternellement dans leur incertitude parce qu'ils sont incapables d'observer les choses, de les examiner et de se former un jugement, bon ou mauvais, sur quoi que ce soit, et sont condamnés, par l'infirmité de leur nature, à répéter ce qu'ils ont entendu dire ou lu dans leur journal ; qui n'ont pas même de goût qui leur soit propre, qui n'aiment, enfin, que ce qui plaît aux autres. — Il en résulte que pour ces gens-là, plus une femme a eu d'amants, plus elle enflamme leurs désirs.

Ces mineurs sont de tous les âges et les plus nombreux ont passé la trentaine ; car la jeunesse est, bien souvent, retenue par la pudeur qui a encore quelque empire sur elle ; ce sont les plus âgés qui donnent les plus scandaleux exemples de cynisme.

Voilà mon Imbécile, et l'espèce en est innombrable dans tous les pays.

Nous traversons, d'ailleurs, une singulière époque ; la jeunesse mâle n'aspire qu'à une gloire : celle des clowns ;

La jeunesse femelle, ne pouvant se produire sur les planches dont elle a la passion, se fait, faute de mieux, cabotine de salons. — Quelle drôle de société!

Triste! triste! triste!!!

UN IMBÉCILE

ou

UN CONSEIL AUX FEMMES

PERSONNAGES

LE GÉNÉRAL Comte GUYENCOURT.   70 ans.
CHARLES, son neveu.   24 »
REDON, ami de la famille.   40 »
Le Maire de Voisins.
LOUISE, filleule du Comte.   18 »
MADAME VERNEUIL, femme galante.   30 »
Membres du Conseil municipal.
Domestiques, femme de chambre.
Un chœur de jeunes filles.

~~~~~~~~~~

La scène est à la campagne dans le château du Comte pendant le 1er, le 2e et le 4e acte; elle est à Paris dans l'hôtel de Charles pour le 3e acte.

UN IMBÉCILE

ou

UN CONSEIL AUX FEMMES

ACTE PREMIER

SCÈNE PREMIÈRE

Le théâtre représente un grand salon à la campagne, porte à droite, à gauche et au fond, donnant sur un perron.

CHARLES, REDON

CHARLES
L'oncle va décidément beaucoup mieux.

REDON
Certainement, mais il n'est pas encore rétabli.

CHARLES
Il me tarde furieusement de le voir dans un état qui me permette de partir, car, pour peu que cela dure, c'est moi qui tomberai malade.

REDON

Bah ! Bah !

CHARLES

Sais-tu qu'il y a huit jours que je suis ici ; huit jours de campagne, huit jours loin de mon bon, de mon délicieux Paris.

REDON

Cela te remet un peu de sang dans les veines, tu fais des économies.

CHARLES

Je crains de mourir de pléthore ; non, non, décidément, la villégiature ne convient qu'aux vieillards, aux podagres ou aux gens mariés : ce qui est tout comme. Il leur faut du calme, un air pur et aromatique.

REDON

Tu préfères l'odeur du gaz.

CHARLES (avec feu.)

Il me faut l'atmosphère poudreuse des Champs-Elysées, le tumulte et la fange des boulevards ; des cotillons rouges, bleus, verts que l'on retrousse pour montrer des jambes pleines de promesses excitantes qui entraîneraient un mort. — Il me faut ces rendez-vous charmants qui font les délices de la vie ; il me faut des femmes, ces êtres brillants qui sont nos véritables dieux, dont tout Paris brigue les faveurs, pour lesquelles on donnerait sa fortune et sa vie aussi facilement que je bois un verre d'eau — non, un verre de vin.

REDON

Et qui acceptent tout cela avec la même facilité.

CHARLES

Qu'importe ! Ce qui fait la vie, c'est l'antagonisme, c'est la lutte ; c'est un succès remporté, un cœur arraché à un autre ; c'est enfin, un triomphe qui affirme l'homme, — supprime la rivalité dans la vie et la terre ne nourrira plus que des brutes.

REDON

Il y a des gens qui n'y voient que cela.

CHARLES

C'est qu'il n'y a véritablement que cela. — Et puis faut-il tout dire ?... (Il lui prend le bras.) je suis amoureux.

REDON

De Mme Verneuil.

CHARLES

Oui, de Mme Verneuil. Quel esprit, quelle distinction ! Quelle élégance ; elle traine tous les cœurs après elle ; tout le monde en parle, sa maison est un palais, son opulente chevelure la couronne comme une véritable reine.

REDON (froidement.)

Est-elle toujours avec Brétigny ?

CHARLES

Que tu es grossier !

REDON

En quoi donc ?

CHARLES

On ne dit pas les choses aussi crûment que cela.

REDON

Est-elle sa maitresse ou ne l'est-elle pas ?

CHARLES

Sans doute, elle l'est; mais je te jure qu'à mon retour à Paris tout cela changera de face, et c'est bien pour cela qu'il me tarde d'y revenir.

REDON

Tant pis.

CHARLES

Et moi je dis tant mieux.

REDON

Chacun son goût. Je n'aime pas les grandes coquettes.

CHARLES

Moi je ne fais pas de la psychologie comme toi; je n'analyse pas l'eau que je bois et l'air que je respire; j'aime les femmes qui me plaisent, voilà tout.

REDON

Tu es bien plutôt comme la plupart des hommes, tu n'aimes justement que ce qui plait aux autres.

CHARLES

Je suis comme je suis.

REDON

C'est bien clair : mais je ne crois pas qu'il soit prudent de te laisser entraîner à cette conquête... Songe à ton oncle ; tu n'as peut-être pas encore bien longtemps à le ménager et son héritage vaut la peine qu'on y pense.

CHARLES

Mais c'est par affection que je suis ici.

REDON

Je sais bien, je sais bien ; mais si j'ai un avis à te donner, c'est de ne pas parler de départ.

CHARLES

Je sens qu'il faut attendre et cela me paraît dûr en ce moment — Paris ! mon bon Paris.

REDON

Est-ce que tu n'as pas pressenti quelque chose ?

CHARLES

Quoi ?

REDON

Je crois qu'il veut te marier.

CHARLES

Avec qui ?

REDON (hésitant.)

Avec... Mlle Louise.

CHARLES (éclatant de rire.)

Allons donc ! Quelle folie ! La fille de son régisseur.

REDON
Dis de son vieux compagnon d'armes.

CHARLES (riant.)
La belle différence.

REDON
C'est sa filleule.

CHARLES
Voilà un beau parti.

REDON
C'est un ange.

CHARLES
Une enfant. Tu te moques de moi. D'ailleurs je n'ai pas le goût du mariage, et si je dois jamais passer par ces fourches caudines qu'on nomme l'hyménée, ce sera pour contracter une alliance digne de ma fortune et de mon rang.

REDON
C'est très bien.

CHARLES
Le mariage, en soi, est la chose la plus difficile, la plus triste, la plus emb..... la plus ennuyeuse que je sache. On ne doit se marier que par besoin ou par ambition, comme on risque une entreprise, pour faire son chemin ou sa fortune et non pour avoir une femme. — Une femme! la belle affaire! Vive les femmes, à la bonne heure : et je suis trop jeune pour renoncer à faire ces charmantes expériences qui durent

quelques mois, quelques semaines, voire même un seul jour.

REDON
Ce sont les meilleures.

CHARLES (riant.)
Toi, tu es un libertin.

REDON
Certes non.

CHARLES
Tu n'as jamais eu de liaison sérieuse.

REDON
Pas si bête.

CHARLES
Tu es un libertin.

REDON
Distinguons. — Je crains les chaînes, mais personne ne prise plus que moi le commerce des femmes. Seulement je les veux tout à moi.

CHARLES
Voilà de la prétention.

REDON
Nullement. Sais-tu comment je m'y suis pris pour réaliser ce miracle ?

CHARLES
Donne-moi ton secret.

REDON

Je ne les vois que chez moi, seules, en tête-à-tête ; je veux ignorer leur famille, leur intimité, leurs habitudes ; je les reçois toutes avec une égale politesse, une égale courtoisie, qui les élève quand elles sont de bas étage, qui leur plaît quand elles y ont quelque droit. Je les entoure de soins, de parfums et de fleurs. Elles comprennent bien vite, avec leur instinct si délicat, qu'il n'y a plus de condition entre nous ; qu'il n'y a que deux êtres dont le seul but doit être de se plaire. On se met à table, on cause, on rit, quelquefois l'esprit se met de la partie, et l'on arrive au dessert si complètement abstrait de la réalité, qu'en contemplant ces visages jeunes, frais et charmants, je me laisse aller à mes rêves ; et selon que mon imagination est tournée à l'idylle ou à la pompe, je les couronne de pâquerettes ou de diamants.

CHARLES

Tu te fais un petit roman.

REDON

Il en faut toujours un peu. Et grâce à cette mise en scène, les feux de ma journée s'éteignent dans les bras d'une reine ou d'une simple bergère.

CHARLES

Parfait !

REDON (riant.)

Voilà ce qui s'appelle semer de quelques fleurs le chemin de la vie !

CHARLES

Tu prends de bons sujets pour faire de la poésie.

REDON

Bons sujets... je ne l'affirme pas; mais jolis, très jolis, toujours.

CHARLES

Je voulais dire que tu choisissais de singuliers sujets.

REDON

La nature ne fait-elle pas de la poésie avec tout ? N'est-ce pas dans le fumier que croissent les plus belles roses ?

CHARLES

Je comprends fort bien maintenant pourquoi tu es encore garçon.

REDON

Je n'ai jamais eu beaucoup de penchant pour le mariage et pourtant, aujourd'hui, si j'étais jeune, si j'étais riche...

CHARLES

Tu te marierais ?

REDON

Sans hésiter.

CHARLES

Et avec qui ?

REDON

Avec cette divine créature que nous quittons.

CHARLES

Louise !

REDON

Oui, M⁰⁰ Louise.

CHARLES

Tu la trouves jolie ?

REDON

Délicieusement jolie... et une nature !...

CHARLES

C'est singulier, je n'ai rien vu de tout cela.

REDON

Ce n'est pas singulier du tout ; sur 100 personnes, il y en 99 qui ne voient, qui n'entendent qu'avec les organes du voisin.

CHARLES

Ne fais donc pas ton phénix.

REDON

Tu n'as pas remarqué cette grâce, ce charme indéfinissable avec lequel elle nous offre à déjeuner, la rose du matin ?

CHARLES

Allons, dorénavant, j'y prendrai garde ; mais je n'en démords pas, tu es un libertin.

REDON

Quelle erreur ! Je suis, comme on dit, un artiste.

j'aime, j'adore tout ce qui est beau, ␣ ne peux pas imaginer la religieuse admiration, le saint effroi que m'inspire l'aspect de l'innocence et de la vertu.

CHARLES
Pour moi, n'en ayant jamais rencontré sur mon chemin, je n'en saurais rien dire.

REDON
Je crois bien, tu te promènes dans la vie comme un aveugle.

CHARLES
J'ouvrirai les yeux. Je ne demande pas mieux que de voir.

REDON
La voici.

SCÈNE II

LES MÊMES, LOUISE

LOUISE (se croyant seule, entre avec beaucoup de papiers à la main, et lisant) :

« Ma main des fleurs les plus chéries lui faisait des « bouquets si tendrement reçus »..... Oui, bien tendrement donnés, mais seront-ils jamais tendrement reçus ?

REDON
Voilà le secrétaire intime du général.

LOUISE (se retournant toute émue et cachant la romance sous d'autres papiers).

Je vous croyais partis.

CHARLES

Comment ces mémoires vous intéressent à ce point que vous les relisez en cachette.

LOUISE

Nullement en cachette.

REDON

Montrez-nous donc ce passage si palpitant.

LOUISE

Il n'y a rien là de bien palpitant.

CHARLES

On pourrait le croire, puisque la lecture vous arrache un soupir.

REDON

Voyons.

LOUISE (donnant le cahier des mémoires).

Voilà.

CHARLES

Non, non, ceci.

(Il prend la romance.)

REDON

Montre.

LOUISE (un peu embarrassée.)

C'est une romance que je trouve charmante.

REDON

De qui est-elle ?

LOUISE

De Massé.

REDON

Pour la musique.

CHARLES

Et les paroles ?

LOUISE

Je n'en sais rien.

CHARLES (lisant.)

« *Quand nous étions tous deux*
« *Errants dans les prairies,*
« *Ma main des fleurs les plus chéries*
« *Lui faisait des bouquets si tendrement reçus.* »

REDON

Mais c'est ravissant.

CHARLES

Voyons donc quel est ce sentimental auteur ?

REDON

C'est ?

CHARLES (éclatant.)

Nicolas Boileau !!!

REDON

Le didactique, le sec, le satirique Boileau Despréaux !

CHARLES

Rien que cela.

LOUISE

La musique en est charmante.

CHARLES

Voulez-vous nous la dire.

LOUISE

Je craindrais trop de ne la pas bien rendre.

REDON (à part.)

C'est peut-être le contraire.

LOUISE

Et la promenade que vous deviez faire ?

CHARLES (à part.)

Moi qui oubliais Virginie; je dois recevoir une lettre d'elle aujourd'hui. C'est égal, mademoiselle Louise, je voudrais bien vous entendre chanter ces jolis vers, et je ne vous en tiens pas quitte. D'abord vous avez une voix charmante.

LOUISE

Qu'en savez-vous ?

CHARLES

Est-il besoin de vous entendre chanter pour sentir que le timbre de cette voix va droit au cœur.

Louise baisse les yeux et reste interdite.

Il rend la romance.

Un domestique entrant.

Le cheval de Monsieur est prêt.

CHARLES (à Redon.)

Viens-tu ?

REDON

Non, je vais tenir compagnie à Mlle le secrétaire jusqu'à l'arrivée du comte.

CHARLES (à part et regardant Louise.)

Elle n'est vraiment pas mal.

REDON (à part, parlant de Charles qui sort.)

Quel imbécile !

SCÈNE III

LOUISE, REDON

LOUISE (voyant sortir Charles avec un soupir, à part.)

Ah ! je respire.

REDON (à part, en l'entendant soupirer.)

Je m'en doutais, elle l'aime. (Haut.) Vous allez vous mettre à l'ouvrage ?

LOUISE

L'heure approche.

REDON

J'aurais bien envie d'entendre un passage de ces fameux mémoires.

LOUISE

Parrain ne le veut pas.

REDON

Si je me cachais pour écouter sa dictée ?

LOUISE

Il fallait le faire sans me le dire, maintenant je suis prévenue, je proteste.

REDON

Oh !

LOUISE

Sans cela je serais complice.

REDON

J'ai bien le droit de lui demander cette faveur.

LOUISE

Sans aucun doute, et le temps ne vous manquera pas pour préparer votre requête, car j'ai laissé le général causant avec le jardinier. Ils en étaient sur les couches à melons.

REDON

Et comme je suis certain qu'ils s'y trouvent bien, nous en avons pour quelque temps.

LOUISE

Vous êtes une mauvaise langue.

REDON

N'y mettez pas plus de malice que moi.

LOUISE

La malice, vous le savez bien, n'est pas le penchant de mon caractère.

REDON

Oh! je le reconnais et je ne peux pas dire avec plaisir, mais avec chagrin.

LOUISE

Avec chagrin? Ah! je vous vois venir, vous allez me faire un sermon sur mes défauts.

REDON

Hélas! je voudrais bien vous en donner quelques-uns. Je vous trouve une franchise, une sincérité qui m'effraye.

LOUISE

Vous vous moquez de moi. (Elle s'assied.)

REDON

Combien je le voudrais. Les femmes sont lancées dans la vie comme sur une mer hérissée d'écueils; leurs bons sentiments sont les plus dangereux.

LOUISE

Voilà du nouveau.

REDON

Les mauvais sont presque toujours leur sauvegarde!

LOUISE

Je disais bien que vous vous moquiez de moi.

REDON

Nullement! Si vous connaissiez tant soit peu le monde, vous sauriez qu'on n'y fait aucun cas des bonnes natures.

LOUISE

Vous plaisantez, c'est évident.

REDON

Plût à Dieu! mais je vous dis ce qui est. Tenez; un homme qui, d'habitude, est modeste, bienveillant, obligeant; personne n'y prend garde; on ne tient compte ni de ses agréments personnels, ni des services qu'il est toujours disposé à rendre.

LOUISE (avec ironie.)

Ah! ah!

REDON

Mais qu'il soit bilieux, maussade, malveillant, médisant, critiquant tout, si, par hasard, il lui arrive d'être en belle humeur, ou à peu près comme tout le monde, oh! alors, on ne tarira pas en éloges sur son esprit et ses manières qu'on appellera originales. Il comptera pour flatteurs et pour amis tous ceux qui craignent ses boutades.

LOUISE

Ce n'est pas possible.

REDON

Rien n'est plus vrai. Si j'avais à vous faire l'histoire de la Société, vous croiriez que je la vois à l'envers.

Les bonnes natures sont presque toujours tyrannisées ou avilies.

LOUISE

Pour vous, Messieurs, soit; vous devez en savoir plus que moi.

REDON

Pour les femmes !... C'est pis encore. Ah ! si j'osais aborder ce sujet.

LOUISE (riant)

Dites toujours.

REDON (riant aussi.)

Croyez-en ma vieille expérience ; rien n'est plus dangereux pour une femme que d'être invariablement bonne, douce et charmante comme..... Mais il ne s'agit ici ni de vous ni de moi, nous généralisons.

LOUISE (plaisantant.)

Sans doute, c'est un sermon.

REDON

J'accepte l'épigramme.

LOUISE

En résumant votre doctrine, il faut poser en principe que, pour les femmes, les succès, le bonheur sont le fruit des plus mauvais instincts.

REDON (riant.)

Bravo ! Vous tenez la formule, vous y êtes... *presque.*

LOUISE

Presque, voilà déjà un amendement.

REDON

Les femmes doivent toujours laisser flotter quelques doutes sur la véritable nature de leurs sentiments..... Quand ils sont bons — oui, oui, croyez-moi. Il faut avoir quelques défauts, au moins en apparence : il faut inquiéter les gens qu'on aime pour les enchaîner.

LOUISE (sérieusement.)

Cher M. Redon, soyez sûr qu'on ne se refait pas.

REDON

Si, parbleu ! de même que la plupart des gens font de temps en temps les bons apôtres, alors qu'ils ne valent pas le diable, de même on peut avoir de mauvais moments.

LOUISE

Vous avez une bien triste opinion de vos semblables.

REDON

C'est que je les connais.

LOUISE

Vous ne les croyez accessibles qu'à de puériles grimaces.

REDON

Comme vous dites.

LOUISE

Je n'ai guère confiance à cette stratégie. Je dirai même... le faut-il ?

REDON (riant.)

Ne me ménagez pas.

LOUISE

Qu'elle me répugne, que je la méprise et que je ne voudrais rien lui devoir, quand bien même...

REDON

Incrédule jeunesse.

LOUISE

Tous ces calculs, tous ces vains artifices me paraissent par trop misérables, et vous ne m'arracherez pas de l'esprit que ce qu'il y a de plus puissant dans ce monde, c'est un sentiment vrai et profond.

REDON (attendri.)

Vous êtes un ange.

LOUISE (riant.)

Que vous vouliez pervertir.

REDON

Je voulais l'éclairer, je voulais l'instruire : je serais si malheureux si je le voyais brûler ses ailes !

LOUISE

L'avenir ne nous appartient pas; il faut accepter avec résignation celui que le ciel nous destine. — Je suis encore bien jeune pour traiter de pareilles questions ; mais, selon moi, la vie des femmes doit se résumer en deux mots : amour et dévouement.

REDON
Je vous répète que vous êtes un ange.

LOUISE (riant.)
Et vous un flatteur.

REDON
Malheureusement non, car leur royaume n'est pas de ce monde.

LOUISE
Je sais que cela se dit, ou plutôt se repète assez machinalement de père en fils depuis des siècles, mais ce n'est, selon moi, qu'un très regrettable préjugé, et je n'y crois pas.

REDON (plaisantant.)
Ah ! vous êtes furieusement réfractaire aux instructions de la sagesse... (Sérieusement.) Voulez-vous me permettre un seul mot pour finir ?

LOUISE (riant.)
C'est le troisième point ?

REDON
Raillez-moi, cela m'est parfaitement indifférent. Ce mot, je le jette aux hasards de vos réflexions, comme ces semences que le vent emporte et qui germent quelquefois dans les endroits les plus inaccessibles et les plus stériles.

LOUISE (plaisantant.)

Et quel est ce grand mot ?

REDON

Ce serait ma devise si j'étais femme : Aimez qui vous aime.

SCÈNE IV

LES MÊMES, LE GÉNÉRAL

LE GÉNÉRAL (entrant.)

Ah ! ah ! tu fais la cour à mon secrétaire ?

LOUISE (riant.)

Dites plutôt qu'il me fait un cours.

LE GÉNÉRAL

De quoi ?

LOUISE

De haute comédie.

REDON

A l'usage des gens du monde.

LE GÉNÉRAL

Elle a le temps d'y penser. Allons, à l'ouvrage ; cet animal de Philibert n'en finissait pas avec ses melons, aussi je suis en retard.

REDON

Rattrapons le temps perdu ; à l'ouvrage, à l'ouvrage !

LE GÉNÉRAL

C'est cela, et toi commence par aller te promener.

REDON

Comment, vous ne me permettrez pas d'assister à une seule dictée ?

LE GÉNÉRAL

Pas aujourd'hui.

REDON

Quelle rigueur, quel mystère !

LE GÉNÉRAL

Une autre fois. Ce que j'ai à raconter dans celle-ci doit demeurer secret.

REDON

Un secret.

LE GÉNÉRAL

Oui, pour tout le monde.

REDON

Même pour moi.

LE GÉNÉRAL

Même pour toi.

REDON

Alors, c'est différent, je vous laisse.

LE GÉNÉRAL

A tout à l'heure.

SCÈNE V

LE GÉNÉRAL, LOUISE

Le Général s'assied sur un canapé. Louise, près d'une table où elle a déposé ses papiers.

LE GÉNÉRAL

Où en sommes-nous restés ?

LOUISE

A la bataille de...

LE GÉNÉRAL

Lis-moi le passage.

LOUISE (lisant)

« Le Général, engagé trop vivement, se trouva
« enveloppé par l'ennemi ; blessé, précipité à bas de
« son cheval, il allait être pris ou tué, lorsque son
« ordonnance, blessé grièvement lui-même, saute de
« son cheval et y porte le Général, que l'animal effrayé
« emporte malgré lui, car cet acte de dévouement
« devait coûter la vie à son sauveur. Il tomba en effet
« aux mains des Arabes qui s'apprêtaient à lui trancher
« la tête, lorsque, par un de ces hasards heureux de la
« guerre, une charge vigoureuse de quelques chasseurs
« intrépides parvint à l'arracher des mains ce ces sau-
« vages et à le ramener au camp..... »

LE GÉNÉRAL

C'est bien cela.

LOUISE

Dieu ne pouvait pas permettre qu'un cœur si généreux eût cette déplorable fin.

LE GÉNÉRAL

Sais-tu le nom de cet homme qui venait de sauver ma vie au péril de la sienne ?

LOUISE

Je voudrais le connaître.

LE GÉNÉRAL

C'est Jean Garnier.

LOUISE (se levant.)

Mon père !

LE GÉNÉRAL

Oui, ton père. Viens dans mes bras.

LOUISE

Ah ! quel bonheur !

LE GÉNÉRAL

Comprends-tu maintenant pourquoi je t'appelais ma fille ; comprends-tu la place que tu tiens dans mon cœur et dans ma vie ? Tu es la compagne et la consolation de ma vieillesse, tu seras... Je connais l'étendue de ma dette.

LOUISE

Vous l'aviez déjà acquittée bien généreusement ; mon père a été comblé de vos bienfaits pendant les dix années qu'il a passées ici près de vous.

LE GÉNÉRAL

Acquittée... pas encore. Je n'ai fait que la moitié de mon devoir ; l'autre s'accomplira plus tard ; mais cela me regarde. Enfant, sache bien que ce que je viens de t'apprendre doit rester entre nous deux ; c'était le désir de ton père et tu respecteras sa volonté en même temps que la mienne.

SCÈNE VI

Les mêmes, CHARLES, REDON, LE MAIRE,
puis un chœur de jeunes filles

CHARLES (entrant tenant le maire par la main.)

Mon oncle, je vous amène M. le maire, qui vient avec une cérémonie inusitée... mais je lui laisse la parole.

LE GÉNÉRAL

Bonjour, mon cher maire.

LE MAIRE (avec une emphase comique.)

Monsieur le comte, j'éprouve un véritable bonheur à me trouver, en cette grande circonstance...

LE GÉNÉRAL, (bas à Redon.)

Est-ce qu'il est devenu tout à fait fou ?

REDON (bas.)

Il en a l'air.

LE MAIRE (cherchant les mots.)

..... en cette grande circonstance, l'organe du conseil municipal.

REDON (riant avec Charles et Louise.)

Bravo !

LE MAIRE

..... l'organe du conseil municipal. Il y a bien longtemps que nous cherchions l'occasion de vous témoigner la reconnaissance que tous les bons citoyens du village de Voisins éprouvent pour le bienfaiteur de la commune.

CHARLES

Bravo !

LE MAIRE

..... Pour le bienfaiteur de la commune. Elle lui doit le clocher de l'Eglise qui fait l'admiration du voyageur et l'orgueil du curé... non, non, de tous les paroissiens.

REDON

Bravo !

LE MAIRE

..... de tous les paroissiens... Elle lui doit...

LE GÉNÉRAL

Mais, mon cher maire, quelle mouche vous pique de venir rappeler avec autant de pompe...

LE MAIRE

Je l'oubliais, Général, elle vous doit aussi la pompe, cette sauvegarde pour nous tous.

LE GÉNÉRAL
C'est bien, c'est bien.

LE MAIRE
..... Cette sauvegarde pour nous tous qui permet de conjurer l'abominable fléau qui si souvent désole nos campagnes.

REDON
Bravo !

LE MAIRE
..... désole nos campagnes, et porte la terreur et la ruine partout où... *(cherchant la suite.)* partout où...

CHARLES
Tout tout, tout tout.

REDON
Bravo ! c'est senti.

LE GÉNÉRAL
Mon cher ami, ne nous inondez pas des flots...

LE MAIRE
J'oubliais encore... nous vous devons le pont que vous avez fait reconstruire après l'inondation.

LE GÉNÉRAL
Mais je parle des flots de votre éloquence.

LE MAIRE
Mon devoir m'oblige à rappeler celui de vos largesses.

REDON

Très bien, très bien !

LE GÉNÉRAL

Assez, de grâce ! Venez au fait, qui peut donc motiver cette imposante manifestation ?

LE MAIRE

Je viens, monsieur le comte, au nom du conseil municipal dont je suis fier d'être l'organe...

LE GÉNÉRAL

Oui ! oui, c'est convenu.

LE MAIRE

Je viens vous offrir la couronne de rosière.

LE GÉNÉRAL

A moi ?

REDON

Voilà du nouveau.

LE MAIRE

Non, non, je me trompe, mais l'importance de ma mission, ce petit discours qui était indispensable dans une aussi grande circonstance, cette assistance si nombreuse et si éclairée, tout cela me cause une émotion bien naturelle qui... que...

CHARLES

Bravo !

LE MAIRE

Je me résume : Je viens déposer la couronne de rosière aux pieds de votre filleule.

LOUISE

Moi !

LE MAIRE

... Qui par ses vertus et surtout avec...

REDON

Bravo ! monsieur le maire, bravo !

LOUISE

Oh ! monsieur le maire.

LE MAIRE

Non, vous n'arrêterez pas le... vous n'empêcherez pas que j'accomplisse... j'éprouve un besoin...

REDON (à part.)

Allons bon ! Il ne manquait plus que cela.

LE MAIRE

...Mais il est réservé à des voix plus douces que la mienne...

CHARLES

Vous êtes modeste.

LE GÉNÉRAL

Rien ne peut nous être plus doux que l'expression des sentiments dont vous vous êtes fait si brillamment l'interprète, et je suis charmé.

LE MAIRE

Vous allez l'être bien plus encore, Général, attendez. (Se tournant vers les jeunes filles.) Attention, mesdemoiselles, en avant !

CHARLES

Deux !

LE MAIRE

Non, quatre !

REDON

Elles vont exécuter un quadrille.

LE MAIRE

Une cantate.

TOUS

Une cantate.

LE MAIRE

Oui ! c'est l'époque, comme vous savez, et nous allons vous prouver que la commune de Voisins a participé avec assez de succès au mouvement musical de l'époque. — *Une, deux.* (Il bat la mesure sur son chapeau. On entend un accompagnement dans la coulisse et les jeunes filles chantent un chœur grotesque.)

TOUS

C'est parfait, c'est charmant, c'est admirable !!!

LE GÉNÉRAL

Mais c'est très bien.

LE MAIRE

N'est-ce pas ? C'est moi qui ai eu cette idée.

REDON

Il était difficile d'en avoir une plus heureuse.

LE MAIRE

Ce n'est pas tout.

CHARLES

C'est donc un opéra entier ?

LE MAIRE

Pas tout à fait, mais voici le morceau capital.

TOUS

Ah !

LE MAIRE

C'est le solo. Les paroles sont de moi, Général.

CHARLES

Et la musique ?

LE MAIRE

De Mozart.

REDON

Vous voulez dire de Musard.

LE MAIRE

Oui, oui, je me trompais; c'est de Musard, celui qui a fait les noces...

REDON

De Jeannette.

LE MAIRE

Ça doit être cela. — Allons, Hermance, allons !
(Il bat la mesure, et la petite chante un couplet en l'honneur du Général et de Louise.)

TOUS

Bravo ! bravi ! brava !

REDON

Mais vous êtes un véritable artiste, monsieur le maire.

LE MAIRE
Oui, je m'occupe un peu d'art, oh! seulement de poésie et de musique.

REDON
Peste! rien que cela?

LE MAIRE
Dans mes moments perdus.

CHARLES
Vous y réussissez à merveille.

LE MAIRE
Pas trop mal, n'est-ce pas? et je compte bien, cet hiver, aller à Paris faire représenter une petite chose que j'ai faite pour l'Opéra.

REDON
Ou les Bouffes Parisiens.

LE MAIRE
Oh! cela m'est égal, c'est toujours le même genre.

CHARLES
Est-ce que vous ne chantez pas un peu vous-même?

LE MAIRE
Si, si, mais les basses tailles seulement. Je n'ai pas encore pu attraper la voix de ténor.

REDON
Bah! en le voulant bien, je suis sûr...

LE MAIRE
Je crois bien aussi que...

REDON

Si vous vous décidez jamais à chanter votre musique vous-même, je vous garantis le plus éclatant succès.

LE MAIRE

Vous me donnez une idée !

CHARLES

Ne la laissez pas échapper. (Tout le monde vient serrer les mains du maire en signe de congratulation.)

REDON

Recevez mes félicitations bien sincères.

LE GÉNÉRAL

Ainsi que nos remerciements. Et pour terminer dignement cette petite fête, j'espère que vous me ferez l'honneur, monsieur le maire, comme vous aussi, messieurs, de rester à dîner au château. Je vous promets, pour vous prouver ma reconnaissance de tous les bons sentiments que vous venez de nous témoigner, de vous faire boire un certain vin de Chypre.

CHARLES

Nous boirons de votre vin de Chypre ?

LE GÉNÉRAL

Vous voyez qu'il a de la réputation, et il la mérite. Je ne crois pas qu'il y en ait de pareil dans le monde. Je le garde depuis trente ans, il ne parait que dans les grandes occasions.

CHARLES

Il donnerait des idées à une borne.

REDON (prenant la main du maire).

C'est bien un vin de circonstance.

LE MAIRE

Imitez-moi, messieurs, vive notre bienfaiteur !

LE GÉNÉRAL

Réservez cela pour le dessert, si toutefois vous êtes contents.

TOUS

Vive le général !

LE MAIRE

Mais la cérémonie n'est pas terminée.

REDON

Est-ce encore un couplet ?

LE MAIRE

Non, non, la couronne, Hermance, la couronne !

TOUS

La voici. (On apporte la couronne sur un coussin de canapé.)

LE MAIRE

Offrez-la à Mlle Louise.

LOUISE

Mon bon parrain, voulez-vous régler la conduite que je dois tenir pour répondre à un honneur dont je suis plutôt le prétexte que le véritable objet, ou bien.....

LE GÉNÉRAL

Fais, mon enfant, fais suivant ton impression ; c'est toi seule qui es en cause, c'est à toi de répondre.

CHARLES (plaisantant).

Ah ! Mademoiselle Louise, à vous la parole ; mais ne répondez pas en latin comme Marie Stuart ; permettez-nous de vous comprendre.

REDON

En latin, en latin !

CHARLES

A bas le latin !

LE MAIRE ET LES MEMBRES DU CONSEIL.

A bas le latin !

LOUISE

Je vais faire tout mon possible pour vous parler en français.

LE MAIRE ET LES MEMBRES DU CONSEIL

Oui, oui, en français, en français.

LOUISE

Monsieur le maire, la couronne de rosière est une récompense destinée à celles qui ont montré de la charité envers leurs semblables, du courage dans l'adversité et une louable résistance aux entraînements de la jeunesse. La Providence, en attirant sur mon berceau la bonté du Général, m'a rendu la vie trop facile et trop heureuse pour qu'on puisse me faire un mérite de n'avoir jamais eu que de bons penchants. Depuis que je me connais, je n'ai jamais marché que sur des roses. Il est juste de réserver l'honneur de votre choix pour celles qui, dans les luttes de la vie, n'ont pas perdu l'espoir en Dieu et sont restées dans le droit chemin.

LE GÉNÉRAL (lui prenant la main.)

Très bien, Louise, très bien, mon enfant.

CHARLES

Mademoiselle Louise, je n'aurais jamais cru à ce talent d'orateur.

LOUISE (riant.)

Est-ce français ?

REDON

Oh ! très français, car c'est très généreux.

LE MAIRE (un peu décontenancé.)

Certainement, mademoiselle, que...

LE GÉNÉRAL

Monsieur le maire, je ne puis rien contre la décision de ma filleule, mais, pour atténuer un peu l'effet qu'elle doit produire...

LOUISE

Oh ! parrain, si j'avais su...

LE GÉNÉRAL (riant.)

Ecoute donc, il y a un peu de paysan du Danube dans ta réplique.

LOUISE

Je ne croyais pas...

LE GÉNÉRAL (à part.)

Il y a aussi de moi et ça me fait plaisir (haut.) Je vous prie d'annoncer que je donnerai un livret de 5,000 francs à celle...

TOUS

Cinq mille francs !!!

LE GÉNÉRAL

Oui.

LE MAIRE

Vous êtes si généreux que nous pourrons bien nommer deux... (Tous les membres du conseil s'écrient en même temps :) cinq rosières, cinq rosières !!!

REDON

Vous en avez donc à revendre ?

LE MAIRE

Semez des billets de banque, il poussera des rosières.

REDON

Jusqu'à présent, je croyais le contraire.

UN DOMESTIQUE

M. le comte est servi.

LE GÉNÉRAL

M. le maire, donnez-moi le bras, et allons boire à la santé des rosières de Voisins.

CHARLES (à part à Redon.)

C'est vrai qu'elle est très bien, quel air, quel ton.

(Hunt ; à Louise, en lui offrant le bras.) Allons boire à celle qui n'a pas voulu l'être. (Louise lui prend le bras avec un embarras charmé.)

CHARLES (à part.)

Comme j'étais sot ! Si je dois encore rester huit jours ici, employons-les. (A part à Redon.) Une rosière, je n'y avais jamais pensé, il y a de quoi monter la tête.

REDON (à part.)

Voilà une réflexion digne de M. de Sade.

DEUXIÈME TABLEAU

Le théâtre représente un petit salon précédant une chambre à coucher. Porte à gauche, porte à droite donnant dans la chambre, fenêtre au fond.

CHARLES (entrant dans l'ombre ; il est un peu exalté par les fumées du Chypre.)

A peine si le soleil se couche. Il me tardait bien de te voir disparaître aujourd'hui, mon bon soleil. (Il s'approche de la fenêtre qu'il ouvre.) C'est toi qui es le vrai Dieu de la terre, c'est à toi que nous devons tout ce qu'il y a de beau et de bon dans la nature. Ce sont tes rayons que je presse, que j'embrasse, quand je presse, quand j'embrasse les cheveux dorés de ma maîtresse !

Ce sont eux que je viens de boire dans ce vin de Chypre, dans ce délicieux vin de Vénus. Oh ! je te reconnais, bonne déesse ! je sens tes ardeurs circuler dans mes veines ; c'est toi qui animes mon sang ; c'est toi qui fais battre mon cœur !... (Se tenant la tête et reprenant un peu de sang-froid.) C'est toi qui me montes à la tête !... Je fais une folie... Partons.

SCÈNE II

LOUISE (entrant sans le voir, un bougeoir à la main, se croyant seule)

Quel changement dans ma vie depuis que j'ai quitté cette chambre. — Tous mes rêves réalisés en un jour ! (Se mettant devant une image de la Vierge.) Bonne et sainte Vierge ! c'est toi qui me fais retrouver un père ; c'est toi qui m'ouvres enfin le cœur de celui sur qui se concentrent toutes les aspirations de ma vie ! (Charles, qui s'est approché, lui dit : Louise !)

LOUISE (se prenant la tête dans les mains et se croyant sous l'empire d'une hallucination)

O mon Dieu ! je crois que je deviens folle ; sa voix est toujours dans mon oreille ou plutôt dans mon cœur. Il me semble que je l'entends encore me dire : « Louise, Louise ». (Se tournant vers la Vierge.) Bonne Vierge, protège-moi.

CHARLES

Louise.

LOUISE (se retournant avec effroi)

Quoi ! c'est vous ?

CHARLES

C'est moi.

LOUISE

Je ne m'attendais pas... Est-ce que parrain serait malade ?

CHARLES

Nullement.

LOUISE

Non... Eh bien ?...

CHARLES

Je viens... je voulais causer un moment avec vous.

LOUISE

Ici, à cette heure ?

CHARLES

Oui, j'étais dans une agitation singulière, inconnue.

LOUISE

Vous avez peut-être mis trop d'ardeur à porter la santé de M. le maire.

CHARLES

Et surtout la vôtre.

LOUISE

Jamais je ne vous ai vu aussi...

CHARLES

C'est que jamais, non plus, je ne m'étais trouvé sous l'empire d'un sentiment aussi vif ; c'est que jamais, jusqu'aujourd'hui, je ne vous avais vue.

LOUISE

Moi ?

CHARLES

Oui ! vous. Je vous traitais comme une enfant ; je vous considérais comme une sœur et, dans un seul instant, vous vous êtes transformée ; vous avez pris, avec la promptitude de l'éclair, une forme, un regard, toute une personnalité nouvelle qui a profondément remué mon cœur.

LOUISE

Oh ! je vous en prie, ne me parlez pas ainsi !

CHARLES

Si vraiment, je sens...

LOUISE

Non, je vous en conjure, n'achevez pas, épargnez-moi, n'accélérez pas ce mouvement que j'éprouve en moi-même, qui m'effraye et qui m'emporte.

CHARLES

Eh quoi ! serais-je assez heureux ?

LOUISE

Monsieur Charles, votre présence ici, ce peu de mots que je viens d'entendre me jettent dans un embarras, dans un trouble que je chercherais vainement à surmonter. Je vous en supplie, ayez pitié de moi. Sans que j'aie un mot à vous dire, vous connaissez déjà votre empire et ma faiblesse.

CHARLES

Parlez, parlez, je m'énivre de vos paroles.

LOUISE

Depuis que je vous connais, que je me sens vivre, un irrésistible besoin de dévouement s'est emparé de mon âme; elle est... (Elle se retourne et cache son visage dans ses mains.)

CHARLES

Comment ! (Il lui prend les mains.) dans le silence nos cœurs s'étaient si bien compris, vous m'aimez ?...

LOUISE (à part)

O mon Dieu !

CHARLES

Combien je remercie le ciel d'avoir fait tomber le voile qui couvrait mes yeux. Je vous reconnais maintenant, c'est vous que j'entrevoyais dans mes songes d'amour; c'est vous qu'il destinait à charmer toute ma vie.

LOUISE

Assez, assez, Charles, partez, ne dites plus un mot. Ne voyez-vous donc pas que je suis tout à vous ?
(Elle tombe sur un fauteuil.)

CHARLES

Louise ! (Il se met à ses pieds.)

LOUISE

Oh ! Charles, ne me tuez pas; laissez-moi goûter ce bonheur. Vous, à mes pieds !...

CHARLES

Je t'aime ! (Il veut lui baiser la main. Elle s'échappe et court se jeter à genoux devant l'image de la Vierge.)

LOUISE

Oh ! ma bonne Vierge, sauve-moi !

CHARLES (se levant.)

Pourquoi cette terreur ?

LOUISE

Ce n'est pas vous qui m'effrayez, c'est moi-même, c'est... Ah ! je vous en conjure, partez.

CHARLES

Vous le voulez ?

LOUISE

Je vous en supplie.

CHARLES

A demain !

LOUISE

A toujours !

(Il sort en lui envoyant un baiser.)

ACTE II

SCÈNE PREMIÈRE

Même décoration qu'au premier tableau.

REDON et CHARLES
(Se rencontrant à la porte; l'un entrant, l'autre sortant.)

REDON

Déjà sorti ?

CHARLES

Déjà rentré ?

REDON

Pour moi, c'est une vieille habitude, j'ai la passion du matin, comme d'autres ont celle du vin ou de la musique; mais tu n'avais jamais montré, si ce n'est depuis quinze jours, un si furieux penchant à voir lever l'aurore.

CHARLES

Le fermier se plaint des lapins qui le dévorent, et j'ai donné rendez-vous au maire pour les fureter. Il est l'heure, et je pars.

REDON

Bonne chasse ! mais tu m'as plutôt l'air du Juif-Errant qui marche pour obéir à une malédiction ou pour se fuir lui-même, qu'à un homme qui court après le plaisir.

CHARLES

C'est vrai, je ne peux pas rester en place, il faut que je sorte, que je marche, que j'agisse.

REDON

C'est la ressource des gens qui ne pensent pas...

CHARLES

Merci.

REDON

... Ou qui craignent de réfléchir.

CHARLES

Que veux-tu dire ?

REDON

Je veux dire...

SCÈNE II

LES MÊMES, LOUISE,

LOUISE

Bonjour, messieurs.

CHARLES (contrarié)

Bonjour, Louise.

REDON

Bonjour, mademoiselle Louise.

LOUISE

Vous allez chasser ?

CHARLES

Oui, j'ai rendez-vous à la mare Aubinière.

LOUISE

C'est bien loin, et je vous préviens qu'il pleut.

CHARLES

Cela m'est bien égal, ce bon maire m'attend et je ne peux pas lui fausser compagnie.

LOUISE

Vous vous rendrez malade.

CHARLES

Avec mon caoutchouc, je ne crains rien. Voulez-vous venir avec nous ? Vous remplaceriez avantageusement le soleil.

LOUISE (riant)

Je le voudrais bien, mais...

CHARLES (riant)

Allons, vous ne voulez pas dire que le charme de notre société n'a pas assez d'entrainement pour vous faire risquer une pareille aventure.

LOUISE (avec reproche)

Oh !...... Et vous, monsieur Redon, cela ne vous tente pas ?

REDON

Pas du tout.

LOUISE (à Charles.)

Ne soyez pas trop longtemps.

CHARLES

A bientôt.

(Quand il sort, Louise lui envoie un baiser à la dérobée. — Redon s'en aperçoit.)

REDON (à part.)

J'en étais sûr !

SCÈNE III

REDON, LOUISE

REDON

Savez-vous que vous faites de très grands progrès.

LOUISE

En quoi ?

REDON

Chaque matin, à la même heure, je vous entends chanter votre romance favorite.

LOUISE

Je fais comme les oiseaux ; en m'éveillant, je salue l'aurore.

REDON

Ah !... vous êtes fidèle.

LOUISE

Je ne connais pas de mélodie dont l'écho me soit plus doux.

REDON

Soit, mais cette persistance à la répéter pourrait faire croire qu'elle a une signification particulière.

LOUISE

Est-ce que le rossignol a deux chansons ?

REDON

Non.

LOUISE

Eh bien ! — si vous pouviez avoir ses confidences, pénétrer sa pensée, vous apprendriez que dans ce chant, éternellement le même pour nous, il répand les tendresses de son cœur et exhale chaque jour une poésie nouvelle.

REDON

Je voudrais bien pouvoir calmer un peu celle qui bouillonne dans cette charmante tête et qui pourrait l'entraîner en mauvaise voie.

LOUISE

Pour trouver la bonne, je me fie à mon guide, il est là. (Elle met la main sur son cœur.)

REDON

C'est justement le point vulnérable des bonnes natures ; elles souffrent, elles se perdent, elles périssent par là.

LOUISE

Je ne peux vous croire.

REDON

Dieu me garde ! chère Louise, d'avoir la prétention de lire, comme Cassandre, dans l'avenir. — J'ai cédé à un véritable besoin de mon cœur en cherchant à ouvrir votre esprit aux conseils de mon expérience. J'échoue dans ma tâche et j'y renonce, mais rappelez-vous que le marin, en entendant le cri de l'alcyon, serre les voiles et se prépare à lutter contre la tempête.

LOUISE

Mais où puisez-vous donc ces pressentiments sinistres ?

REDON

Je ne vois plus rien; vous me traitez en aveugle; je me résigne à ce rôle; et, puisque vous aimez les romances, j'irai tous les jours chanter sous vos fenêtres, celle de Martini.

LOUISE

Laquelle ?

REDON

Plaisir d'amour ne durent qu'un moment,
Chagrins d'amour durent toute la vie.

LOUISE (effrayée)

C'est faux.

REDON

C'est la vérité.

LOUISE

Pourquoi donc me donnez-vous ces avertissements ?

REDON

Parce que je vous vois sur une pente fatale ; et s'il en est temps encore.....

LOUISE (cédant à un mouvement intérieur)

Il m'aime !...

REDON

Il n'aime que lui.

LOUISE (avec douleur)

Ah ! vous me faites mal. (Elle s'asseoit.)

(On entend le général appeler : « Louise, Louise ! »......)

LOUISE (se levant avec précipitation)

Je suis trop troublée pour paraître devant le Général ; voyez-le. Dites-lui...

(Elle sort dans la plus grande émotion.)

REDON (seul)

Quelles singulières, quelles cruelles situations, le mauvais destin nous condamne quelquefois à traverser ! Voilà une femme que j'aime plus que ma vie ; je sens que je ferais son bonheur aussi certainement qu'elle ferait le mien. Eh bien ! elle court à un autre, aux chagrins, peut-être même à sa perte, c'est son cœur qu'elle écrase. — Pitoyable humanité ! Comment Dieu a-t-il pu laisser sortir de ses mains une œuvre aussi imparfaite ! Et nous raillons avec dédain les papillons qui volent à la plus insignifiante flamme pour s'en faire dévorer.

SCÈNE IV

REDON, LE GÉNÉRAL

LE GÉNÉRAL

Ah ! c'est toi.

REDON

Bonjour, général, comment allez-vous ce matin ?

LE GÉNÉRAL

Très bien. Où est Louise ?

REDON

Je l'ignore.

LE GÉNÉRAL

Et Charles ?

REDON

A la chasse.

LE GÉNÉRAL

Avec un pareil temps ?

REDON

Il est intrépide.

LE GÉNÉRAL

On croirait, depuis quelques jours, qu'un mauvais génie est venu s'installer ici.

REDON

Pourquoi cela ?

LE GÉNÉRAL

Toutes mes habitudes sont bouleversées, tout le monde est en l'air, mon secrétaire, Louise qui était l'exactitude en personne, Louise elle-même se dérange.

REDON

Voulez-vous que je la cherche ?

LE GÉNÉRAL

Je vais réformer tout cela et faire une exécution.

REDON (riant.)

Vous me faites trembler.

LE GÉNÉRAL (montrant une lettre.)

Voilà qui va remettre l'ordre dans la maison. (Il s'assied.)

REDON

Quel est ce talisman ?

LE GÉNÉRAL (à lui-même.)

Cela marche plus vite que je ne pensais.

REDON

Quoi donc ?

LE GÉNÉRAL

Je te dis que cela va trop bien.

REDON

D'ordinaire, on ne se plaint pas quand les choses vont bien.

LE GÉNÉRAL

Je m'entends. — Je veux marier Charles.

REDON

Le marier !

LE GÉNÉRAL

Eh bien ! Qu'y a-t-il là de si étrange ?

REDON

Rien, mais...

LE GÉNÉRAL

Mais, mais, voilà un bout de papier. ...

REDON

Qui va l'envoyer à la mairie ?

LE GÉNÉRAL

A Ispahan.

REDON

A Ispahan ?

LE GÉNÉRAL

Tout comme j'ai l'honneur de te le dire.

REDON

C'est là que vous projetez de lui faire serrer les deux nœuds.

LE GÉNÉRAL

Non; il est encore trop jeune; il n'a que 24 ans, il a toujours été trop heureux. Il lui faut une bonne année d'épreuves, de fatigues, de privations, afin qu'à son retour, il puisse apprécier le sort que je lui prépare;

le calme et le charme du ménage. Aujourd'hui, tout cela lui paraîtrait un peu fade et je ne veux pas, par une précipitation inintelligente, compromettre le bonheur de toute sa vie, et aussi celui de sa femme, du trésor que je lui destine.....

REDON

Mademoiselle Louise ?

LE GÉNÉRAL

C'est toi qui l'as nommée. — Je lui fais là un présent mille fois plus précieux que ma fortune, qui sera sa dot.

REDON

Ah! quelle belle, quelle bonne action vous faites là !

LE GÉNÉRAL

Il n'y a rien de beau en ceci ; ce n'est que de la reconnaissance, d'abord envers son père qui m'a sauvé la vie.....

REDON

Ah! j'ignorais.....

LE GÉNÉRAL

Ensuite envers elle qui l'a embellie et charmée. C'est bien un peu ma fille aussi, et je veux faire son bonheur comme elle a fait le mien.

REDON

Je ne peux qu'applaudir à une pareille pensée.

LE GÉNÉRAL

Tu ne t'attendais pas à cela, toi, profond philosophe.

REDON

Peut-être.

LE GÉNÉRAL

Voilà dix ans que je nourris ce projet, que je me berce de cet espoir, le caressant dans ma solitude comme un rêve chéri, sans en dire un mot à personne, sans même le laisser soupçonner.

REDON

Et pourquoi ne le réalisez-vous pas de suite sans le soumettre encore à toutes les chances qu'un long voyage peut lui faire courir ?

LE GÉNÉRAL

Si je ne pensais qu'à moi, je les marierais demain ; mais, je le vois, Charles est encore incapable d'apprécier le don que je lui fais, et comme je mets avant le mien le bonheur de cette chère enfant, je ne veux la donner qu'à un homme digne d'elle.

REDON

Permettez-moi de vous le dire, cher comte, toutes ces belles prévisions à long terme ne me paraissent manquer que d'une chose.

LE GÉNÉRAL

Laquelle ?

REDON

De prévoyance.

LE GÉNÉRAL

Tu joues sur les mots.

REDON

C'est fort loin de ma pensée. L'avenir, songez donc, l'avenir ! Il n'est pas de sorcier plus fécond en maléfices ; il est gros de déceptions comme un courtisan de mensonges. — En bon général que vous êtes, vous pensez qu'on peut régler l'avenir comme un plan de bataille : illusion !

LE GÉNÉRAL

Ta, ta, ta.....

REDON

Défiez-vous-en comme d'un traître qui épie vos projets pour les déjouer. Il est vigilant comme Argus, fort comme Briarée et semble n'user de ses ressources infernales que pour confondre nos desseins.

LE GÉNÉRAL

Avec tous tes beaux airs de profondeur, tu n'es qu'un esprit superficiel.

REDON

Soit, je le veux bien ; mais accordez-moi que je n'ai eu raison qu'une fois dans ma vie et n'exposez pas d'aussi graves intérêts à tant d'aventures.

LE GÉNÉRAL

Non, non, Charles n'est pas mûr pour le bonheur ; je connais ses habitudes galantes, la vie dissipée qu'il mène à Paris.

REDON (avec précaution)

Et..... s'ils s'aimaient ?

LE GÉNÉRAL

C'est bien ce que j'espère. Et comment ne l'aimerait-il pas ?

REDON

Lui, ne m'inquiète guère ; mais si elle l'aimait ?

LE GÉNÉRAL

Oh ! la chère enfant, quelle joie je lui causerai en lui disant : Voici ton mari.

REDON

A votre place, je le lui dirais aujourd'hui.

LE GÉNÉRAL (s'emportant)

Et ne comptes-tu donc pour rien la félicité que je vais goûter pendant une année chaque jour, heure par heure, minute par minute, en lui préparant cette surprise, en lui laissant peu à peu deviner cet avenir ?

REDON

Vous êtes un égoïste.

LE GÉNÉRAL

Eh bien ! quand ce serait, quand je voudrais, quelque temps encore, garder cet ange près de moi, à moi seul, sans partage ; l'avoir là sans cesse toujours souriante, toujours heureuse, sans ces préoccupations, ces soucis, ces dangers, même, du mariage et de la maternité.

REDON

Vous êtes un égoïste.

LE GÉNÉRAL

Non, je ne le suis pas ; car je jure que j'ai pesé une à une toutes ces considérations et je me suis décidé pour l'ajournement uniquement pour elle afin de fonder son bonheur d'une manière aussi certaine et aussi durable que si je lui donnais des assises de granit.

REDON

Soit.

LE GÉNÉRAL

Voilà ma pensée, tu es le seul à la connaître, ne la trahis pas.

REDON

J'aurais bien préféré l'ignorer.

LE GÉNÉRAL

Pourquoi ?

REDON

Parce que moi aussi, j'ai une grande affection pour cette enfant et que je ressentirai nécessairement le contre-coup de ses tristesses pendant la longue absence de celui qui remplit son cœur.

LE GÉNÉRAL (avec impatience)

Qu'en sais-tu ?

REDON

Rien d'une manière certaine, mais je parle d'une hypothèse et je crois que vous feriez bien d'agir avec précaution pour lui annoncer ce voyage, — ces natures délicates, nerveuses, commandent beaucoup de ménagements.

LE GÉNÉRAL
Tu crois donc qu'elle l'aime.

REDON
Euh ! euh.....

LE GÉNÉRAL
Comme elle sera heureuse.

SCÈNE V

LES MÊMES (Charles et le maire entrant horriblement mouillés)

CHARLES (entrant)
Mon oncle, je vous présente un fleuve de votre connaissance.

LE MAIRE
Voilà.

REDON
Un fleuve en chair et en os.

CHARLES
Principalement en eau.

LE MAIRE
N'est-il pas vrai qu'il ne me manque qu'une barbe de roseaux pour figurer à merveille le Rhône ou le Rhin.

CHARLES
Ils ne sont pas plus humides dans leur grotte profonde.

LE MAIRE

Général, si vous vouliez prendre un bon bain, vous n'auriez qu'à vous plonger un instant dans mon sein.

LE GÉNÉRAL

Cela ne me séduit pas.

REDON

Si vous étiez une douce et blonde rivière, on pourrait se laisser tenter.

LE MAIRE

Eh bien ! prenons que je représente notre bonne voisine la Seine : venez dans mes bras.

LE GÉNÉRAL

Voulez-vous un peu de vin chaud pour vous réconforter.

LE MAIRE

Moi, allons donc !

REDON (au maire qui tire son mouchoir plein d'eau qui se répand sur le parquet)

Gare l'eau ! le fleuve déborde, c'est un lit qu'il lui faut.

LE GÉNÉRAL

Peut-on se mettre dans un état pareil, vous êtes des enfants ?

CHARLES

J'ai eu toutes les peines du monde à le faire rentrer.

LE MAIRE

Je voulais me promener encore un peu dans nos

campagnes pour les féconder; c'était mon rôle d'abord.

REDON

Vous tenez les emplois de fleuve ?

CHARLES

Il remplit les fleuves.

LE MAIRE

Je suis président du comice agricole.

LE GÉNÉRAL

C'est vrai.

LE MAIRE

Et un peu blasé sur l'engraissement des races ovines bovines et porcines, je ne serais pas fâché de mettre sur mes états de service la fertilisation de nos guérets.

LE GÉNÉRAL

Courez donc vous changer; sans cela, gare les rhumatismes.

LE MAIRE

Nous autres vigoureux (il tousse), vigoureux campagnards, nous ne redoutons rien; nous ne sommes pas....

REDON

.... Des poules mouillées.

LE MAIRE

Oh! non.... nous autres agriculteurs, les pères nourriciers de cette belle France, nous sommes....

CHARLES

.... De fameux lapins.

LE GÉNÉRAL

En avez-vous tué au moins ?

CHARLES

Pas un !

LE GÉNÉRAL

Allons, Charles, entraîne M. le maire de force, s'il le faut et donne lui de quoi s'habiller.

LE MAIRE

C'est uniquement pour vous obéir, car je partirais ainsi pour Paris sans le moindre embarras ; nous autres campagnards.....

REDON

Ce serait agréable pour vos voisins de wagon.

LE GÉNÉRAL

Est-ce que vous ne restez pas avec nous ?

LE MAIRE

Impossible ! j'ai demain matin une audience du ministre.

CHARLES

... De l'agriculture.

REDON

... Ou des beaux-arts ?

LE MAIRE

De l'agriculture. — Il s'agit de notre concours régional dont vous savez que je suis....

LE GÉNÉRAL

... Président; oui, oui, je sais cela.

LE MAIRE

Votre neveu m'a promis de me faire conduire jusqu'à la gare.

LE GÉNÉRAL

J'y consens, mais à la condition que vous irez changer à l'instant, à la minute.

LE MAIRE

Je me soumets.

REDON

Je vous conduis. Allons fleuve, venez vous dessécher.

(Redon et le maire sortent.)

SCÈNE VI

LE GÉNÉRAL, CHARLES

LE GÉNÉRAL

Charles, quand tu auras réparé les injures du temps, tu viendras me parler. J'ai quelque chose à t'apprendre.

CHARLES

Si c'est une bonne nouvelle, parlez : cela ne s'apprend jamais trop tôt. — Si c'en est une mauvaise, je n'ai pas besoin d'aller faire toilette pour la recevoir.

LE GÉNÉRAL

Tu es attaché à l'ambassade de Perse.

CHARLES

Aïe! aïe! vous m'envoyez en Perse?

LE GÉNÉRAL

C'est comme cela.

CHARLES

Alors, d'aujourd'hui en un an mes noces.

LE GÉNÉRAL

Tout juste. Je te l'avais dit, et je vois que tu ne l'as pas oublié.

CHARLES

C'est à merveille. (A part.) Au diable l'ambassade. (Haut.) Et pourrait-on savoir à quelle personne?...

LE GÉNÉRAL

C'est mon affaire. Mais sois bien persuadé que tu ne pourrais pas mieux trouver quand il te serait permis de choisir une femme dans le monde entier.

CHARLES

Elle est jeune?

LE GÉNÉRAL

Un peu trop.

CHARLES

Jolie!

LE GÉNÉRAL

Comme un ange.

CHARLES
Riche?... cela va sans dire.

LE GÉNÉRAL
Tu es bien curieux. Il paraît que tu n'as pas grande confiance en moi.

CHARLES
Confiance aveugle, au contraire, mais...

LE GÉNÉRAL
Sache qu'elle est plus riche que toi.

CHARLES (riant)
Que moi personnellement, ce n'est pas bien difficile ; mais je suis votre neveu et, à ce titre, je peux me vanter d'être un assez beau parti.

LE GÉNÉRAL
Elle t'apportera en dot juste ce que tu attends de moi.

CHARLES (joyeux)
Peste! mon cher oncle, me voilà comblé. Et le départ est-il prochain?

LE GÉNÉRAL
Tiens, lis. (Il lui donne la lettre.)

CHARLES
Comment! il faut que je sois à Marseille le 17.

LE GÉNÉRAL
Précisément.

CHARLES

C'est aujourd'hui le 12.

LE GÉNÉRAL

Eh bien! tu as cinq jours.

CHARLES

Je ne pourrai jamais arriver.

LE GÉNÉRAL

Jamais, jamais, voilà bien nos jeunes gens! Quand nous faisions campagne, nous autres, et qu'il fallait changer de garnison, on nous donnait une heure.

CHARLES

Mais le costume?

LE GÉNÉRAL

Bah! bah!

CHARLES (à part)

Et Louise?...

LE GÉNÉRAL

Les tailleurs sont expéditifs.

CHARLES (à part et faisant semblant de lire sa lettre)

Louise, Louise, que lui dirais-je?... Comment expliquer... comment briser ce lien qui m'a été si doux et qui lui est si cher... Ah! après le miel, l'amertume arrive... N'importe, il le faut; sans cela, je m'enterre ici tout vivant.

LE GÉNÉRAL

Eh bien!

CHARLES

Cette lettre est bien cruellement pressante, cependant vous avez raison : toutes ces difficultés matérielles peuvent se surmonter. Il me vient une idée.

LE GÉNÉRAL

Laquelle ?

CHARLES

Je ne sais pas si vous êtes comme moi, je ne trouve rien de pénible comme un départ.

LE GÉNÉRAL

Allons donc ! on n'est pas homme pour rien.

CHARLES

On est homme, c'est vrai ; mais on n'en a pas moins un cœur.

LE GÉNÉRAL (à part)

Nous y voilà, c'est Louise.

CHARLES

Je laisse ici mes plus chères affections ; un an d'absence...

LE GÉNÉRAL (à part)

Il veut lui épargner... (Haut.) Eh bien ?

CHARLES

Je pense qu'il... Si nous masquions mon départ ?

LE GÉNÉRAL

Comment cela ?

CHARLES

Convenons que vous m'envoyez à Paris pour affaire, pour une huitaine.

LE GÉNÉRAL

Soit.

CHARLES

Une fois là, le plus fort est fait; on dit la véritable cause de l'absence et nous supprimons ainsi cette tristesse qui accompagne les adieux.

LE GÉNÉRAL

C'est très bien, je t'approuve et j'entre dans le complot.

CHARLES

C'est cela, je partirai demain.

LE GÉNÉRAL

A merveille.

CHARLES

Non, j'y pense...

LE GÉNÉRAL

Hein?...

CHARLES

Pourquoi pas aujourd'hui ?

LE GÉNÉRAL

C'est bien précipité.

CHARLES

Il faut que la rapidité de l'exécution nous affranchisse d'une pénible attente. Et puis je n'aurai guère de temps de reste. Notre bon maire part pour Paris, voilà un prétexte, nous ferons route ensemble.

LE GÉNÉRAL

Très bien. (A part.) C'est délicat de sa part, ça me fait plaisir.

CHARLES (à part)

De cette façon, j'aurai franchi un redoutable obstacle. (Haut.) Je cours me préparer.

LE GÉNÉRAL

Va !

CHARLES (allant sortir, aperçoit Louise qui monte le perron avec des fleurs plein la jupe de sa robe)

Mon oncle, voici Louise; ne nous trahissez pas.

LE GÉNÉRAL

Sois tranquille.

SCÈNE VII

LES MÊMES, LOUISE

LOUISE (toute joyeuse en voyant Charles)

Ah ! vous voilà !

CHARLES

Dans un joli état; comme vous voyez.

LOUISE

Avez-vous été heureux, au moins?

CHARLES

Très heureux de rentrer.

LOUISE

Est-il permis de s'exposer ainsi.

LE GÉNÉRAL

Le voilà bien à plaindre! Quand nous étions à l'armée, nous en essuyions bien d'autres.

LOUISE

Oui, mais c'était la guerre et on ne la fait pas pour son plaisir, tandis que ces messieurs... (Présentant ses fleurs à Charles.) Tenez, choisissez une de ces belles roses. (Elle en prend une, la baise en cachette du Général et la lui donne.)

CHARLES

Vous êtes on ne peut plus aimable.

LOUISE (allant au Général)

Et vous aussi, parrain. (Elle lui met une rose à la boutonnière.)

LE GÉNÉRAL

Tu ne veux pas que je sois jaloux.

LOUISE

De qui?

LE GÉNÉRAL

De lui, parbleu! (Elle devient rouge et reste interdite.) (A Charles.) Allons, cours t'habiller, tu n'as que le temps.

LOUISE

Quelle folie de se faire mouiller ainsi.

SCÈNE VIII
LE GÉNÉRAL, LOUISE

LE GÉNÉRAL
Le grand malheur! ne croirait-on pas qu'ils sont en sucre et qu'un peu d'eau va les faire fondre.

LOUISE
Et notre pauvre maire?

LE GÉNÉRAL
Pour celui-là, il y avait plus de danger. Il me fait toujours l'effet d'un bonhomme en pain d'épices.

LOUISE
Reste-t-il à dîner?

LE GÉNÉRAL (négligemment)
Non, ils partent.

LOUISE
Comment! ils partent? (Elle quitte les fleurs qu'elle arrangeait dans des vases sur la cheminée et vient toute inquiète près du Général.)

LE GÉNÉRAL (à part)
Nous y voilà. (Haut.) Oui, une affaire imprévue me force à envoyer Charles à Paris.

LOUISE
A Paris?

LE GÉNÉRAL
Mon Dieu oui, à Paris, n'est-ce pas le bout du monde?

LOUISE

J'ai cette ville en horreur.

LE GÉNÉRAL

Tu ne la connais pas.

LOUISE

C'est d'instinct.

LE GÉNÉRAL

Tu changeras d'avis.

LOUISE

Jamais !

LE GÉNÉRAL

Je gagerais bien pour le contraire ; les bals, les spectacles, les toilettes...

LOUISE

C'est justement tout cela qui me la fait détester.

LE GÉNÉRAL

Il ne faut pas exagérer ; Paris n'est pas un enfer pour tout le monde ; il y a aussi des honnêtes gens dans ce Paris.

LOUISE

On dit que les hommes n'y pensent qu'à l'argent et les femmes à la coquetterie.

LE GÉNÉRAL

Il y a du vrai. Qui donc t'a si bien instruite ?

LOUISE

M. Redon. Il ne se cache pas pour dire que c'est un

gouffre, un affreux réceptacle où la contagion des mauvaises passions envahit avec une prodigieuse rapidité les cœurs les plus honnêtes et qui...

LE GÉNÉRAL

Calme-toi, Charles ne va pas s'y éterniser.

LOUISE

Oh! je pense bien que vous êtes trop sage, que vous l'aimez trop pour permettre...

LE GÉNÉRAL

Là, là, là, comme tu t'enflammes.

LOUISE

Moi?... j'en plaisante, mon cher parrain; votre neveu a des sentiments trop élevés pour courir des risques, même à Paris.

LE GÉNÉRAL

A la bonne heure.

LOUISE (d'un air indifférent)

Il revient demain ?

LE GÉNÉRAL

Demain... je ne pense pas.

LOUISE (arrangeant les fleurs)

Après-demain ?

LE GÉNÉRAL

Peut-être.

LOUISE

Comment, vous ne savez pas au juste?

LE GÉNÉRAL

C'est sans intérêt, ma petite, il restera une semaine, quinze jours...

LOUISE

Quinze jours ! mais c'est un siècle, vous vous jouez de moi. Une pareille absence se prévoit, s'annonce, se prépare.

LE GÉNÉRAL

Voilà-t-il pas un grand événement !

LOUISE

Quinze jours !

(Elle casse un vase par mégarde.)

LE GÉNÉRAL

Que fais-tu donc ?

LOUISE

Rien ; c'est un vase qui vient de tomber, je ne sais comment.

LE GÉNÉRAL (à part)

Le petit orage éclate.

LOUISE

Quinze jours, ce n'est pas possible. M. Charles ne nous... ne vous quitterait pas pour un aussi long temps sans avoir vingt fois, cent fois exprimé ses regrets.

LE GÉNÉRAL

Les affaires sont les affaires.

LOUISE

Oh ! les vilaines affaires !

LE GÉNÉRAL

Quand tu sauras ce dont il s'agit, je crois que tu changeras d'opinion. (A part.) Mais c'est un volcan cette petite.

LOUISE

Je vous demande pardon, mon bon parrain, de réclamer autant contre vos dispositions, mais ce n'est pas pour moi que j'insiste ; ce n'est pas moi qui souffrirai le plus de cette absence.

LE GÉNÉRAL

Je sais bien que mon intérêt seul te fait parler ainsi.

LOUISE

C'est l'âme de votre maison, c'est votre sang, votre seul héritier.

LE GÉNÉRAL

Tais-toi, vilaine ingrate.

LOUISE

Moi, ingrate ?
(Elle veut se mettre à ses pieds, il la relève.)

LE GÉNÉRAL

Tu sais bien que c'est toi qui es ma fille.

LOUISE (avec douleur)

Oh ! cher parrain, quinze jours !

LE GÉNÉRAL

Je ne suis donc plus rien pour vous, que cette maison vous semble un lieu de désolation parce qu'il la quitte ?

LOUISE

Oh !

(Elle l'embrasse.)

LE GÉNÉRAL

Allons, allons, du courage, tu me remercieras bientôt.

SCÈNE IX

LES MÊMES, REDON, puis LE MAIRE et CHARLES

REDON

Enfin il est réparé.

LE GÉNÉRAL

Ah !

REDON

Ce n'était pas facile, il a fallu le bouchonner de la tête aux pieds comme un cheval.

LE GÉNÉRAL

Comment l'avez-vous habillé ?

REDON

Nous avons pris au hasard dans la garde-robe de Charles.

LE GÉNÉRAL

Il doit être grotesque.

REDON

C'est sa coutume ; mais le malheureux a voulu

mettre des bottes qui sont trop justes pour lui et il va souffrir le martyre.

LE GÉNÉRAL

Trois heures de chemin de fer !

REDON

Le voici.

(Charles amenant le maire par la main.)

LE MAIRE (dans le costume le plus bizarre et pouvant à peine marcher)

Comment me trouvez-vous ?

LE GÉNÉRAL

Vous avez l'air d'un gentleman-rider.

CHARLES

D'un gandin.

REDON (à part)

D'un bobèche.

CHARLES

Cher maire, on dirait que tout cela a été fait pour vous : vous êtes parfaitement bien.

REDON

Dans vos bottes surtout.

LE MAIRE

N'est-ce pas ? (A part.) C'est un peu serré. (Haut.) Allons, maintenant ; ne perdons pas un instant, sans cela nous manquerons le train.

LOUISE (avec la plus grande tristesse)

Monsieur Charles, vous n'oubliez rien, vous n'avez besoin de rien ?

CHARLES

De rien, bonne Louise.

LOUISE

Aucun ordre à exécuter pendant votre absence ?

CHARLES (lui prenant la main)

Oh ! mon absence...

LOUISE (à part, d'un air suppliant)

Ne partez que demain.

CHARLES (à part)

Mon oncle a exigé.

LOUISE (à part)

Que je vous dise adieu.

CHARLES (à part)

Pas d'imprudence.

LE MAIRE

Allons, en route !

CHARLES

Adieu, mon bon oncle. (Il l'embrasse.)

LE GÉNÉRAL

Adieu, et bon voyage !

CHARLES

Merci. — Adieu, Redon. — Adieu, chère Louise.

(Il lui serre la main.) Je pars, c'est vrai, mais mon cœur reste parmi vous. — Adieu.

(Charles, Redon et le maire sortent.)

SCÈNE X

LE GÉNÉRAL, LOUISE

LOUISE (à part)

Me quitter ainsi... Il n'a seulement pas pensé à emporter la fleur que je viens de lui donner... Oh! il ne m'aime pas!

LE GÉNÉRAL (à part)

Voilà son premier chagrin. Il vaut mieux que ce soit fait qu'à faire. (Haut.) Eh bien! Louise. (Elle reste immobile, muette et la tête tournée vers le mur.) Louise!

LOUISE (sans bouger)

Parrain.

LE GÉNÉRAL.

Viens donc. (Elle se tourne.) Comme tu es pâle. (Il va à elle.) Allons, tu n'es plus un enfant.

LOUISE

Je n'ai pas versé une larme.

LE GÉNÉRAL.

Non, mais je ne te retrouve plus; tu as changé de visage. (Il lui prend la main.) Ta main est froide, tu trembles.

LOUISE

Moi, non...

LE GÉNÉRAL

Écoute, ta douleur m'a vaincu ; plus de secret, plus de mystère, que je revoie la joie briller dans tes beaux yeux.

LOUISE

Ne vous jouez pas de moi ; vous avez voulu m'éprouver. Il ne part pas, dites-le moi ?

LE GÉNÉRAL

Si, il part, mais pour revenir dans un an me demander ta main.

LOUISE (foudroyée)

Dans un an !!!...

LE GÉNÉRAL

Jour pour jour, je te le jure.

LOUISE

Dans un an !... je ne le reverrai que dans un an ? Ce sont là les adieux qu'il me fait pour un an ?...

LE GÉNÉRAL

C'était pour t'éviter...

LOUISE

Il emporte ma vie ! (Elle s'évanouit.)

LE GÉNÉRAL (la secourant)

Louise ! Louise ! mon enfant, du courage !

REDON (entrant)

Qu'y a-t-il ?

LE GÉNÉRAL

Secourons-la, cette émotion l'a bouleversée.

LOUISE

Bon parrain, je suis punie.

LE GÉNÉRAL

De quoi ?

LOUISE

Nous vous avons trompé. (Elle tombe à ses genoux.)

REDON (à part)

Ah ! mon pauvre cœur tu le savais déjà !

LE GÉNÉRAL

Comment... tu... lui, le lâche, l'infâme !

LOUISE (se traînant à ses pieds)

Parrain, pardonnez-nous.

LE GÉNÉRAL

Il a osé... chez moi, sous mes yeux... Va ! misérable, tu peux fuir, mais ma malédiction t'atteindra, fut-ce au bout de la terre !

REDON

Général.

LE GÉNÉRAL

S'il était là. (Il fait un geste furieux.) Quel coup ! (Il s'arrache les cheveux.)

LOUISE (toujours à genoux)

Mon bon parrain

LE GÉNÉRAL

Et toi... toi..., mon enfant, mon cœur, ma vie... (Après une longue hésitation). Viens, ma fille. (Il la relève et l'embrasse.)

ACTE III

SCÈNE PREMIÈRE

Le théâtre représente un salon élégant à Paris. Deux domestiques sont en train d'essuyer partout et de remettre des fleurs dans des vases.

PREMIER DOMESTIQUE

Il me semble que ce n'est pas trop mal arrangé pour des gens qui n'en font pas leur état.

DEUXIÈME DOMESTIQUE

Moi, je n'en puis plus; depuis ce matin, nous n'arrêtons pas.

PREMIER DOMESTIQUE

M. le comte veut que la maison ait un air de fête; il a dépouillé le marché aux fleurs.

DEUXIÈME DOMESTIQUE

Il doit se tramer quelque grand coup.

PREMIER DOMESTIQUE

Je ne sais pourquoi, mais tous ces bouquets me donnent des soucis.

DEUXIÈME DOMESTIQUE

Ça sent le mariage d'une lieue.

PREMIER DOMESTIQUE

Dieu nous en préserve ! car, vois-tu bien, Jean, quand une femme entre dans la maison...

DEUXIÈME DOMESTIQUE

On peut dire : Adieu, paniers, les vendanges sont faites.

PREMIER DOMESTIQUE

Adieu, l'anse du panier. — Ça ne ferait guère l'affaire de mon auguste épouse.

SCÈNE II

LES MÊMES, CHARLES

CHARLES (à la cantonade)

François.

FRANÇOIS (se levant)

Monsieur.

CHARLES

Que faites-vous donc ?

FRANÇOIS

Monsieur le comte, nous étions en train d'arranger.
(Il montre les vis.)

CHARLES

Il n'y a encore rien de fait dans l'escalier.

FRANÇOIS

Nous allons y placer les caisses que le fleuriste a apportées.

CHARLES

Dépêchez-vous, le temps presse, il est deux heures, on peut arriver et rien n'est encore terminé.

FRANÇOIS

Oui, monsieur le comte !

CHARLES

Pourquoi n'avez-vous pas fait mettre des rideaux blancs ?

FRANÇOIS

Il n'y a pas quinze jours qu'on a posé ceux-ci, et...

CHARLES

Et ces torchères, pourquoi ne sont-elles pas garnies ?

FRANÇOIS

Nous ne l'avions jamais fait, monsieur le comte, et je pensais...

CHARLES

Vous pensez si mal qu'il faut, je le vois bien, que ce soit moi qui pense à tout. Allez. (Le rappelant.) Avez-vous recommandé à votre femme de se distinguer pour son dîner ?

FRANÇOIS

Oui, monsieur le comte.

CHARLES

Répétez-le lui encore. Je tiens extrêmement à ce que tout soit parfait.

FRANÇOIS

Monsieur le comte peut être certain qu'elle se montrera digne de Carême, son illustre professeur.

CHARLES

Quant à vous, allez vous habiller; on vous prendrait pour un garçon d'hôtel.

SCÈNE III

CHARLES, seul

CHARLES (regardant autour de lui)

En effet, ce n'est pas trop mal ; mais Virginie est si difficile, elle est tellement accoutumée chez elle à tous les raffinements du luxe le plus recherché, que j'ai une peur horrible qu'elle ne trouve ma demeure mesquine. — Si je ne peux pas lutter avec elle pour certaines élégances ; je tiens, cependant, à n'avoir pas l'air d'un Provincial, surtout à cause de Brétigny qui dénigre tout. — Les femmes ont l'esprit ainsi fait qu'elles se mettent toujours du côté de la critique. — Elles croyent, par ce moyen, faire preuve de supériorité. — Enfin, c'est une de leurs faiblesses qu'il faut subir en la justifiant le moins possible. (Il arrange des livres sur une table.) Ces livres, ces albums ne sont pas rangés... Quel désordre. (Il époussette avec son mouchoir.)

SCÈNE III

CHARLES, REDON

REDON (le surprenant)

Ah ! enfin, je te trouve.

CHARLES (mettant rapidement son mouchoir dans sa poche)

Tiens, c'est toi ?

REDON

Que diable fais-tu donc là ?

CHARLES

Moi, rien, j'arrangeais..... Que deviens-tu, mon cher, il y a un siècle que je ne t'ai vu.

REDON

Ce n'est pas ma faute, je suis venu dix fois, vingt fois, mais tu es introuvable.

CHARLES

Je ne vais nulle part, je suis toujours ici, ou...

REDON

Chez Mme Verneuil.

CHARLES

Mon Dieu oui ; je mène une vie exemplaire, je suis complètement retiré du monde.

REDON

Tu as raison, il faut prendre son bonheur où on le trouve, au diable, même, si cela est nécessaire.

CHARLES
Heureusement, cette fois, le diable n'était pas loin.

REDON
Et je m'en félicite autant que toi ce matin.

CHARLES
Pourquoi ?

REDON
Parce que j'en arrive.

CHARLES (riant)
Du diable ?

REDON
Oui, de chez Mme Verneuil.

CHARLES
Bah !

REDON
Certainement ; je voulais absolument te voir, et, ne doutant pas de te trouver chez elle, j'y suis allé directement.

CHARLES
Est-ce que mon oncle est mort ?

REDON
Je ne peux pas t'annoncer cette bonne nouvelle.

CHARLES
Oh ! bonne nouvelle.... Je n'en suis pas encore là. (Riant.) D'ailleurs, je n'attends pas grand'chose de lui.

REDON
Tu as peut-être tort.

CHARLES

Si cela arrive, tant mieux.

REDON

La mort?

CHARLES (riant)

L'héritage.

REDON

Tu en as déjà pris un morceau.

CHARLES

Moi?

REDON

On t'appelle *Monsieur le Comte* gros comme le bras.

CHARLES

Cela ne tire pas à conséquence, tu sais, ce n'est pas pour moi, je n'y tiens guère, mais ça fait bien — ne le lui dis pas.

REDON

Sois sans crainte.

CHARLES

Est-il un peu revenu de sa fureur?

REDON

Il n'y pense plus.

CHARLES

Il m'a traité un peu rudement; m'accabler des noms les plus injurieux, me fermer sa maison, me renier pour son neveu..., on ne brise pas l'avenir d'un homme pour une peccadille.

REDON

Tu appelles cela une peccadille ?

CHARLES

Une faute, si tu veux, mais une faute de jeune homme.

REDON

Ne t'avait-il pas offert de la réparer ?

CHARLES

C'est là surtout ce qui m'a le plus blessé ; il fallait être insensé pour me le proposer ; pour croire que je consentirais à épouser une petite fillette, très gentille, sans doute, mais voyons, entre nous, presque une domestique. — D'ailleurs je ne pouvais pas me marier avec une folle, n'est-ce pas ?..... Comment va-t-elle ?

REDON

Elle n'a jamais encore retrouvé sa raison.

CHARLES

Je me suis bien amèrement reproché cette étourderie ; j'y ai pensé bien souvent ; j'en ai bien souvent souffert ; je ne sais pas ce que j'aurais donné pour l'effacer de ma vie, mais jamais je n'ai cru qu'elle aurait pu avoir une aussi triste conséquence, — pauvre enfant ; folle, folle ! mon cœur saigne véritablement toutes les fois que j'y pense ; mais quant à l'épouser, m'enterrer tout vif dans un ménage pot-au-feu, c'était au-dessus de mes forces.

REDON

Je ne suis pas venu ici pour te faire la leçon. — Chacun a sa balance pour peser ses actes.

CHARLES

Eh ! mon cher ami, je suis moins coupable qu'on pourrait le croire. Que veux-tu, la campagne, c'est-à-dire l'isolement et l'ennui, une cuisine excellente, et par-dessus tout ce vin de Chypre ! Pour tout dire, j'ajouterai qu'à cette époque j'avais des idées tournées vers des horizons très vastes ; j'étais ambitieux.

REDON

Et à présent ?

CHARLES (riant)

Le temps m'a fait présent de la sagesse.

REDON

Déjà métamorphosé ?

CHARLES

Oui, j'ai envoyé au diable l'ambassade de Perse et toutes les glorioles de ce monde ; je ne cherche plus que le bonheur et je crois l'avoir rencontré.

REDON

Je t'en fais mon compliment.

CHARLES

Je ne peux pas te dire le contentement que j'éprouve à te retrouver. Il me semble que j'ai fait un voyage, une longue absence, pendant laquelle il m'a été interdit de revoir mes amis. — Aussi, maintenant que je te tiens, je ne te lâche plus, tu dîneras avec nous.

REDON

Tu as du monde ?

CHARLES

Du monde, non, j'attends quelques personnes avec lesquelles je suis bien aise que tu fasses connaissance.

REDON

Je ne demanderais pas mieux, mais le général est à Paris.....

CHARLES

Pourquoi faire ?

REDON

Il souffre beaucoup et est venu consulter.

CHARLES

Ah !...... où est-il ?

REDON

A l'hôtel.

CHARLES

Oh !... je suis peiné de ne pouvoir lui offrir l'hospitalité.

REDON

Si tu allais le voir !

CHARLES

Lui, mon oncle ? tu crois qu'il me recevrait, qu'il consentirait à venir chez moi ?

REDON

L'infirmité qui le mine a dompté la vigueur de son caractère et je ne doute pas qu'une démarche de ta part ne produise un fort bon effet sur lui.

CHARLES

Vraiment ?... Je redoute ses violences, ses colères.

REDON

Veux-tu que je négocie ?

CHARLES

Tu me rendrais le plus grand des services.

REDON

J'y cours.

CHARLES

Dis-moi donc, c'est que je reçois aujourd'hui une personne.....

REDON

Qu'importe.

CHARLES

Une femme qui tient une bien grande place dans ma vie ; qui l'absorbe même tout entière depuis six mois et.....

UN DOMESTIQUE (annonçant)

Madame Verneuil !

CHARLES

La voici.

REDON (à part)

Est-ce qu'il songerait?..

SCÈNE IV

LES MÊMES, MADAME VERNEUIL

CHARLES (se précipitant vers elle et lui baisant la main)

Que vous êtes donc aimable, chère Virginie, de me venir de bonne heure.

MADAME VERNEUIL

Ne vous l'avais-je pas promis ?

CHARLES (souriant)

C'est précisément pour cela que je n'y comptais pas.

MADAME VERNEUIL

J'aime à surprendre les gens.

CHARLES

Vous avez trouvé le bon moyen.

MADAME VERNEUIL

C'est ?...

CHARLES

De leur tenir quelque fois parole.

MADAME VERNEUIL

Oui, mais c'est précisément pour conserver à ce moyen toute sa puissance que je n'en veux pas abuser.

CHARLES (montrant Redon)

Permettez-moi de vous présenter M. Redon, mon plus ancien, mon meilleur ami.

MADAME VERNEUIL.

Je suis ravie de vous voir, monsieur, seulement, je regrette que *votre ami* (elle montre Charles) ait attendu jusqu'à ce jour pour me procurer ce plaisir. C'est presque une présentation *in extremis*. Il semblerait qu'il était nécessaire que je vinsse dans cette maison pour vous rencontrer.

REDON (avec une ironie presque imperceptible)

Il y a longtemps, madame, que j'ambitionnais cet honneur. Des circonstances pénibles m'en ont privé, et j'apprécie seulement à cette heure tout le tort qu'elles m'ont fait.
(Madame Verneuil salue sèchement sans répondre et va s'asseoir près d'une table)

CHARLES

Ce bon Redon nous reste à dîner.

REDON

Je l'espère.

MADAME VERNEUIL (sans les regarder et feuilletant un livre)

J'en suis au moins aussi enchantée que vous.

CHARLES

Et peut-être même nous amènera-t-il mon oncle.

MADAME VERNEUIL

Votre oncle ?... Cela prend les proportions d'une solennité.

CHARLES (faisant l'aimable)

Qui n'est peut-être pas hors de propos.

MADAME VERNEUIL

Je serai bien aise d'être présente à la signature de ce traité de paix.

REDON

Je vais remplir mon ambassade.

CHARLES

Tu sais avec quelle impatience j'attends une nouvelle.

REDON

A bientôt..... madame.

MADAME VERNEUIL (toujours sans bouger et sans regarder)

Monsieur, je vous salue.

SCÈNE V

MADAME VERNEUIL, CHARLES

MADAME VERNEUIL (feuilletant toujours un livre et avec dédain)

Comment s'appelle votre ami?

CHARLES

Redon.

MADAME VERNEUIL

Qu'est-ce que cela, Monsieur Redon?

CHARLES (riant)

Rien du tout.

MADAME VERNEUIL

Oh! je vois bien que ce n'est pas grand'chose; mais enfin qu'est-il, que fait-il? Il ne me plaît pas beaucoup, *ce mossieu*.

CHARLES

De grâce, Virginie, ne vous hâtez pas de vous faire une opinion à son endroit. C'est l'homme du monde que j'estime le plus; nous vivons depuis vingt ans dans la plus grande intimité, son amitié m'est on ne peut plus précieuse et.....

MADAME VERNEUIL (avec aigreur)

Vous êtes probablement parfaitement faits pour vous entendre et je vous crois trop d'esprit pour avoir choisi un ami qui en manquerait; mais je lui trouve un certain air qui ne me revient pas du tout. Il a mis dans la prononciation du mot *bonheur*, une accentuation qui, malgré moi, m'a paru blessante.

CHARLES

Quelle idée ; comment vous pouvez penser...

MADAME VERNEUIL

J'ai tort, sans doute, je veux croire que je me trompe, mais, vous le savez, les vieux amis s'érigent en mentors et prétendent diriger tout ce qui les entoure. Le vôtre n'approuve peut-être pas notre intimité, et c'est à moi qu'il s'en prend.

CHARLES

Nous n'en avons pas dit un mot; il y a six mois

que je ne l'ai vu, et il ignore certainement combien cette intimité m'est devenue chère.

MADAME VERNEUIL (avec humeur)

Pourquoi donc cela? pourquoi tout ce mystère? vous êtes comme un petit garçon, on dirait que je vous fais honte. Cependant personne ne vous contraint, vous êtes bien le maître de tout rompre entre nous et de me sacrifier à l'opinion de vos amis.

CHARLES

Pour l'amour de Dieu! dites-moi ce qui peut donner lieu de votre part à autant d'amertume?

MADAME VERNEUIL

Allons, soit, ne parlons plus de votre M. Redon. —Mais je ne sais pourquoi cette exhibition si tardive de ce que vous nommez votre meilleur ami, m'avait choquée.

CHARLES

Où avez-vous la tête? Pour moi je ne songe qu'à vous plaire. J'ai passé la matinée à parer cette maison pour tâcher de vous la rendre supportable.

MADAME VERNEUIL (prenant son lorgnon et avec impertinence)

Mais ce n'est pas mal du tout (elle regarde partout). C'est très suffisant..... pour un garçon.

CHARLES

Vous trouvez?

MADAME VERNEUIL

Certainement; j'ai vu beaucoup de fleurs dans votre escalier.

CHARLES (faisant l'aimable)

Elles naissent sous vos pas.

MADAME VERNEUIL (sans faire attention à ce qu'il dit et regardant les fleurs qui sont sur la cheminée)

Voici de belles roses.

CHARLES

Voulez-vous me permettre de vous en offrir une ?
(Il s'élance et en prend une qu'il lui donne.)

MADAME VERNEUIL (la prenant sans bouger)

D'où viennent-elles ?

CHARLES

De mon jardin.

MADAME VERNEUIL

Est-il joli votre jardin ?

CHARLES

Je n'ose dire oui, vous êtes si difficile.

MADAME VERNEUIL

Et vous, vous êtes injuste.

CHARLES

Je ne sais vraiment pas si, jusqu'à ce jour, j'ai été assez heureux pour mettre sous vos yeux quelque chose qui ait pu les satisfaire.

MADAME VERNEUIL

Une seule, c'est vrai.

CHARLES

Laquelle encore ?

MADAME VERNEUIL
Vous.

CHARLES
Moi ?... malheureusement j'en doute beaucoup.

MADAME VERNEUIL (avec un soupir forcé)
On ne fait que des ingrats, voilà ce dont je ne doute pas, moi, il y a longtemps que j'en ai la certitude.

CHARLES
Voyons, je veux bien me faire cette politesse de croire que je ne vous suis pas indifférent, mais vous conviendrez que je ne suis pas le seul, et que Bretigny......

MADAME VERNEUIL
Bretigny ?..... Oui certainement, — avant de vous connaître j'avais pour lui..... mais depuis quelque temps, ma froideur à son égard me fait rougir de honte. — Voilà un homme qui m'a aimée, qui m'aime encore plus que sa vie. Quand j'ai accepté ses hommages, il était jeune, riche, entouré, adulé de tout ce que le monde compte de gens à la mode et de femmes brillantes.....

CHARLES
Oui, mais.....

MADAME VERNEUIL
Il m'a tout sacrifié : fortune, amis, famille même, puisqu'il m'a offert son nom, nom glorieux.

CHARLES
Avant lui.

MADAME VERNEUIL.

Il a commis quelques fautes, sans doute, mais fautes de jeunesse, entrainement de l'amour aveugle, fanatique que j'ai allumé dans son âme.

CHARLES

Elle est souillée par ses désordres.

MADAME VERNEUIL

Que m'importe, si j'en suis la cause.

CHARLES

Comment, vous consentiriez à épouser un pareil homme ?

MADAME VERNEUIL

Assurément, — et si j'hésite encore, ce qui me révolte contre moi-même, c'est que mon intraitable cœur penche d'un autre côté.

CHARLES (charmé)

Vraiment ?

MADAME VERNEUIL

Hélas! oui. — Je descends de ma sphère pour me confondre dans la foule des autres femmes. J'ai beau me dire que je change de rôle, qu'avec Brétigny, c'est moi qui suis l'idole, tandis qu'avec vous je deviens une vulgaire maitresse à laquelle on ne reste fidèle que par respect du divin amour qu'on lui a inspiré, que par orgueil de la passion ardente, indomptable que l'on a excité dans son cœur ; je m'épuise en raisonnements admirables, je passe ma vie à prendre les plus louables résolutions de retourner vers Brétigny et de rompre avec vous......

CHARLES (tout ému de cette tirade aussi fausse que bien dite)
Vous ne commettrez pas une pareille barbarie

MADAME VERNEUIL
Si je ne le fais pas, ce qui est incertain car je délibère encore sur ce grave sujet, ce n'est que par impuissance sur moi-même. — Hélas, je le sens, ma raison m'agite, mais l'amour me mène.

CHARLES (faisant le gentil)
Ne dites pas cela, il vous attendait ici, bien impatient de vous voir, bien heureux de vous baiser la main. (Il lui baise la main.)

MADAME VERNEUIL (se levant avec précipitation)
Non, je ne peux vous croire, vous ne m'aimez pas.

CHARLES
Comment, ne vous ai-je pas donné toutes les preuves possibles ?

MADAME VERNEUIL
Belles preuves, en effet, des bouquets, des loges, quelques vains ornements dont je ne sais que faire et qui s'entassent inutilement dans mes écrins.

CHARLES
J'ai cru vous être agréable.

MADAME VERNEUIL
Sans doute, et vous avez réussi par votre intention ;

mais il y a loin de là à ces actes qui trahissent, qui constatent un véritable amour ! Tenez, je suis fatiguée de la vie, et si je n'avais senti se raviver dans mon cœur les douces impressions de ma jeunesse; sans les saintes réminiscences des leçons que ma mère me donnait avec l'espoir de me guider dans le chemin de la vertu ; sur l'honneur ! si je n'étais arrêtée par la crainte d'offenser Dieu, j'en finirais avec les dégoûts que l'on éprouve ici-bas.

CHARLES

Comment ! vous qui êtes aimée, adorée par tous ceux qui vous connaissent — ce n'est pas assez — par tous ceux qui vous voient !

MADAME VERNEUIL (avec emportement)

Et quel prix voulez-vous que j'attache à ces adorations de hasard, si celle que j'ambitionne m'échappe ; que me fait la fortune si je n'en peux jouir honnêtement; que me fait cette gloire que vous me rappelez, si ses rayons ne servent qu'à éclairer ma honte ! Que m'importe cette éclatante renommée de courtisane si je n'aspire plus qu'au bonheur de devenir une loyale épouse.

CHARLES

Pensez-y bien, quelle chute pour vous.

MADAME VERNEUIL (froidement)

Je le sais parfaitement, les hommes n'admettent pas qu'un salutaire retour puisse se faire dans notre âme; ils nous en raillent. Mais soyez bien persuadé qu'ils n'épouvantent, par leurs sarcasmes, que les êtres timides, inertes, incapables d'énergie, même dans le bien. Quant à moi (avec décision), je vous prouverai qu'il ne faut pas me comprendre dans ce méprisable troupeau. (A Charles qui est demeuré muet et pensif.) Mais je m'aperçois que je vous assomme avec toutes ces considérations psychologiques et, j'en conviens, c'est fort mal reconnaître la charmante hospitalité que vous voulez bien m'offrir.

CHARLES

Mon seul désir est que vous en usiez de façon à me faire croire qu'elle vous est agréable.

MADAME VERNEUIL

Je suis tellement disposée à en bien user que j'ai failli en abuser.

CHARLES

C'est impossible.

MADAME VERNEUIL

Ne vous prononcez pas si vite, j'ai été sur le point d'inviter quelqu'un.

CHARLES

Qui donc ?

MADAME VERNEUIL

Ce pauvre Brétigny.

CHARLES (piqué)

J'aurais dû le deviner.

MADAME VERNEUIL

Ne vous fâchez pas puisque je ne lui ai rien dit.

CHARLES

Toujours Brétigny.

MADAME VERNEUIL

Allons, mon cher Charles, ne faites pas la moue, je vous en supplie, soyez bon et aimable comme toujours, et pour vous rendre la tâche encore plus facile, sachez que c'est bien probablement la dernière fois qu'il sera question de lui entre nous.

CHARLES

C'est ce que je ne peux croire, malgré tout le désir que j'ai d'être de votre avis.

MADAME VERNEUIL

Encore un peu d'indulgence.

CHARLES

Plus vous lui en témoignerez, plus je serai disposé à en prendre de l'ombrage.

MADAME VERNEUIL

Il ne vous en donnera pas longtemps. Bientôt vous entendrez dire qu'il est parti pour l'Italie.

CHARLES

Le jour de son départ sera l'un des plus beaux de ma vie.

MADAME VERNEUIL

Pour moi aussi.

CHARLES (souriant et prenant l'expression en bonne part pour lui)

J'ai bien peur que vous ne soyez pas sincère.

MADAME VERNEUIL

Mon Dieu si... J'ai toujours désiré faire ce voyage.

CHARLES (avec effroi)

Vous partiriez avec lui !

MADAME VERNEUIL

Peut-être. Dans tous les cas je suivrai mon mari.

CHARLES (éclatant)

Lui, un homme déconsidéré, taré ?

MADAME VERNEUIL

C'est moi qui suis la cause des erreurs de sa vie et, à mes yeux, comme le feu, l'amour purifie tout.

CHARLES

Vous n'accomplirez pas une telle folie... il n'a ni position, ni fortune.

MADAME VERNEUIL

J'en ai pour deux.

CHARLES

Sérieusement, vous y songeriez ?

MADAME VERNEUIL (avec le plus grand calme)

J'y suis presque entièrement résolue.

CHARLES (avec émotion)

Et moi ?

MADAME VERNEUIL

Vous... je ne suis pas chargée de ce soin ; vous êtes parfaitement votre maître, vous ne dépendez de personne, cela vous regarde. Et comme je ne suis nullement nécessaire à votre bonheur, vous me permettrez de penser au mien.

CHARLES
Mais si moi, je vous...

MADAME VERNEUIL (à part)
Il y vient.

UN DOMESTIQUE (annonçant)
Monsieur Redon.

CHARLES
Ah !... ne soyez pas rugueuse avec lui ; il a un grand empire sur mon oncle et nous en aurons besoin.

MADAME VERNEUIL
Je vais faire patte de velours.

CHARLES
Alors gare à lui.

SCÈNE VI

LES MÊMES, REDON

REDON (entrant)
On t'attend... Madame.
(Il salue.)

CHARLES
Il a consenti à me voir ! Ah ! que je t'en remercie.

REDON
De rien.

CHARLES

C'est un service immense et je t'en suis on ne peut plus reconnaissant.

MADAME VERNEUIL

Certainement, monsieur, et, quoiqu'il arrive, c'est toujours une bien bonne action que de rapprocher des gens qui, au fond, s'aiment plus qu'ils ne pensent.

REDON

C'est un devoir entre amis et si je suis venu trouver Charles ce matin, c'était pour le remplir.

CHARLES

Je cours (à Virginie), vous permettez ?

MADAME VERNEUIL

Je crois bien.

REDON

Je t'accompagne.

CHARLES

Non, reste, remplace-moi auprès de mon hôte et fais lui oublier mon absence.

REDON

La tâche est délicate, mais je m'y emploirai de mon mieux.

CHARLES

Virginie, je vole à la conquête de la Toison d'or, faites des vœux pour moi (bas) et aussi pour vous.

MADAME VERNEUIL

Bonne chance, Jason !

SCÈNE VII

REDON, MADAME VERNEUIL

MADAME VERNEUIL

Je vous dois aussi ma part de reconnaissance, monsieur.

REDON

Et pourquoi, madame ?

MADAME VERNEUIL

J'ai la plus vive affection pour ce bon Charles, et je souffrais du chagrin que lui causait la mésintelligence qui régnait entre le comte et lui.

REDON

Je serai bien heureux si je peux ramener la concorde dans cette famille.

MADAME VERNEUIL

Vous en parlez comme un homme qui aime la famille. Vous êtes marié ?

REDON (riant)

Oh ! non, madame.

MADAME VERNEUIL

Vous dites cela de façon à faire croire que vous ne le serez jamais.

REDON

C'est bien probable.

MADAME VERNEUIL

Pourquoi ?

REDON

J'ai peur du mariage.

MADAME VERNEUIL

A quel point de vue ?

REDON

Ce n'est pas celui qui vient à l'esprit de tout le monde.

MADAME VERNEUIL

Ah !

REDON

Il est très bizarre. Je craindrais de ne pas rendre ma femme heureuse.

MADAME VERNEUIL

C'est original, en effet, car les hommes ne se préoccupent guère de ce détail, et rien que cela me ferait croire que vous doutez trop de vous.

REDON

Je cherche une femme presque introuvable ; une femme... Comment dirai-je ? à l'état natif, telle que Dieu l'a faite.

MADAME VERNEUIL (riant)

C'est-à-dire bien faite... et digne du bonheur que vous lui donneriez.

REDON

Voilà justement la difficulté. En général, la femme

n'apprécie pas le bonheur ; dès qu'elle l'a, elle le gâche et le gaspille ; elle le dédaigne, elle n'est véritablement faite que pour le donner.

MADAME VERNEUIL

Sans jamais l'avoir ?

REDON

Elle ne doit le chercher que dans le céleste reflet de celui qu'elle fait rayonner autour d'elle.

MADAME VERNEUIL

Vous nous condamnez à...

REDON

L'héroïsme.

MADAME VERNEUIL

C'est un genre de mort plus pénible, plus cruel que tous les autres.

REDON

Au moins il a sa grandeur.

MADAME VERNEUIL

Bien obligée ! je peux vous répondre comme dans le malade imaginaire : *Nous avons changé tout cela.*

REDON

Je le sais bien et je le déplore. Vous manquez à votre mission, c'est un fleuve que l'on a détourné de son cours, il devient torrent et dévaste au lieu de féconder.

MADAME VERNEUIL

Vous voudriez nous transformer en accessoires.

REDON

Oui, mais accessoires divins.

MADAME VERNEUIL

Merci de votre divinité.

REDON

Je ne prétends pas vous convertir à ma doctrine.

MADAME VERNEUIL

Eh bien, vous vous trompez.

(Elle se lève avec vivacité.)

REDON (riant)

Ah !

MADAME VERNEUIL

Et vous êtes bien aveugle si vous ne voyez pas que dans la société la femme joue précisément le rôle que vous lui assignez (avec ironie) avec un dévouement, une abnégation qui mériteraient, au moins, les éloges et les encouragements des philosophes de votre école.

REDON (riant toujours)

Vraiment ?

MADAME VERNEUIL

. Que fait-elle en effet si ce n'est, comme vous dites, répandre le bonheur ; elle est même tellement dominée, possédée par cette mission *divine*, qu'elle n'a pas plutôt fait un heureux qu'elle le quitte pour continuer son œuvre et porter aux lèvres d'un autre la coupe enchanteresse.

REDON

Vous me battez avec mes propres armes ; mais vous

me permettrez de vous dire que vous ne voyez que le côté matériel de la question.

MADAME VERNEUIL (piquée)

Je n'y trouve absolument rien de spirituel.

REDON

Vous êtes trop bon juge pour que j'appelle de votre décision.

MADAME VERNEUIL

Parlons d'autre chose, si vous voulez bien, car j'ai les nerfs agacés à un point... Ne trouvez-vous pas que Charles tarde bien à revenir.

REDON

Il faut le temps, l'entrevue est très grave pour lui, car sans le rapprochement qui se fait à cette heure, ou du moins que j'espère, son avenir, sa fortune, son nom même, tout était fort compromis.

MADAME VERNEUIL

En vérité?... je ne croyais pas que ce fut à ce point. Il m'avait dit, au contraire, que cette brouille n'avait pas de cause assez sérieuse pour le mettre en péril.

REDON

Il l'ignorait sans doute.

MADAME VERNEUIL

Vous pensez donc qu'il courait risque de voir lui échapper ce brillant héritage.

REDON

J'en suis certain.

MADAME VERNEUIL

Vous m'effrayez, car ce bon Charles n'est pas bien riche par lui-même.

REDON

Il a une fortune très raisonnable. Quinze mille francs de rente.

MADAME VERNEUIL (riant)

Quinze mille francs ! Vous plaisantez, c'est juste ce qu'il lui faut pour son argent de poche.

REDON

Peste, comme vous y allez !

MADAME VERNEUIL

Il mène un train... on lui donne cent mille livres de rente.

REDON

Si on les lui donne, il fera bien de les prendre, mais je crois qu'il ne les aura que quand son oncle les lui aura données.

MADAME VERNEUIL

Cela devient grave — Je suis sur des charbons ardents — Quel homme est ce comte ?

REDON

Un bon vieux militaire, dans toute l'acception du mot ; loyal, généreux.

MADAME VERNEUIL

Généreux, ah ! je respire. — Il doit aimer son neveu.

REDON

Assurément.

MADAME VERNEUIL

Ils s'embrasseront.

REDON

Je le souhaite.

MADAME VERNEUIL (impatientée)

Vous le souhaitez, vous le souhaitez, mais il le faut, c'est nécessaire, Charles court à une catastrophe.

REDON

Pourquoi ?

MADAME VERNEUIL

Dans un an, dans deux, il n'aura plus que son titre de comte.

REDON

Qui ne lui appartient pas.

MADAME VERNEUIL

Ah ! pour le coup, vous vous trompez, car il m'a formellement déclaré qu'il le tenait d'une manière régulière et légitime.

REDON

Il s'est encore fait illusion à cet égard, et je vous engage même, si le Général vient ici, à donner des ordres pour qu'on ne le qualifie pas ainsi en sa présence.

MADAME VERNEUIL

Que de déceptions, grand Dieu !

REDON

Vous pensiez donc ?

MADAME VERNEUIL (se lève et marche avec agitation)

Je vous en conjure, n'ajoutez plus un mot, ne me dites plus rien ; chacune de vos phrases éclate comme une fusée incendiaire ; ah ! si c'est ainsi que vous pensez être aimable ?

REDON

Vous êtes bien injuste, j'arrive ici portant un rameau d'olivier, comme la colombe dans l'arche...

MADAME VERNEUIL

Jolie colombe !... Oh ! je suis dans une agitation, vous m'avez mise dans un état d'irritation indicible.

REDON

Permettez-moi de vous dire que c'est à tort peut-être...

MADAME VERNEUIL

Peut-être, peut-être, voilà ce qui me met hors de moi. Dites donc que mes craintes sont exagérées, chimériques, que le comte a pleuré de joie en revoyant l'enfant prodigue, et qu'ils sont tombés dans les bras l'un de l'autre.

REDON

Charles m'a recommandé d'être aimable, de vous plaire, et je ne peux mieux faire pour continuer son personnage que d'abonder dans votre sens, et de vous jurer mes grands dieux que tout s'accomplira selon votre désir.

MADAME VERNEUIL

Vous ne soupçonnez pas la gravité des circonstances.

REDON

En cherchant bien, je serais peut-être de force à deviner ce petit logogriphe.

MADAME VERNEUIL

Un logogriphe.

REDON

Oui — La première lettre est un M.

MADAME VERNEUIL

Un M ?

REDON

Et cette seule lettre est déjà tout un mot.

MADAME VERNEUIL

M !

REDON

Oui, *aime* ; c'est de bon augure, il aime, et c'est vous.

MADAME VERNEUIL (*comprenant*)

Oh !... ne faisons pas de jeux de mots, je n'y ai pas l'esprit.

REDON

Alors, je vous dirai, sans détours, que vous pensez à un mariage.

MADAME VERNEUIL

Dites qu'il y pense.

REDON
Je le crains plus encore.

MADAME VERNEUIL (avec hauteur)
Monsieur !

REDON
Renoncez-y.

MADAME VERNEUIL (éclatant de rire)
Ah ! ah ! ah !... Voilà donc le mot de la fin ! Ce n'est pas un logogriphe, cette fois, c'est une comédie que vous me jouiez ici.

REDON
Une comédie ?

MADAME VERNEUIL
Sans aucun doute. Et pourquoi n'avez-vous pas commencé par là ? Vous pensiez me détourner de Charles ; vous aviez calculé sur les plus vils instincts.

REDON
Vous vous méprenez, madame...

MADAME VERNEUIL
Assez, monsieur, assez ; je sais maintenant quel homme vous êtes et tout ce que vous pouvez dire.

REDON
A merveille. Et puisque vous parlez de comédie, je terminerai celle-ci par le titre d'une autre : *Comme il vous plaira.*

MADAME VERNEUIL (voyant entrer Charles et son oncle)
Les voici. Ah ! je ne l'espérais plus !

SCÈNE VIII

LES MÊMES, CHARLES, LE GÉNÉRAL, très changé.

CHARLES (amenant le général)

Entrez, mon oncle, entrez. (Courant à Mme Verneuil et la prenant par la main) Permettez-moi de vous présenter madame Verneuil, ma meilleure amie.

MADAME VERNEUIL

Oh ! monsieur le comte, que je suis heureuse de vous voir.

LE GÉNÉRAL

Vous êtes mille fois aimable, mad... Madame. Je vous prie de croire que je suis également fort heureux de me rencontrer avec vous.

CHARLES (lui donnant une chaise)

Asseyez-vous là.

MADAME VERNEUIL (approchant un fauteuil)

Non, ici dans ce fauteuil, M. le comte sera bien mieux.

CHARLES

Vous avez raison.

MADAME VERNEUIL

C'est une bonne fortune, bien grande pour moi, général, que de me trouver ici le jour où votre neveu a le bonheur de vous recevoir.

LE GÉNÉRAL

Vous êtes on ne peut plus gracieuse.

CHARLES

En effet, il y a quelque chose de singulier dans cette coïncidence. Je ne puis m'empêcher de voir la main de la Providence dans ce concours de circonstances bien imprévues, qui réunit chez moi toutes mes plus vives affections.

MADAME VERNEUIL

Vous êtes à Paris pour quelque temps, général?

LE GÉNÉRAL

Non.

CHARLES

Vous nous resterez bien une semaine?

LE GÉNÉRAL

Je pars demain.

MADAME VERNEUIL

Ce ne sera donc pour nous qu'un éclair de bonheur.

CHARLES

Je ne peux vous dire combien j'ai éprouvé de regrets quand j'ai appris que vous étiez à l'hôtel.

MADAME VERNEUIL

Vous auriez été si heureux de donner l'hospitalité à un oncle, à un père.

CHARLES

Oui, certes; mais il m'a promis de passer la nuit ici.

Redon, aie donc la complaisance d'aller à l'hôtel et d'envoyer les bagages que, dans ma joie, j'ai oublié de prendre.

REDON

Certainement.

LE GÉNÉRAL

Tu paieras ce que je dois.

REDON

Très bien. (Il sort en saluant Mme Verneuil, qui le lui rend à peine.)

CHARLES

Je vais faire préparer ma chambre.

LE GÉNÉRAL

Pas de dérangements.

MADAME VERNEUIL

C'est bien le moins que Charles vous donne ce qu'il a de mieux.

CHARLES

Cela me regarde, mon bon oncle. (Il sort tout joyeux en courant, faisant signe à Mme Verneuil de séplier le général.)

SCÈNE IX

LE GÉNÉRAL, MADAME VERNEUIL

LE GÉNÉRAL (soupirant avec force)

Ah! j'étouffe!

MADAME VERNEUIL

Vous êtes fatigué, général ?

LE GÉNÉRAL

Non, je suis ému.

MADAME VERNEUIL

Je comprends : cette réconciliation, la joie qu'a dû éprouver votre neveu à vous serrer dans ses bras, l'explosion de sa tendresse si longtemps...

LE GÉNÉRAL (froidement)

C'est pour vous, mademoiselle...

MADAME VERNEUIL (avec hauteur)

Madame.

LE GÉNÉRAL

Pardon, c'est pour vous, madame, que je suis ici, pour vous seule, j'avais le plus grand désir de vous voir.

MADAME VERNEUIL

Vous êtes plein de galanterie.

LE GÉNÉRAL

Des chevaliers français tel est le caractère, vous savez.

MADAME VERNEUIL

Cela se dit.

LE GÉNÉRAL

Oui, c'est Voltaire qui nous a fait cadeau...

MADAME VERNEUIL

De cette réputation.

LE GÉNÉRAL

De cette phrase.

MADAME VERNEUIL

Mais je suis de l'avis de Voltaire et vous êtes une grande preuve, monsieur le comte, de la justesse de son appréciation.

LE GÉNÉRAL

Bien obligé. — (Sèchement) Parlons vite et parlons bien.

MADAME VERNEUIL (à part)

Quel changement !

LE GÉNÉRAL

Vous voulez épouser Charles.

MADAME VERNEUIL (à part)

Lui aussi, c'est un complot. Tenons-nous bien. (Haut) Je veux épouser, je veux épouser...... Il serait peut-être plus exact de dire qu'il veut m'épouser.

LE GÉNÉRAL

Ne perdons pas de temps à ces subtilités. Il veut vous épouser, soit ; mais si vous y consentiez ce serait dans la pensée que ma fortune doit lui revenir.

MADAME VERNEUIL

Monsieur le comte, je n'ai jamais eu besoin de faire d'avances à la fortune, je ne cours pas après elle.

LE GÉNÉRAL

Elle fait comme tout le monde, je le comprends

parfaitement, elle court après vous, et je trouve que
vous justifiez à merveille cet empressement universel.

MADAME VERNEUIL

Voilà bien un compliment, si je ne me trompe.

LE GÉNÉRAL

Soyons sincère, hein ! je vous en prie.

MADAME VERNEUIL

Ceci est une épigramme.

LE GÉNÉRAL

Si vous n'acceptez pas Charles pour ma fortune ;
alors, c'est pour mon titre.

MADAME VERNEUIL

J'avoue qu'en dehors de ses bonnes qualités...

LE GÉNÉRAL

Vous n'êtes pas difficile.

MADAME VERNEUIL

Oh ! ce n'est pas un phénix et je n'ai jamais eu la
prétention d'en trouver un. Mais c'est un homme
comme il faut et sa position dans le monde, le nom
si honorable qu'il doit porter après vous, toutes ces
considérations, j'en conviens sans peine, ont été d'un
grand poids dans mon esprit.

LE GÉNÉRAL

Sachez bien que mon neveu n'aura ni ma fortune,
ni mon nom.....

MADAME VERNEUIL

Ah !...

LE GÉNÉRAL

... que dans une certaine combinaison, à laquelle, mademoiselle...

MADAME VERNEUIL

Madame.

LE GÉNÉRAL

... Pardon, à laquelle, madame, vous êtes parfaitement étrangère, et que vous seriez un obstacle insurmontable, *insurmontable*, entendez-vous bien...

MADAME VERNEUIL

Parfaitement.

LE GÉNÉRAL

... à toute disposition favorable pour lui.

MADAME VERNEUIL

Je ne comprends pas alors dans quel but ?...

LE GÉNÉRAL

Maintenant, je m'explique.

MADAME VERNEUIL (s'asseyant)

J'écoute.

LE GÉNÉRAL

Je suis venu dans cette maison, malgré ma répugnance, uniquement pour vous proposer une affaire.

MADAME VERNEUIL

Une affaire ?

LE GÉNÉRAL
Et une bonne affaire.

MADAME VERNEUIL
Va pour l'affaire.

LE GÉNÉRAL
Vous êtes trop belle, trop charmante...

MADAME VERNEUIL
Voltaire, Voltaire.

LE GÉNÉRAL
Ce n'est point un compliment.

MADAME VERNEUIL
Vous aggravez !

LE GÉNÉRAL
Je parle très franchement.

MADAME VERNEUIL
Vous aggravez toujours ! (à part.) Est-ce qu'il voudrait faire concurrence à son neveu ? ce serait burlesque.

LE GÉNÉRAL
Ne m'interrompez donc pas toujours, nous perdons un temps précieux.

MADAME VERNEUIL
Je me change en Harpocrate.

LE GÉNÉRAL
Il ne fait ordinairement pas partie des dieux pénates de la femme.

MADAME VERNEUIL
C'est à tort, car elles en ont bien besoin.

LE GÉNÉRAL
Du dieu du silence ?

MADAME VERNEUIL
Il est aussi celui du secret.

LE GÉNÉRAL
C'est juste, mais vous me faites battre la campagne.

MADAME VERNEUIL
Est-ce parce que vous disiez que j'étais belle, charmante ?

LE GÉNÉRAL
Je ne m'en dédis pas, rien n'est plus vrai, et vous êtes trop recherchée, entourée pour n'avoir pas sous la main un autre Sigisbé que Charles.

MADAME VERNEUIL (riant)
Oh ! j'en ai à revendre.

LE GÉNÉRAL
Un rival qui serait disposé à partir avec vous, à vous enlever.

MADAME VERNEUIL
Non certes, Général, cet homme ne serait pas difficile à trouver, mais pour que je consentisse à le suivre, il lui faudrait quelque chose qu'il n'a plus.

LE GÉNÉRAL
De l'argent ?

MADAME VERNEUIL

Vous avez mis le... le doigt dessus.

LE GÉNÉRAL

Combien voulez-vous que je lui donne pour...

MADAME VERNEUIL

Vous voulez dire combien vous me donnerez, à moi, pour que je rompe avec votre neveu ?

LE GÉNÉRAL

Vous y êtes.

MADAME VERNEUIL

Voilà l'affaire ! l'enfantement a été laborieux.

LE GÉNÉRAL

Ce n'est pas ma faute, vous m'interrompez sans cesse.

MADAME VERNEUIL

Ecoutez, monsieur le comte, je vais être franche (riant.) Si je suis maladroite vous m'excuserez ce n'est pas dans mes habitudes.

LE GÉNÉRAL

Parlez sans crainte, je ne vous tends pas un piège.

MADAME VERNEUIL

Je ne les crains pas. Sans que vous puissiez le prévoir, vous venez d'entrer dans une voie qui me permet de réaliser l'un des rêves de ma vie.

LE GÉNÉRAL

J'en suis enchanté !

MADAME VERNEUIL

Je brûle depuis longtemps du désir de faire le voyage d'Italie ; je comptais partir avec votre neveu.

LE GÉNÉRAL

Pour y passer votre lune de miel ?

MADAME VERNEUIL

C'est l'usage dans ce qu'on appelle le *beau* monde, mais puisque cela contrarie vos projets, je renonce à cette partie de mon programme et avec d'autant moins de regrets qu'en m'éloignant de Charles, je travaillerai au bonheur de son avenir.

LE GÉNÉRAL

Voilà qui est d'un bon cœur. Voulez-vous le quitter ce soir ; voulez-vous briser avec lui sans ménagements, brutalement ?

MADAME VERNEUIL

Oh ! c'est bien dur.

LE GÉNÉRAL

Je ne retire pas le mot, il le faut ; consentez, et je vous donne cent mille francs.

MADAME VERNEUIL

Cent mille francs !

LE GÉNÉRAL

Voulez-vous ?

MADAME VERNEUIL (riant)

Vous m'en direz tant !

LE GÉNÉRAL
Je vous engage mon honneur de soldat.

MADAME VERNEUIL
Cela vous rend service à tous, n'est-ce pas ?

LE GÉNÉRAL
Le plus grand service.

MADAME VERNEUIL
Général, touchez là. (Elle lui tend la main.) C'est fait. (Elle sonne, s'approche d'une table et écrit.)

LE GÉNÉRAL (à part)
Ma pauvre Louise, c'est elle qui se charge de te venger.

MADAME VERNEUIL (au domestique qui entre)
Ma voiture est-elle encore là ?

LE DOMESTIQUE
Oui, madame.

MADAME VERNEUIL
Envoyez-moi John.
(Le domestique sort.)
(Au Général, lui montrant la lettre qu'elle vient d'écrire :) Général, je brûle mes vaisseaux.

LE GÉNÉRAL
Merci.

MADAME VERNEUIL (à John qui entre)
Prenez ma voiture, trouvez M. de Brétigny, remettez-lui cette lettre et amenez-le sur-le-champ. (John sort.) *Au général :* Vous avez lancé la foudre, à vous la responsabilité de ce qui adviendra.

LE GÉNÉRAL

Je l'accepte sans sourciller.

MADAME VERNEUIL

Mais comme ma présence ici vous devient maintenant tout à fait inutile, j'exécute le traité, je vous livre la place, je pars. (Elle met son chapeau et prend son châle.)

LE GÉNÉRAL

Avec armes et bagages et tous les honneurs de la guerre.

MADAME VERNEUIL (un soupir forcé)

Ah! vous me faites faire une chose cruelle, et j'ai bien besoin de songer que son intérêt l'exige pour me déterminer à concourir à vos desseins.

LE GÉNÉRAL

Il vous remerciera un jour.

MADAME VERNEUIL

Cette bonne parole me console.

LE GÉNÉRAL

Que dirai-je à Charles?

MADAME VERNEUIL (cherchant)

Que M. de Brétigny est venu, qu'il m'a fait une scène ici devant vous et m'a contrainte de partir avec lui.

LE GÉNÉRAL

C'est convenu.

MADAME VERNEUIL

Vous pouvez ajouter, afin d'éviter les conséquences

qu'un pareil acte pourrait entraîner, que j'ai suivi mon mari.

LE GÉNÉRAL
C'est très bien.

MADAME VERNEUIL
Monsieur le comte, vos ordres sont exécutés ; je vous fais mes adieux.

LE GÉNÉRAL
Et moi je vous fais mes remerciments. M. Redon sera demain chez vous.

MADAME VERNEUIL
Oh !... à votre aise, Général. Adieu.

SCÈNE X

LE GÉNÉRAL, seul, puis CHARLES

LE GÉNÉRAL
J'ai réussi !... j'ai réussi au delà de mes espérances. J'en goûte une joie amère, mais enfin c'est de la joie. Détestables égoïstes ! Il faut bien vous faire souffrir dans vos vices, puisque vous n'avez pas de bons sentiments qu'on puisse torturer pour vous punir !

CHARLES (entrant tout joyeux)
Ah ! mon cher oncle, toute la maison est en fête depuis que vous y êtes entré ; mes domestiques se disputent l'honneur de vous servir et il m'a fallu mettre le holà pour les empêcher d'en venir aux mains.

LE GÉNÉRAL

Je les remercierai de cet empressement.

CHARLES (*entrant*)

Vous êtes seul ?... Où donc est Virginie ?

LE GÉNÉRAL

Elle vient de partir.

CHARLES

De partir ?...

LE GÉNÉRAL

A la minute.

CHARLES

Pourquoi faire ?

LE GÉNÉRAL

Je ne sais.

CHARLES

Seule ?

LE GÉNÉRAL

Avec un monsieur qu'elle a nommé, je crois, Montigny, Batigny... quelque chose comme cela.

CHARLES

Brétigny !

LE GÉNÉRAL

Justement, Brétigny.

CHARLES

Brétigny est venu ici ?

LE GÉNÉRAL

Et j'ai même assisté à une étrange scène.

CHARLES

Qu'est-il venu faire ?

LE GÉNÉRAL

Il est venu chercher Mᵐᵉ Verneuil et lui a enjoint de le suivre avec l'autorité d'un maître.

CHARLES

Et elle lui a cédé sans protester, sans m'appeler... mais je le tuerai, ce Brétigny...

LE GÉNÉRAL

Non, tu ne le tueras pas, car c'est son mari.

CHARLES

Son mari ?

LE GÉNÉRAL

Elle-même m'en a fait la confidence, en me chargeant de ses adieux pour toi.

CHARLES

Ce n'est pas possible !... Tant d'audace d'une part, tant de duplicité de l'autre... Non, ce n'est pas possible.

(Il court à la porte.)

SCÈNE XI

LES MÊMES, REDON

CHARLES (à Redon qui entre)

L'as-tu rencontrée ?

REDON

Oui.

CHARLES

Où est-elle ?

REDON

Je viens de lui offrir la main pour monter en voiture.

CHARLES

Elle part ?

REDON

Avec Brétigny.

CHARLES (voulant sortir.)

Non, je vous dis que ce n'est pas possible. (On entend le bruit d'une voiture.)

REDON

Tiens !

CHARLES

O rage ! (Il tombe sur une chaise.)

REDON

Je lui ai demandé où elle allait, — à Rome ! — avant dîner ? — Oui, m'a-t-elle répondu, avec ce charmant sourire de hyène que tu lui connais, *mais ne m'attendez pas pour vous mettre à table.*

CHARLES

Partie !...

LE GÉNÉRAL (à part.)

Sa douleur me fait du bien.

REDON

Et j'espère bien qu'on ne l'attendra pas : je meurs de faim. (à Charles) Et toi ?

CHARLES (se levant précipitamment)

Je ne supporterai pas une pareille injure.

(Il veut sortir.)

REDON

Où vas-tu ?

CHARLES

Me battre avec Brétigny.

LE GÉNÉRAL

Un instant, permets-moi d'intervenir. Tu vas commettre la plus grande des folies.

CHARLES

Que m'importe ! Il faut qu'un de nous deux ne voie pas la fin de cette maudite journée.

LE GÉNÉRAL (froidement)

Je te prie de m'épargner, d'épargner à ta famille une pareille humiliation ; sais-tu ce que l'on dirait ?

CHARLES

Rien ne m'arrêtera.

LE GÉNÉRAL (continuant)

On dira : M. Charles *** voulait épouser Mᵐᵉ Verneuil, cette demoiselle si connue ; elle n'en a pas voulu ; elle a préféré partir avec un ... enr...ier, M. Brétigny, et ce bon M. Charles a été ass... ... comment dirai-je ?... assez simple pour se faire tuer entre deux stations afin de donner plus d'éclat à sa défaite, au triomphe de son rival et à la réputation de cette pécore.

CHARLES
Mais comment voulez-vous que j'essuie un pareil outrage sans en tirer vengeance ?

LE GÉNÉRAL
Le seul moyen d'en faire justice, c'est de ne pas le relever.

CHARLES
Ah ! j'ai l'enfer dans le cœur.

REDON
De quoi te plains-tu donc ?

CHARLES (furieux)
Si je me plains !

REDON
Tu as oublié ce que tu me disais : « La vie, c'est l'antagonisme, c'est la lutte, c'est un cœur arraché à un rival. »

CHARLES
Ah ! Redon, ne m'accable pas, je suis trop malheureux. (Il tombe la tête dans ses mains.)

REDON
Je ne te croyais pas aussi sensible.

CHARLES
Mais que voulez-vous que je fasse, que je devienne ?.....

LE GÉNÉRAL

Ce n'est pas le moment de le décider. — Je pars demain pour Voisins, viens avec moi ; et, quand tu auras repris un peu de calme, nous causerons.

REDON

L'avis du général est aussi celui de Neptune :
« Sed motos prestat componere fluctus. »

(Deux domestiques ouvrent les portes du fond.)

LE GÉNÉRAL

Voici tes gens. — Montre-leur un front d'homme ; qu'ils ne te voient pas dans cet état lamentable.

LE DOMESTIQUE

Monsieur le comte est servi.

REDON

Quel bonheur ! Jamais je ne me suis senti un meilleur appétit.

ACTE IV

SCÈNE PREMIÈRE

Même décoration qu'au premier tableau du premier acte.

LOUISE (entrant, horriblement changée et pâle comme une apparition.)

Comme les nuits sont longues ! combien mon oreille est impatiente de saisir le premier bruit du laboureur que le travail appelle ! Avec quel bonheur je te revois, divine aurore qui doit me ramener celui dont le souvenir remplit l'univers de mon imagination !... tu me le rendras bientôt, n'est-ce pas ? Cette véritable âme de ma vie ! (Cherchant dans sa pensée comme une personne qui recueille ses souvenirs.) C'est aujourd'hui que je vais le revoir !... ... Est-ce bien aujourd'hui ?... quel vague... comme j'ai les idées confuses !... ma mémoire semble n'être pas encore sortie du sommeil ; elle est obscurcie, voilée par quelque chose de léger, de flottant comme les brouillards du matin... allons chanter sous sa fenêtre cette romance que j'ai faite de mes souvenirs... quand donc l'ai-je faite !... Est-ce hier ?... ce matin ? Il me semble que mon cœur la fredonnait déjà quand je suis venue au monde (Elle chante la romance de Musset.) Comme c'est vrai, comme j'ai bien trouvé l'expression sans peine, sans recherche, rien qu'en laissant passer entre mes lèvres le souffle qui m'anime... Ah ! oui, je me souviens. (Elle se prend la tête dans ses mains.) Oui, j'ai rêvé qu'un bon génie, touché de mes prières, m'avait prise par la main et conduite au fond du lac, dont les eaux s'ouvraient devant nous comme des murs de cristal, — là, me montrant un homme agenouillé, il me dit : Voilà celui qui doit sécher tes larmes. — Je n'ai reconnu ni sa tournure, ni ses traits, mais ce ne peut être que lui...... Allons, faisons diligence, s'il était revenu, je ne veux me laisser devancer par personne. Il faut que ce soit ma voix qui, la première, frappe son oreille dans ce berceau de nos amours !... S'il ne me répond pas, je sais où le retrouver : je cours au lac.

SCÈNE II

LOUISE, UNE FEMME DE CHAMBRE, puis UN DOMESTIQUE.

LA FEMME DE CHAMBRE (entrant)

Vous m'avez appelée, mademoiselle ?

LOUISE

Moi ?... non.

LA FEMME DE CHAMBRE

Pardon, mademoiselle, je ne me trompe pas, je vous ai parfaitement entendue.

LOUISE

Ah!... c'est possible. — Eh bien! viens.

LA FEMME DE CHAMBRE

Il est de bien bonne heure encore pour sortir; l'air est froid.

LOUISE

Est-il jamais trop tôt pour aller au-devant de lui?

LA FEMME DE CHAMBRE

Couvrez-vous. (Elle lui jette un manteau sur les épaules. — Au moment de sortir elles rencontrent un vieux domestique.)

LOUISE

Bonjour, Pierre.

PIERRE

Bonjour, mademoiselle.

LOUISE

Quand revient donc M. Charles?

PIERRE

Demain, mademoiselle.

LOUISE

Demain? Non, ce sera aujourd'hui.

PIERRE

C'est pour demain.

LOUISE
Quel bonheur de le revoir !.. Il me semble que nous l'attendons depuis un siècle.

PIERRE
Il n'y a cependant que huit jours qu'il est parti.

LOUISE
Huit jours !... Es-tu bien sûr qu'il n'y a que huit jours ?

PIERRE
Pas davantage. Et M. Charles désire trop revoir mademoiselle pour prolonger son séjour.

LOUISE
Tu crois qu'il aura du plaisir à me revoir ?

PIERRE
J'en suis bien certain.

LOUISE (à Françoise)
Et toi, Françoise ?

LA FEMME DE CHAMBRE
Je n'en doute pas, mademoiselle.

LOUISE
Ah ! que je suis donc heureuse ! Viens. — Il me semble que ma poitrine est soulagée d'un poids immense, mon oppression a cessé et je vais respirer avec délices l'air embaumé de la prairie. Viens. (Elle sort avec Françoise.)

PIERRE, seul
Aucun changement ; toujours la même, toujours les

mêmes idées, les mêmes phrases, les mêmes mots... Qu'arriverait-il si elle apprenait que M. Charles est ici ?

SCÈNE III

PIERRE, REDON et CHARLES

REDON (entrant avec précaution)

Pierre !

PIERRE

Monsieur ?

REDON

Où est Mlle Louise ?

PIERRE

La voilà, monsieur, elle va faire sa promenade habituelle.

CHARLES

Prenons garde qu'elle ne nous voie.

PIERRE

N'ayez pas peur ; elle ne se retourne jamais. Elle ne fera aujourd'hui que ce qu'elle a fait hier, ce qu'elle a fait la veille, ce qu'elle fait invariablement depuis six mois.

CHARLES

Où est-elle maintenant ?

PIERRE

Elle tourne l'allée, la voyez-vous ?

REDON (à Charles)

Tiens, regarde.

CHARLES

Dieu ! quelle est changée !

REDON

La voilà telle que le malheur nous l'a faite.

CHARLES

Où va-t-elle ?

PIERRE

Monsieur, elle va faire le tour du parc, puis viendra se reposer dans le kiosque sur le lac. — Elle se parle à elle-même ; on dirait qu'elle récite des vers. Elle prend des fleurs qu'elle baise, les effeuille et s'endort.

CHARLES

Tous les jours ?

PIERRE

Tous les jours.

REDON

Quand rentre-t-elle ?

PIERRE

Jamais avant deux heures. Elle vient dans ce salon écrire une lettre.

CHARLES

A qui ?

PIERRE

A vous, Monsieur.

CHARLES

A moi ?

PIERRE

Oui, Monsieur. Je suis censé les porter à la poste.

REDON

Qu'en sais-tu ?

PIERRE

Je les mets dans le bureau de M. le comte. — Je crois que j'ai encore sur moi celle d'hier.

REDON

Donne.

PIERRE

La voici.

REDON

Va. (Le domestique sort.)

SCÈNE IV

REDON, CHARLES

CHARLES

Voyons.

REDON (lisant)

« Mon bon Charles, si tu savais combien je souffre de ton absence, je suis sûre que tu quitterais tout pour me revenir avec la rapidité de l'aigle, qui voit son nid menacé par d'impitoyables chasseurs. Rien ne me plaît plus ; rien ne peut me distraire. — Les champs aux mille couleurs ; nos bois profonds d'où s'échappent éternellement ces bruits mélancoliques qui rappellent les sons de la lyre ; ce soleil splendide, ces fleurs, mêmes, qui naguère étaient ma vie ; toutes ces beautés me laissent indifférente, l'admirable nature n'a plus de charme pour moi. — Toute ma vie se concentre dans ce mot : Je t'aime, et dans cette espérance : Il va venir !

CHARLES

Pauvre enfant !

REDON

Quelle nature divine ! Et dire que ce n'est plus une femme, un être humain, que ce n'est plus qu'un fantôme.

CHARLES

Oui, c'est vraiment navrant. Ah ! quels chagrins, quels regrets ! Dire que j'avais là le bonheur et que je l'ai dédaigné pour courir après un monstre. J'en suis bien puni et, c'est justice. Je ne me plains pas. Mais s'il m'était permis de recommencer ma vie, je te jure que je la mettrais à ses pieds.

REDON

Il faut que tu fasses renaître cette fleur que tu as flétrie, que tu ranimes cette vie que tu as brisée.

CHARLES

Hélas ! que ne donnerais-je pas pour opérer ce miracle !

REDON

Il le faut.

CHARLES

Il le faut ?

REDON

Oui... comprends-moi bien, il le faut. — Cherche, invente, imagine, sache que ton avenir est enchaîné à cette ruine.

CHARLES

Comment cela ?

REDON

C'est la volonté de ton oncle. Il ne t'a ramené ici...

CHARLES

... que pour me calmer, me distraire, me consoler, si c'est possible, du coup qui m'a frappé.

REDON

Il t'a conduit ici pour te mettre en présence de ta victime et faire naître dans ton cœur le désir, le besoin de réparer l'épouvantable malheur que tu as causé.

CHARLES

Mon oncle ne peut pas exiger une chose impossible.

REDON

Impossible ?... Non, non, rien n'est impossible !

CHARLES

Rends-lui la raison, et je remercierai le ciel de m'avoir permis de réparer ma faute.

REDON

Tu le peux, tu le dois, il le faut.

CHARLES

Que faire ?

REDON

C'est dans ton cœur que tu dois trouver le remède. Ah ! si je pouvais m'arracher celui qui me fait tant souffrir.

CHARLES

Tu l'aimes donc.

REDON

Pour elle, je descendrais aux enfers !

CHARLES

Comment, tu l'aimes !

REDON

Plus que ma vie, car je la donnerais mille fois, non seulement pour lui rendre la raison, mais pour mettre sa main dans la tienne, puisqu'un déplorable destin la condamne à ne pouvoir vivre sans toi. (Il s'assied, dans la plus grande émotion.)

CHARLES

Comment, tu l'aimes !... Je te croyais invulnérable.

REDON

N'abuse pas d'une faiblesse dont la douleur m'a arraché l'aveu. Il ne s'agit pas de moi ici, j'ai fait mon deuil de la vie ; il s'agit d'elle, il s'agit de l'arracher à cet état plus cruel que la mort.

CHARLES (à part)

Ah! il l'aime... (Haut.) Eh bien! parle, conseille-moi, que dois-je faire?

REDON

Si j'étais à ta place, je n'aurais besoin de consulter personne, mais tu dénotes une telle indigence.

CHARLES

C'est l'amour consultant l'amitié.

REDON

L'amour!

CHARLES

Oui, je sens renaître dans mon cœur un sentiment qui n'était pas éteint, et je voudrais pouvoir le lui prouver; mais que ferais-tu?

REDON

Moi? Je ferais en sorte qu'elle pût penser que ce long délaissement n'a été qu'un vain songe; je mettrais tout en œuvre pour lui faire croire, en me retrouvant à ses pieds, que nous en sommes au lendemain du jour où, pour la première fois, je lui dis : Je vous aime.

CHARLES

Tu as raison, oui, je me rappelle que c'était...

REDON (avec chagrin)

Fais-moi grâce de tes confidences.

LA FEMME DE CHAMBRE

Au secours! au secours!

REDON

Qu'y a-t-il ?

LA FEMME DE CHAMBRE

Mademoiselle se noie !

REDON

Elle se noie ! (Il sort en courant.)

CHARLES

Dans le lac ?

LA FEMME DE CHAMBRE

Portez-lui secours, s'il en est temps encore.

SCÈNE V

LE GÉNÉRAL, LA FEMME DE CHAMBRE

LE GÉNÉRAL

D'où viennent ces cris ?

LA FEMME DE CHAMBRE

Oh ! Monsieur le comte, quel malheur !

LE GÉNÉRAL

Qu'est-il arrivé ?

LA FEMME DE CHAMBRE

Mademoiselle vient de se jeter dans le lac !

LE GÉNÉRAL

Dans le lac ! (Il veut courir, il tombe assis dans un fauteuil.) Je suis pétrifié ! Au secours ! Pierre ! Auguste ! Au secours ! Courez, sauvez-la.

PIERRE (à la femme de chambre)

Sauver qui ?

LA FEMME DE CHAMBRE

Mademoiselle !

PIERRE

Mademoiselle !

LE GÉNÉRAL

Cours donc !

PIERRE

Ah ! je n'ai plus de jambes ! (Il tombe sur une chaise.)

LE GÉNÉRAL (avec douleur)

Quoi ! Je ne la reverrais plus ! non, j'irai, je la sauverai (Il se lève, veut marcher et retombe sur son siège.) Oh ! vieillesse plus cruelle que la mort. — (A la femme de chambre.) Et toi, pourquoi ne t'es-tu pas précipitée avec elle ?

LA FEMME DE CHAMBRE (pleurant)

Ah ! je n'ai pas pu. — Mademoiselle s'est agenouillée, a fait une courte prière et s'est élancée avec une promptitude qui a déjoué toute pensée d'opposer un obstacle à son dessein. Je l'ai vue... (Elle sanglotte.)

SCÈNE VI

LES MÊMES, CHARLES

CHARLES (entrant en courant)

Mon oncle, rassurez-vous, elle est sauvée !

TOUS

Sauvée !

CHARLES

Oui, Redon est arrivé quand elle surnageait encore et a été assez heureux pour la ramener sur la rive où je ne suis arrivé que pour leur tendre la main.

LE GÉNÉRAL

Quel bonheur !

CHARLES (aux domestiques)

Courez leur porter des vêtements.

PIERRE

Ah ! j'ai retrouvé mes jambes !

LE GÉNÉRAL

Comment, c'est Redon ? Tu t'es laissé devancer par un autre ?

CHARLES

Que voulez-vous, j'ai couru, je me suis précipité, mais Redon avait des ailes, les ailes de l'amour.

LE GÉNÉRAL

Il l'aime ?...

CHARLES

Ce secret lui échappait quand nous avons entendu crier au secours.

LE GÉNÉRAL

Redon l'aime !

SCÈNE VII

LES MÊMES, REDON

REDON

Ah! Général, général! que je vous embrasse! (Il se jette dans ses bras.)

LE GÉNÉRAL

Tu l'as sauvée!

REDON

Charles, cours, c'est à peine si elle a recouvré ses sens; et dans ce moment même, elle apprend que c'est à toi qu'elle doit la vie.

CHARLES

A moi?

REDON

Il le faut, il faut que ce soit toi qu'elle revoie le premier; il faut que ce soit ton bras, le bras de son mari qui la remette dans ceux de son père.

CHARLES

Moi, tu veux que ce soit moi?

REDON

Je n'ai pu que la ramener à la vie, comme tout autre aurait fait à ma place, mais toi seul peut lui rendre la raison, vas, cours.

CHARLES

Comment vais-je la retrouver?

REDON

J'ai bon espoir; vas.

(Charles sort.)

LE GÉNÉRAL

Ah! Redon, quelle reconnaissance!

REDON

De la reconnaissance?... Ah! si vous saviez quelle récompense je trouve là! (Il met la main sur son cœur.)

SCÈNE DERNIÈRE

(Charles et une femme de chambre amènent Louise pâle et défaillante. — Ils l'asseyent dans un fauteuil).

LES MÊMES, LOUISE, CHARLES

LOUISE

(Après un moment, apercevant le Général et courant à lui)

Mon bon parrain! (elle se jette dans ses bras). — (Apercevant Redon) Monsieur Redon! (Elle lui tend la main qu'il baise avec effusion). Enfin j'ai retrouvé ma pensée!... (On l'asseoit de nouveau. — Se tournant vers Charles). Et vous, Monsieur Charles!... Comment se fait-il que je ne vous aie jamais revu?... Que vous ne m'ayez pas envoyé un mot pendant cette longue agonie de mon cœur?...

CHARLES

Mais, chère Louise, cette absence de huit jours...

LOUISE (se levant précipitamment)

Huit jours!... (Elle court à une glace). Dieu! que je suis changée!... huit jours!... c'est impossible!... (Elle se prend le front dans les mains.) C'était au printemps... nous étions à la saison des roses... Oui, oui... je me rappelle... (Elle regarde Charles d'un œil interrogateur.)

CHARLES

Eh bien!

LOUISE

Voyons!... (Elle court à une fenêtre qu'elle ouvre.) — (Avec tristesse) La feuille qui tombe m'en apprend assez... six mois se sont écoulés depuis ce fatal jour, et vous n'avez pas songé à m'envoyer un souvenir.

CHARLES (embarrassé)

Je craignais...

LOUISE (froidement)

Cet excès de prudence me cause une impression, un effroi que je ne saurais rendre. (Courant embrasser le général.) Mon bon parrain, vous n'avez pas craint, vous, de passer votre vie à épier un éclair de lucidité dans mon esprit pour y verser le baume de votre tendresse. (Elle l'embrasse encore.)

LE GÉNÉRAL

Chère enfant.

LOUISE

Vous non plus, cher Monsieur Redon. (Elle lui tend la main.) Vous n'avez pas craint de prodiguer vainement à une pauvre insensée le charme de votre sollicitude.

CHARLES (blessé)

Vous vous méprenez grandement sur mes sentiments, ma chère Louise, et je vais vous en donner une preuve qui, je l'espère, emportera toutes les autres. — Mon oncle, je vous demande la main de...

LOUISE (froidement)

N'achevez pas. — Je ne pourrais, je ne m'appartiens plus.

CHARLES

Comment, vous refusez...

LOUISE

Il me semble que j'entrevois mon avenir comme dans un songe ; tout me dit, tout m'atteste que je vous dois la vie ; je voudrais, je devrais vous en exprimer ma reconnaissance, et, malgré moi, je demeure immobile, arrêtée par une barrière invisible, mais insurmontable qui s'élève entre nous. — Tout mon être résiste ; je trouve là (elle met la main sur son cœur) une protestation invincible, et j'entends une voix qui me crie : Voilà ton sauveur ! (Elle court à Redon, lui prend la main et la met sur son cœur) Cher Monsieur Redon, c'est vous qui m'aimiez, je le vois, je le sens, j'en ai la certitude (Elle pleure.) Je n'ai pas entièrement perdu la mémoire ; je me rappelle votre conseil : « Aimez qui vous aime. »

REDON

Eh bien !

LOUISE

Ma vie est terminée ; il faut que j'expie ma faute.

LE GÉNÉRAL

Louise.

LOUISE (s'agenouillant devant le général)

Mon bon parrain, pardonnez-moi tous les chagrins que je vous ai causés et permettez-moi d'entrer dans un couvent.

REDON

Dans un couvent !

LE GÉNÉRAL

Toi me quitter, jamais ! (Il la relève.)

LOUISE

Je dois me retirer du monde afin de prouver mon repentir et mériter...

LE GÉNÉRAL

Que deviendrais-je sans toi ?

REDON

C'est nous que vous frappez.

LE GÉNÉRAL

Renonce à ce dessein funeste, fais-moi ce sacrifice en mémoire de ton père, reste avec nous.

LOUISE

Vous le voulez...

REDON

Ah ! Je vous en conjure.

LOUISE (à Redon)

Mon cœur a reçu une bien profonde blessure...

attendez. (Raton lui baise la main avec transport, et elle se jette dans les bras du général.)

CHARLES (à part)

Je l'ai bien mérité. C'est le juste châtiment de ma faute; mais peu importe : il faut que je tue Brétigny.

UNE IMPRUDENCE

COMÉDIE EN UN ACTE

PERSONNAGES

MM. DE VILLAROY.   45 ans.
    GASTON DE MAGNY, amant de
        Mme de Villaroy.   30 »
    Le Marquis de CHAMBREUX   35 »
Mmes DE VILLAROY   35 »
    JEANNE DE VILLAROY, sa fille.   17 »
    UNE FEMME DE CHAMBRE.

La scène se passe à Paris dans l'hôtel de Villaroy.

AVANT-PROPOS

Voici un petit drame intime dont j'ai été le témoin.

Dieu me garde de jeter la pierre à celle qui en a été la victime. La femme vit d'affection ; il lui faut en donner autant qu'en recevoir, et, quand elle se voit délaissée par son mari, elle ne peut pas résister longtemps au penchant irrésistible de sa nature qui la condamne à accepter les hommages d'un sentiment sincère.

Mon héroïne a commis une grande faute, c'est vrai, mais sa raison lui démontrait qu'il n'y a d'obligations et de devoirs que lorsqu'ils sont réciproques. La pauvre femme, je l'excuse et l'ai plainte de tout mon cœur, en reconnaissant, cependant, qu'elle avait manqué de circonspection et de prévoyance.

L'enivrement d'un bonheur partagé avait obscurci sa raison et effacé de son esprit le souvenir du précepte que les anciens nous ont légué, et qui recommande de surveiller sa conduite devant la jeunesse.

A Rome, on disait :

« Puero maxima reverencia debetur »

A Sparte, on condamnait à une peine très sévère même le mari qui se permettait d'embrasser sa femme en public.

La personne que je mets en scène aurait dû prévoir que la moindre étincelle pourrait suffire pour incendier le jeune cœur qui était auprès d'elle, et provoquer la catastrophe qui a brisé sa vie. Le châtiment a été cruel, mais mérité.

J'ai pensé qu'il était bon de le mettre en lumière pour signaler à d'autres le dangereux écueil qu'il leur faut éviter.

Cette petite pièce renferme donc une moralité.

UNE IMPRUDENCE

ACTE PREMIER

SCÈNE PREMIÈRE

MADAME DE VILLAROY *chante à son piano.*
JEANNE *l'écoute, assise près d'elle dans un fauteuil.*

JEANNE
Ah ! cette romance est divine.

MADAME DE VILLAROY
C'est qu'elle est d'un homme qui ne faisait pas de la musique avec son piano, mais bien avec son âme.

JEANNE
Qui donc ?

MADAME DE VILLAROY
Weber.

JEANNE
Et comme tu la chantes bien. J'éprouve à t'écouter un charme inexprimable. Ah ! que je voudrais chanter comme toi !

MADAME DE VILLAROY

Tu es trop jeune pour cela.

JEANNE

Trop jeune ?

MADAME DE VILLAROY

Oui, pour bien chanter, il faut sentir, il faut rendre l'écho toujours imparfait de ce qu'on entend dans son cœur. Tu sauras cela plus tard. Comment te trouves-tu ce matin ?

JEANNE

A merveille.

MADAME DE VILLAROY

Tu ne ressens plus rien de ce vilain malaise.

JEANNE

Absolument rien.

(On entend le timbre.)

MADAME DE VILLAROY

Voici quelqu'un qui m'arrive, va dans ta chambre, je te rejoindrai tout à l'heure.

(Jeanne sort.)

SCENE II

MADAME DE VILLAROY, GASTON

GASTON

Bonjour, chère madame.

MADAME DE VILLAROY

Bonjour.

GASTON

Je viens vous soumettre notre programme pour ce soir.
(Il lui donne un papier.)

MADAME DE VILLAROY

Voyons. (Elle prend le papier.) C'est bien, je chante deux fois; la première ce sera cette romance que vous me demandiez toujours autrefois.
(Elle s'asseoit.)

GASTON

Toi ?

MADAME DE VILLAROY

Oui, et que vous ne demandez plus.

GASTON

Si vraiment, je l'entends toujours avec le plus grand plaisir.

MADAME DE VILLAROY

Maintenant c'est avec plaisir; c'était alors avec bonheur.

GASTON

Il en est toujours de même, je vous jure.

MADAME DE VILLAROY

Gaston, ne jurez pas.

GASTON

Vous savez bien que je vous aime, que depuis cinq ans vous remplissez ma vie, que je vous aimerai toujours.

MADAME DE VILLAROY

Je suis certaine que vous me restez fidèle, mais ce n'est plus l'amour, c'est l'honneur qui vous enchaine à moi.

GASTON

Où avez-vous donc l'esprit? Je ne peux pas vous dire combien je suis affligé de vous voir, comme à plaisir, dénaturer ainsi mes sentiments pour vous.

MADAME DE VILLAROY

Que vous êtes changé!

GASTON

En quoi donc?

MADAME DE VILLEROY

Je vous trouve trop de politesse et pas assez d'empressement. Vous êtes toujours d'humeur douce et facile; vous me comblez d'attentions sans jamais manifester le désir d'être ensemble. Quand vous êtes auprès de moi et que quelqu'un vient se mêler à nous, cela ne vous contrarie pas comme autrefois; au contraire, votre esprit semble soulagé et reprendre ses ailes. Vous n'avez plus de ces violences qui trahissent l'amour. Je trouve dans cette exactitude, dans cette ponctualité à remplir vos devoirs envers moi, quelque chose de sinistre qui m'effraie. Vous me faites l'effet de quelqu'un qui jette des fleurs sur une tombe.

GASTON

Comme vous exagérez! J'ai subi comme tout au monde, l'inexorable loi du temps qui modifie sinon dans le fond, au moins dans la forme, les manifestations de nos plus chers penchants. Je vous aime aujourd'hui comme il y a cinq ans, plus encore peut-être, car, peu à peu, j'ai rétréci les horizons de ma vie aux murs de cette maison, au cercle de votre famille.

MADAME DE VILLAROY

Est-ce bien vrai ?

GASTON

Et vous, croyez-vous bien n'être pas changée ?

MADAME DE VILLAROY

Moi ? Oh Gaston ! Je ne pense qu'à vous, je n'existe que pour vous.

GASTON

Ne vous rappelez-vous pas que dans ce premier enivrement de bonheur que j'étais parvenu à faire passer de mon âme dans la vôtre, vous vouliez partir avec moi, briser avec le monde entier, afin disiez-vous, de nous ensevelir dans une ivresse sans mélange ?

MADAME DE VILLAROY

C'est vrai, j'étais folle ; c'était dans un de ces moments de découragement où je n'entrevoyais pas la possibilité de partager ma vie entière entre le monde et vous. Mais l'amour fait des miracles, il aplanirait des montagnes pour rapprocher deux cœurs, et il m'a rendue si heureuse entre ma fille et vous, que la seule pensée de voir m'échapper un des éléments de ce bonheur me bouleverse au point de me rendre injuste, puisque je vous accuse.

GASTON

Vous en convenez donc, vos sentiments pour moi n'ont plus le même empire.

MADAME DE VILLAROY

Gaston, mon bon Gaston, je n'ai aimé que vous, je n'aime que vous, et votre amour est plus nécessaire à ma vie que l'air que je respire.

GASTON (lui baisant la main)

Bannissez ces vilaines alarmes, chassez les nuages qui assombrissent vos beaux yeux, et fiez-vous à ma parole.

MADAME DE VILLAROY

J'avais tort, je fais amende honorable, je vous crois. (Tout bas:) Je te crois, mon Gaston, mais ne parle plus de départ, je ne pourrais supporter ton absence, et si courte qu'elle fut, tu ne me retrouverais pas.

GASTON (bas)

Eh bien, je renonce à ce voyage, je veux rester éternellement près de toi et te répéter sans cesse : je t'aimerai toujours.

MADAME DE VILLAROY (lui prenant la main)

Merci. J'avais besoin de vous l'entendre dire. Je me sens mieux.

GASTON

Qu'avez-vous ?

MADAME DE VILLAROY

Je ne sais : Je me suis, ce matin, réveillée tout en en larmes

GASTON

Allons, allons, pensons à ce soir ; ma sœur compte sur vous pour enchanter ses hôtes.

MADAME DE VILLAROY

Je ferai de mon mieux.

GASTON

Ce qui veut dire que vous serez, comme toujours, inimitable. Il me semble que j'entends votre mari, je le croyais à Villaroy.

MADAME DE VILLAROY

Il est revenu cette nuit.

SCÈNE III

LES MÊMES, VILLAROY

VILLAROY (entrant)

Bonjour, chère Louise. (Il l'embrasse.)

GASTON

Vous n'avez donc pas fait bonne chasse ?

VILLAROY

Il faisait un vent à vous couper la figure et les bécasses étaient parties. Vous nous avez faussé compagnie.

GASTON

Je déteste courir les bois par ce temps-ci. Parlez-

moi d'une ouverture aux perdreaux par les belles
journées de septembre, à la bonne heure.

VILLAROY
Vous n'êtes pas un chasseur. Nous autres, rien ne
nous arrête, nous bravons tout...

MADAME DE VILLAROY
La preuve c'est que vous voici.

GASTON
Vous viendrez ce soir chez ma sœur?

VILLAROY
On fait de la musique, n'est-ce pas?

GASTON
Certainement elle m'a envoyé (montrant madame de Villaroy) prendre les ordres de notre divine prima dona.

VILLAROY
Mon cher ami, en fait de musique je n'aime que la
voix des chiens.

MADAME DE VILLAROY
Bien obligée.

VILLAROY
Chère Louise, je suis toujours ravi quand vous voulez bien vous mettre à votre piano ici, sans façon;
mais dans vos concerts où l'on ne peut ni bouger ni
s'asseoir, ni dire un mot sans provoquer les murmures de ces enragés que l'on nomme amateurs, et
s'attirer un regard foudroyant de la maîtresse de la
maison, je m'en soucie d'autant moins que la plupart

du temps, c'est pour entendre des médiocrités qui seraient sifflées dans les petits théâtres.

MADAME DE VILLAROY

Vous êtes trop délicat.

VILLAROY

Vous m'avez gâté. Quand je veux entendre chanter, je vais aux Italiens, et encore je n'y reste pas longtemps. (A Gaston :) Ne dites pas à votre sœur que je suis de retour.

GASTON

Je serai muet.

VILLAROY (à sa femme)

Comment va l'enfant ?

MADAME DE VILLAROY

Jeanne va beaucoup mieux, mais elle a été fort languissante ces deux derniers jours.

VILLAROY

Je commence à être véritablement inquiet sur sa santé.

MADAME DE VILLAROY

Je ne crois pas qu'elle en soit à ce point de nous inquiéter, mais cette faiblesse constante, cet état nerveux, surexcité, me préoccupe.

UN DOMESTIQUE

Monsieur le marquis de Chambreux demande si Monsieur peut le recevoir.

GASTON

Je vous plains.

VILLAROY (à part)

Il a tout découvert.

MADAME DE VILLAROY

Que vous veut cet idiot ?

VILLAROY

Je n'en sais ma foi rien.

GASTON (riant)

Il vient vous compter ses chagrins, Mlle Zénobie l'a quitté.

MADAME DE VILLAROY (à son mari)

Est-ce que vous êtes chargé de garder ses va... ses brebis?

VILLAROY

Moi ?

GASTON

Jolies brebis.

MADAME DE VILLAROY

Brebis galeuses.

GASTON

Hier, il est venu chez moi et s'est jeté dans mes bras en s'écriant qu'il était le plus malheureux des hommes, qu'il veut se retirer du monde.

VILLAROY

Il n'y laissera pas un grand vide.

MADAME DE VILLAROY

Rien n'est plus vide que lui.

GASTON

Il joue la parodie de M. de Rancé.

VILLAROY

Puisque vous êtes au courant, recevez-le.

GASTON

C'est assez d'une fois.

VILLAROY

Louise, voulez-vous jouir de cette comédie ? Je vous cède la place.

MADAME DE VILLAROY

Je ne la trouverais pas divertissante. Et puis, il vient peut-être vous redemander son idole.

VILLAROY

A moi ? (A part.) Est-ce qu'elle se douterait ?

MADAME DE VILLAROY

Ou à M. de Magny.

GASTON

Je n'aime pas la peinture... moderne.

MADAME DE VILLAROY

Pas si moderne.

VILLAROY

Elle a trente ans.

GASTON

Ne confondons pas, elle avoue trente ans.

MADAME DE VILLAROY

Ce qui veut dire qu'elle en a au moins... mais ne débattons pas ce sujet, il n'est pas intéressant. Le marquis vous demande, c'est votre ami...

VILLAROY

Mon ami... mon ami...

MADAME DE VILLAROY

Tout au moins votre compagnon. C'est à vous de lui verser le baume de vos consolations. Adieu.

GASTON

Bien du plaisir.

(Madame de Villaroy sort, Gaston la suit.)

VILLAROY (à Gaston)

Restez.

SCÈNE IV

VILLAROY, GASTON

VILLAROY

Un mot.

GASTON

Que signifie ce mystère?

VILLAROY

J'ai fait une grande folie.

GASTON

Laquelle?

VILLAROY
Et je vous demande un service...

GASTON
Parlez, je suis tout à vous.

VILLAROY
Le marquis vient sans doute me dire que nous nous battrons demain.

GASTON
A quel propros?

VILLAROY
A propos de Zénobie.

GASTON
Quoi, c'est vous!

VILLAROY
C'est moi.

GASTON
J'étais loin de vous croire capable de ce mauvais coup.

VILLAROY
Elle m'a ensorcelé, c'est une extravagance, mais la seule chose que je redoute, c'est que ma femme apprenne et mon duel et sa cause.

GASTON
Elle ignore absolument, comme nous tous d'ailleurs.....

VILLAROY
Vous me promettez un secret inviolable?

GASTON
Comptez sur moi comme sur vous.

VILLAROY
Si je me bats, je ne veux que vous pour témoin.

GASTON
Je suis à vos ordres.

VILLAROY
Bien. Attendez-moi. Allez.

SCÈNE V

VILLAROY, puis LE MARQUIS

VILLAROY
C'est insensé, mais ce trait de lovelace prouve que malgré ses quarante cinq ans, (Il se regarde dans la glace) on est encore un gaillard assez agréable.

LE MARQUIS (très défait, se jetant dans les bras de Villaroy).
Ah ! mon cher Villaroy.

VILLAROY
Je suis sauvé.

LE MARQUIS
Vous voyez le plus malheureux des hommes.

VILLAROY
Vous ?

LE MARQUIS

Vous savez le nouveau coup qui me frappe ?

VILLAROY

On m'a dit que vous aviez eu quelques contrariétés d'intérieur.

LE MARQUIS

Des contrariétés! Ah! cher ami! (Il se jette dans ses bras.) dites que je suis le plus malheureux des hommes.

VILLAROY

Eh bien, oui, oui.

LE MARQUIS

Je l'avais installée comme une Reine, je la rendais la plus heureuse femme de la terre, je ne la quittais pas.

VILLAROY (à part)

Il y avait de quoi se jeter par la fenêtre.

LE MARQUIS

Et l'ingrate m'abandonne, elle part, et avec qui ?

VILLAROY

Qu'est-ce que cela fait que ce soit avec Pierre ou Paul ?

LE MARQUIS

Non, c'est avec Joseph.

VILLAROY

Qui Joseph ? (à part) Je ne m'appelle pas Joseph !

LE MARQUIS

Vous voulez que je reste indifférent lorsqu'elle m'enlève mon valet de chambre ?

VILLAROY

Elle est partie avec votre valet de chambre ?

LE MARQUIS

Un homme qui m'habillait, me coiffait, me rasait...

VILLAROY (à part)

Il nous a rasés.

LE MARQUIS

Parfaitement bien.

VILLAROY

C'est pour votre valet de chambre qu'elle vous a quitté ?

LE MARQUIS

Uniquement —comme toujours, on m'a dévoilé leur abominable commerce lorsqu'il n'y avait plus de remède. Elle a fui mon œil scrutateur qu'elle n'aurait pas pu tromper longtemps. Car je ne suis pas de ces hommes que l'on trompe, n'est-ce pas ?

VILLAROY

Oh ! non.

LE MARQUIS

Elle est allée cacher son odieuse conduite dans les bras d'un affreux barbon dont j'ignore encore le nom.

VILLAROY (blessé)

D'un barbon ! (Il se regarde dans la glace)

LE MARQUIS
D'un vieux podagre.
VILLAROY (outré)
Un podagre ! (Il se regarde encore).
LE MARQUIS
Qui, tiraillé entre deux ménages...
VILLAROY (frémissant)
Ah !
LE MARQUIS
N'aura ni le temps, ni la perspicacité nécessaires pour pénétrer le secret de ce monstrueux accouplement.
VILLAROY
Ah ! c'est trop fort !
LE MARQUIS
Vous voilà scandalisé comme moi.
VILLAROY
C'est une infamie.
LE MARQUIS
Me prendre mon domestique !
VILLAROY
Un domestique !
LE MARQUIS
Il y a abus de confiance.
VILLAROY
Certainement, la loi a prévu le cas et les tribunaux doivent faire justice.

LE MARQUIS

Un coquin dont je venais d'élever les gages, il y a deux mois à peine.

VILLAROY (à part)

Juste à l'époque de ma liaison avec Zénobie.

LE MARQUIS

Il était venu me dire que son service s'était beaucoup augmenté, qu'il travaillait pour deux.

VILLAROY

L'impertinent. (A part). Je crois bien que le marquis n'est pas bon à grand'chose, mais.....

LE MARQUIS

Il a même dit pour trois.

VILLAROY

Ah ! je suis hors de moi ! (A part et se frappant la poitrine). Il en a menti. (Haut) Il faut punir une telle insolence.

LE MARQUIS

Oui, je la punirai. — Mais quelle consolation j'éprouve à vous voir épouser aussi chaudement ma querelle.

VILLAROY

Je suis révolté, je ne le cache pas, oui, je suis révolté.

LE MARQUIS

Vous êtes le premier, le seul ami.....

VILLAROY

La solidarité, mon cher.

LE MARQUIS

Oui c'est cela, la solidarité.

VILLAROY

On ne comprend pas assez ce grand mot. Entre gens comme il faut, qui en frappe un les insulte tous.

LE MARQUIS

Oui ! tous, car nous sommes tous dans le même cas, ou à bien peu de chose près.

VILLAROY (à lui-même)

Quel imbécile !

LE MARQUIS

Oui, je suis un imbécile.

VILLAROY

Nous sommes des imbéciles. (A lui-même) A quarante-cinq ans !

LE MARQUIS

Comment, quarante-cinq ans, est-ce que j'ai l'air d'avoir quarante-cinq ans, il ne me manquerait plus que cela. (Il court à la glace). Ah ! dans quel état je suis.

VILLAROY (à part)

Quelle leçon ! Cela m'apprendra à faire le sous-lieutenant. (Montrant le Marquis). Et de qui ?

LE MARQUIS

Je vous demande pardon de m'être présenté chez vous dans un négligé aussi déplorable, moi ! moi ! vous savez comment j'étais tenu autrefois.

VILLAROY

Certainement.

LE MARQUIS

Eh bien ! dans le trouble où je suis, je n'ai seulement pas pensé à me faire coiffer, j'y cours.

VILLAROY (à part)

Et moi je cours la jeter à la porte.

LE MARQUIS

Adieu !

VILLAROY

Adieu ! Adieu !

LE MARQUIS

Un domestique !

VILLAROY

C'est une abomination.

LE MARQUIS (l'embrassant)

Quelles mœurs, quel dérèglement !

VILLAROY

Où allons-nous ?

LE MARQUIS

Où s'arrêtera cette dépravation ?

VILLAROY

Voir d'honnêtes gens comme nous exposés à de pareilles monstruosités.

LE MARQUIS

Cela ne s'est vu en aucun temps.

VILLAROY
Jamais!

LE MARQUIS
Adieu, cher ami.

VILLAROY (lui prenant la main pour brusquer le départ)
Adieu ! Adieu !

LE MARQUIS
Mais je reviendrai ; vous me permettrez de revenir épancher mes peines dans le sein d'un ami ?

VILLAROY
Oui sacrebleu, je vous le permets, mais pour revenir, il faut commencer par vous en aller.

LE MARQUIS
C'est vrai, je n'y pensais pas... vous comprenez la solidarité, vous.

VILLAROY
Au revoir. (A part.) La colère m'étouffe, je brûle de faire cette exécution.

LE MARQUIS
Au revoir. (Il se dirige vers la porte, au moment de sortir il revient.) Ah ! je perds véritablement la tête.

VILLAROY
Encore.

LE MARQUIS
Je suis tellement dominé par la douleur que j'oubliais de vous communiquer le véritable objet de ma visite.

VILLAROY
J'en sais assez comme cela.

LE MARQUIS
Non, vous ne savez pas que c'est la troisième catastrophe de ce genre que je subis.

VILLAROY
Bah !

LE MARQUIS
Oui, je suis dégoûté de la vie, et j'ai résolu de fuir le monde ; j'ai les femmes en horreur, je n'en veux plus voir, et pour en finir une fois pour toutes je veux me marier.

VILLAROY
Peste, le remède est héroïque.

LE MARQUIS
Je me retirerai dans mes terres avec la marquise, je ne recevrai personne, nous vivrons seuls...

VILLAROY (à part)
Oh ! la malheureuse !

LE MARQUIS
Et étant certain de faire son bonheur, je pourrai l'être aussi de sa reconnaissance.

VILLAROY
Voilà qui est admirablement trouvé. Vous êtes un homme fort. Adieu et bonne chance. Vous ne chercherez pas longtemps la fortunée créature que le ciel

destine à vous posséder sans partage dans le paradis que vous lui ménagez.

LE MARQUIS

Vous me connaissez.

VILLAROY

Oh ! oui ! !

LE MARQUIS

Vous connaissez mon nom.

VILLAROY

Un de nos plus glorieux ; je sais tout cela, finissons-en morbleu !

LE MARQUIS

Quant à ma fortune, il ne m'en reste pas ça.

(Il fait claquer son ongle sur ses dents.)

VILLAROY

Bah !

LE MARQUIS

Je n'ai plus que mon majorat.

VILLAROY

Qui est de cent mille livres de rente.

LE MARQUIS

Pas un sol de plus.

VILLAROY

C'est une fort belle dot.

LE MARQUIS

Vous trouvez ?

VILLAROY

Sans aucun doute.

LE MARQUIS

Eh bien! je viens la mettre aux pieds de Mlle de Villaroy.

VILLAROY

De ma fille?

LE MARQUIS

De mademoiselle votre fille que je serai heureux de faire marquise de Chambreux.

VILLAROY

C'est beaucoup d'honneur pour elle, comme aussi pour nous-mêmes, mais elle est encore trop jeune, c'est une enfant.

LE MARQUIS

C'est justement ce que je cherche; pour faire une bonne mère de famille, il faut prendre une femme jeune, très jeune.

SCÈNE VI

LES MÊMES, JEANNE

JEANNE

Bonjour, père.

VILLAROY

Bonjour, chère enfant. (Il l'embrasse.)

JEANNE (bas)
Je viens à ton secours.

VILLAROY (bas)
Tu as du courage.

LE MARQUIS
Mademoiselle. (Il la salue.)

JEANNE
Monsieur le marquis, je ne vous dérange pas ?

LE MARQUIS
Je suis, au contraire, on ne peut plus heureux de vous voir, mademoiselle, je ne l'espérais pas. Permettez-moi de vous baiser la main, (Il la lui baise.) en vous priant d'être favorable à une demande que je viens d'adresser à monsieur votre père. Votre présence inattendue m'est d'un bon augure et je vous quitte plein d'espoir. — Adieu, mademoiselle, adieu mon cher Villaroy.

VILLAROY
Adieu, marquis. (Le marquis sort.)

SCÈNE VII

VILLAROY, JEANNE

JEANNE
Que veut-il dire ?

VILLAROY

Sonne. (Jeanne sonne.) Ah! quel fléau. (Au domestique.) Faites-moi avancer une voiture.

(Le domestique sort.)

JEANNE

Maman m'a dit dans quelle position critique tu te trouvais et je suis accourue pour mettre l'ennemi en fuite.

VILLAROY

C'est du dévouement, merci. (La regardant.) Viens que je t'embrasse encore. Comment trouves-tu cet imbécile?

JEANNE

Qui?

VILLAROY

Le marquis, parbleu!

JEANNE

M. de Chambreux, mais je ne le trouve pas.

VILLAROY

Comme esprit cela va sans dire, mais du reste?

JEANNE

Il a l'air bien défait, ce matin; comment dire, il a l'air fané.

VILLAROY

C'est l'être le plus ridicule qu'on puisse imaginer.

JEANNE

Il passe pour un chef-d'œuvre du genre.

VILLAROY

Sais-tu ce qu'il est venu me demander ?

JEANNE

Je n'ai nulle envie de mettre mon esprit sur la piste du sien.

VILLAROY

Regarde-moi.

JEANNE

Pourquoi ?

VILLAROY

Tiens-toi droite.

JEANNE

Voilà.

VILLAROY

Marche.

JEANNE

Vous me faites faire l'exercice : est-ce que la nouvelle loi sur l'armée ordonne l'enrôlement des femmes ?

VILLAROY

Pas encore. Eh bien, tout bête qu'il est, le marquis a raison.

JEANNE

A quel propos ?

VILLAROY

Oui, il a raison et cela m'attriste de te voir...

JEANNE

De me voir ?

VILLAROY

Si jolie, si bien faite, si grande.

JEANNE

Oh ! père.

VILLAROY

Je ne lui pardonnerai pas de m'avoir enlevé cette douce illusion qui me faisait te considérer toujours comme une enfant.

JEANNE

Une enfant ! On a ses dix-sept ans bien sonnés.

VILLAROY

Hélas !

JEANNE

Comment le marquis vous a-t-il fait cette révélation.

VILLAROY

Il est venu te demander en mariage.

JEANNE

Ah ! mon père.

(Elle se jette avec douleur dans ses bras.)

VILLAROY

Sois tranquille. As-tu jamais songé au mariage ?

JEANNE

Je n'ai songé qu'à rester près de vous, dans cette maison qui renferme tout ce que j'aime au monde, et dont je ne voudrais pas sortir quand bien même on m'offrirait un royaume.

VILLAROY

Tu ne sais pas le bonheur que j'éprouve à t'entendre parler ainsi.

JEANNE

Mon bonheur, à moi, serait de vivre éternellement entre vous, ma mère et quelqu'un...

VILLAROY (étonné)

Quelqu'un ?

JEANNE

Dont on ne parle jamais que pour en faire les plus touchants éloges, que vous aimez déjà comme un frère, et que mon imagination met toujours à mon bras quand je me promène, en rêvant, sur les brillants chemins de l'avenir.

VILLAROY

Mais qui donc ?

JEANNE (tout émue)

Tenez, je ne le vois pas, je ne l'entends pas, mais je sens là (Elle met la main sur son cœur) qu'il vient, qu'il entre. (Elle se cache le visage dans les bras de son père, et s'évanouit.)

SCÈNE VIII

LES MÊMES, GASTON

VILLAROY (se retournant)

Gaston !... Jeanne, qu'as-tu !
(Il la porte sur un canapé).

GASTON

Qu'y a-t-il ?

VILLAROY

Rien. Appelez Louise.

GASTON

Mais elle se trouve mal.

VILLAROY

Allez, allez chercher sa mère.

GASTON (à part)

Je ne puis lui porter secours, et c'est moi, j'en suis sûr, qui bouleverse sa vie. (Il sort.)

SCÈNE IX

VILLAROY, JEANNE

VILLAROY

Eh bien ! cher ange, comment te trouves-tu ?

JEANNE (rouvrant les yeux)

Moi, mon père, je ne me suis jamais sentie plus heureuse. (Il l'embrasse).

VILLAROY

Ta mère a-t-elle reçu ta confidence ?

JEANNE

Oh ! non, je n'aurais jamais osé la lui faire.

UNE IMPRUDENCE

VILLAROY

Je m'en charge.

JEANNE

Père, je t'en supplie, ne me trahis pas.

VILLAROY

Pourquoi ?

JEANNE

Je ne saurais le dire. Ce secret, qui s'est malgré moi échappé de mon cœur pour entrer dans le tien, y serait demeuré éternellement enseveli s'il m'avait fallu le révéler à ma mère.

SCÈNE X

LES MÊMES, MADAME DE VILLAROY

MADAME DE VILLAROY

Eh bien ! Jeanne, tu es souffrante.

JEANNE

Non, mère. (Elle l'embrasse). J'ai éprouvé une petite faiblesse, mais ce n'est rien. (Villaroy fait signe à sa femme de renvoyer Jeanne.)

MADAME DE VILLAROY

Va te reposer un peu.

JEANNE

Je t'en prie, ne t'inquiète pas ; ce n'est absolument rien, je te jure.

MADAME DE VILLAROY

Va, va. (Jeanne sort en faisant signe à son père de ne pas la trahir.)

SCÈNE XI

VILLAROY, MADAME DE VILLAROY

MADAME DE VILLAROY
Que s'est-il donc passé ?

VILLAROY
Il s'est passé que je suis enfin éclairé sur l'état de santé de Jeanne qui nous alarmait.

MADAME DE VILLAROY
Ah ! est-ce le marquis qui a fait ce miracle ? est-ce qu'il est somnambule.

VILLAROY
Je ne l'ai jamais vu moins lucide, et, pourtant, c'est à lui que nous devons la lumière.

MADAME DE VILLAROY
J'ai peine à le croire. Contez-moi cela.

VILLAROY
Il est venu me demander Jeanne en mariage.

MADAME DE VILLAROY
Il est donc complètement fou ?

VILLAROY

Je le crois comme vous.

MADAME DE VILLAROY

Une enfant..

VILLAROY

Pas si enfant que vous le pensez.

MADAME DE VILLAROY

Vous voulez la marier au marquis ?

VILLAROY

Je serais mille fois plus fou que lui si jamais cette idée pouvait me venir.

MADAME DE VILLAROY

Nous sommes d'accord ; pendant longtemps encore, elle aura plutôt besoin de poupées que d'un mari.

VILLAROY

Nous cessons d'être d'accord.

MADAME DE VILLAROY

Vous conviendrez que je dois m'y connaître un peu mieux que vous.

VILLAROY

J'eusse été complètement de votre avis il y a une heure.

MADAME DE VILLAROY

Qu'avez-vous donc appris ?

VILLAROY

Que Jeanne est une femme.

MADAME DE VILLAROY

Vous me faites rire.

VILLAROY

Elle aime.

MADAME DE VILLAROY

Jeanne ?

VILLAROY

Et c'est l'amour refoulé dans son cœur qui dévorait sa vie et la tuait sous mes yeux.

MADAME DE VILLAROY

Jeanne aime quelqu'un ?

VILLAROY

Assez pour en mourir peut-être si le marquis, qui a été notre providence, n'était venu faire naître l'incident qui m'a tout dévoilé.

MADAME DE VILLAROY (inquiète)

Mais expliquez-vous donc, je ne crois pas un mot de ce que vous dites, et pourtant, j'en ai la fièvre.

VILLAROY (joyeux).

Je m'explique. Quand M. de Chambreux nous a quittés, j'ai raconté à Jeanne, pour l'égayer un peu, le sujet de sa visite.

MADAME DE VILLAROY

Eh bien ?

VILLAROY

Je ne sais pas comment, par quel mystérieux enchaînement d'idées elle en est arrivée à me dire qu'elle n'aimait que vous, moi, et.....

MADAME DE VILLAROY (anxieuse)

Qui donc ?

VILLAROY

Elle allait le nommer, lorsque, le reconnaissant au seul bruit de ses pas, avant que la porte s'ouvrit pour lui donner passage, elle s'est évanouie sans oser se retourner pour le voir ni prononcer son nom.

MADAME DE VILLAROY (dans le plus grand trouble)

C'était ?

VILLAROY (ravi)

C'était Gaston.

MADAME DE VILLAROY (avec effroi)

Gaston !... c'est impossible.

VILLAROY

C'est cependant la vérité.

MADAME DE VILLAROY (à part)

Ah ! quel coup !

VILLAROY

Qu'en dites-vous ? n'êtes-vous pas comme moi ravie ?

MADAME DE VILLAROY

Je dis que vous vous trompez, qu'elle se trompe elle-même.

VILLAROY (étonné)

Que trouvez-vous donc là de si étrange ?

MADAME DE VILLAROY (à part)
Lui ! (Haut) Je vous répète que c'est impossible !

VILLAROY
Qu'avez-vous donc ?

MADAME DE VILLAROY
Moi ?

VILLAROY (lui prenant la main pour la soutenir)
Vous changez de visage, vous êtes toute tremblante.

MADAME DE VILLAROY
Vous m'ouvrez les yeux sur une situation tellement en dehors de ma pensée que, je l'avoue, j'en suis profondément émue.

VILLAROY
Qu'y a-t-il donc de plus naturel que ce penchant d'un jeune cœur pour un homme dont, sans cesse, nous chantons les louanges, qui, chaque jour, depuis si longtemps, sans jamais se démentir, nous a témoigné une affection qui a commandé la vôtre comme la mienne.

MADAME DE VILLAROY
Sans doute, mais...

VILLAROY
Ne la mériterait-il pas ?

MADAME DE VILLAROY
Que voulez-vous dire ?

VILLAROY
Répondez.

MADAME DE VILLAROY

A quoi ?

VILLAROY

A ce que je vous demande. Entre ma fille et M. de Magny y a-t-il un abîme ou vous auriez englouti notre honneur ?

MADAME DE VILLAROY

Vous vous méprenez étrangement sur la cause du trouble où m'a jetée cette révélation inattendue. — Ce matin, en l'embrassant à son réveil, j'ai quitté Jeanne enfant, et un seul mot de vous m'en fait une femme.

VILLAROY

Eh bien ?

MADAME DE VILLAROY

Croyez-vous donc que cette transformation qui s'opère par un coup de foudre, ne m'ébranle pas jusque dans mes entrailles de mère.

VILLAROY

Je suis loin de méconnaître un sentiment que je viens d'éprouver moi-même, mais vous devez aussi, comme moi, remercier le ciel qui nous offre le remède, si vainement cherché jusqu'à ce jour, à des maux inconnus.

MADAME DE VILLAROY

Elle l'aime !

VILLAROY

Voilà le secret de ces éternelles tristesses, ce secret qui rongeait son cœur et causait nos plus vives alarmes.

MADAME DE VILLAROY (avec vivacité)
Et lui ?

VILLAROY
Aujourd'hui même, je saurai à quoi m'en tenir.

MADAME DE VILLAROY
Non, c'est moi qui me chargerai de ce soin.

VILLAROY
Soit : mais songez y bien, notre bonheur, celui de cette chère enfant, plus encore peut-être, tout dépend du résultat de votre entretien avec lui.

MADAME DE VILLAROY (à part et se contenant à peine)
Mon bonheur !...

VILLAROY
Vous me promettez de mettre M. de Magny en demeure d'expliquer ses assiduités dans notre maison. Elles ne peuvent avoir pour but que Jeanne ou vous.

MADAME DE VILLAROY
Oui, je le promets.

VILLAROY
S'il refuse ma fille, je saurai à quoi m'en tenir et l'on n'attendra pas longtemps l'effet de ma vengeance.

MADAME DE VILLAROY
Que parlez-vous de vengeance, pourquoi tous ces grands mots ? M. de Magny va venir (On entend le timbre.) Le voici. (A part.) Quel moment. (Elle va en chancelant s'asseoir sur un canapé.)

VILLAROY (à part)

C'est lui !... Dire que j'ai passé ma vie à bafouer les autres, tandis que moi-même, j'étais !... la pensée seule m'en fait dresser les cheveux. (Il passe la main dans ses cheveux.) N'importe je le tuerai ou il me tuera. Voilà le fruit de mon inconduite, quelle leçon ! Allons d'abord régler mon compte avec cette impudente Zénobie et revenons chez moi surveiller ce qui s'y passe.

SCÈNE XII

LES MÊMES, GASTON

C'est encore moi. (Présentant un rouleau de papier à Mme de Villaroy.) Voici le duo que vous m'avez demandé.

MADAME DE VILLAROY

Merci.

GASTON (à Villaroy)

Comment vous êtes-vous tiré du vôtre avec le marquis ?

VILLAROY

Les embrassades de cet imbécile m'ont donné une migraine atroce.

GASTON (riant)

J'y ai passé et je vous plains.

VILLAROY

Aussi, j'ai besoin de prendre l'air. Vous m'excuserez de vous brusquer ainsi la politesse.

GASTON

Comment donc : *Non ignara mali miseris succurere disco*.

VILLAROY

Ce que nous traduisons par « J'ai connu le malheur et j'y sais compatir ».

GASTON

Précisément.

VILLAROY

Adieu. — A revoir, Louise. (Il sort.)

SCÈNE XIII

MADAME DE VILLAROY, GASTON

MADAME DE VILLAROY (courant à Gaston)

Gaston, un grand malheur me frappe.

GASTON

Un malheur ?

MADAME DE VILLAROY

Le plus imprévu, le plus cruel de tous.

GASTON

Lequel, parlez, rien ne m'étonnera. — Depuis que je vous ai quittée, je me sens obsédé par les plus tristes pressentiments ; je ne peux définir en quoi ils me menacent, mais j'en suis envahi. Je tremblais de tous mes membres en revenant ici, et je m'étais composé un visage pour cacher aux yeux de votre mari, comme aux vôtres, les agitations auxquelles je suis en proie.

MADAME DE VILLAROY

Je suis anéantie.

GASTON

M. de Villaroy a découvert...

MADAME DE VILLAROY

Ah! si c'était cela, nous partirions, nous irions cacher au bout du monde ma honte et notre bonheur, car ma vie est à toi, mon Gaston, et je ne regretterais rien si je pouvais te la consacrer tout entière.

GASTON

Qu'est-ce donc? Votre mari est-il ruiné? Tout ce que je possède est à lui comme à vous, et je serais assez égoïste pour remercier le ciel s'il m'offrait une pareille occasion de vous prouver....

MADAME DE VILLAROY

Ami, ne cherchez pas la cause de mes larmes.

GASTON

Mais parlez donc.

MADAME DE VILLAROY

Jeanne vous aime.

GASTON

Votre fille!

MADAME DE VILLAROY

Ma fille! suis-je assez malheureuse?

GASTON

Je m'en doutais.

MADAME DE VILLAROY

Comment?

GASTON

Cette froideur, cet embarras que vous me reprochiez tout à l'heure....

MADAME DE VILLAROY

Eh bien?

GASTON

N'étaient que le témoignage des combats qui déchiraient mon cœur. Le plus impérieux des devoirs m'ordonne de fuir cette maison où j'ai passé les plus douces années de ma vie, de briser un lien....

MADAME DE VILLAROY

Gaston, vous parlez de combats, de devoir, et l'amour? l'amour aurait-il donc déserté ma cause?

GASTON

Dieu m'est témoin que je me serais fait tuer avec bonheur pour vous éviter cette épreuve terrible.

MADAME DE VILLAROY (lui prenant la main)

Ami, répondez-moi sans détours, je vous aime, je vous estime plus que tout au monde; je suis certaine que vous n'hésiteriez pas une seconde à me faire, si je vous le demandais, le sacrifice de votre fortune et de votre vie, mais...

GASTON

Quoi?

MADAME DE VILLAROY

Parlez-moi comme vous parleriez à Dieu : votre cœur est-il toujours à moi ?

GASTON

Chère Louise, ordonnez de mon sort, disposez de moi, partons, je ne vous quitterai jamais.

MADAME DE VILLAROY (fondant en larmes)

Assez, assez, une lueur sinistre a dissipé les ombres qui pesaient sur mes yeux, je comprends tout maintenant.

GASTON

Louise, j'ai juré d'être éternellement à vous, je serai fidèle à ma parole.

MADAME DE VILLAROY

Mon cœur est bien cruellement déchiré, mais je n'aurai pas la lâcheté d'abuser de vos serments, je serai aussi généreuse que vous.

(Elle est près de s'évanouir.)

GASTON (la soutenant)

Je vous en conjure, partons.

MADAME DE VILLAROY

Jeanne vous aime, vous l'aimez.

GASTON

Non, ce que je ressens pour elle n'est pas de l'amour ; c'est une affection qui s'explique par celle que je vous porte ; je l'aime comme une émanation de vous-même, et c'est lorsque je me suis surpris glissant sur cette pente dangereuse qu'une grave inquiétude s'est emparée de moi, que j'ai voulu m'éloigner.

MADAME DE VILLAROY

Vous l'aimez ?

GASTON

Je ne puis définir cette tendresse.

MADAME DE VILLAROY

Vous l'aimez ?

GASTON

Pourquoi me forcer à fouiller les plus secrets replis de mon âme. Je me suis toujours détourné avec épouvante lorsque cette interrogation se posait devant moi.

MADAME DE VILLAROY (à elle-même)

Je n'ai pas caché mon bonheur aux yeux de ma fille, c'était plus qu'une imprudence, c'était plus qu'une faute, c'était un crime, j'en subirai le châtiment... Ah ! je suis bien punie.

(Elle tombe dans un fauteuil)

GASTON (lui prenant les mains.)

Partons.

MADAME DE VILLAROY

Et Jeanne ? non, je n'empoisonnerai pas sa vie.

GASTON

Que faire ?

MADAME DE VILLAROY

Quel supplice !

GASTON

Décidez : vos ordres seront aveuglément suivis, car je suis tout à vous.

MADAME DE VILLAROY (se levant avec emportement)

Vous jurez de m'obéir ?

GASTON

Sans réserve.

MADAME DE VILLAROY

Allez trouver mon mari et demandez-lui la main de sa fille.

GASTON

Y songez-vous ?

MADAME DE VILLAROY

Il le faut, tout nous commande ce mutuel sacrifice.

GASTON

Comment ?

MADAME DE VILLAROY

C'est lui qui m'a révélé le secret de Jeanne ; il veut que vous fassiez connaître le motif de l'intérêt constant que vous nous témoignez, et il attend votre réponse avec une impatience qui trahit des soupçons dont les conséquences nous seraient inévitablement funestes.

GASTON

Partons !

MADAME DE VILLAROY (éperdue)

Et Jeanne, ami, ma chère Jeanne !

GASTON

Réfléchissez donc à ce que vous exigez de moi.

MADAME DE VILLAROY (désolée)

Ne retournez pas le poignard dans mon sein ; courez pendant que je me sens encore la force d'accomplir ce douloureux devoir; je crains qu'une défaillance ne fasse de moi une mère dénaturée.

GASTON

Je ne pourrai jamais.

MADAME DE VILLAROY

Faut-il me jeter à vos pieds... Je vous en supplie, épousez Jeanne, partez avec elle et que je ne vous revoie plus jusqu'au jour où le temps aura assez meurtri mon cœur et épuisé mes larmes pour que je puisse, sans danger, jouir encore de votre bonheur.

GASTON

Je vous répète que je ne pourrai jamais.

MADAME DE VILLAROY (avec décision)

Vous avez juré de m'obéir, je ne veux plus rien entendre, allez ! (Elle sort en courant et se tenant la tête dans les mains.)

SCÈNE XIV

GASTON seul, puis VILLAROY

GASTON, (courant après elle)

Louise ! Louise ! (Il veut ouvrir la porte qui résiste). Elle

s'est enfermée ! La mère a vaincu l'amante, quel noble
cœur ! Et moi, moi ! Suis-je assez méprisable... je me
sens heureux !

VILLAROY (entrant à part)

A l'autre maintenant. (Haut) Vous êtes seul ?

GASTON

M⁻ᵉ de Villaroy me quitte.

VILLAROY (à part)

Je tremble, car je me trouve en face d'un lâche qui
m'a indignement trompé et que je dois tuer sans pitié,
ou d'un homme à qui je devrai le bonheur de ce
que j'aime le plus au monde.

GASTON (à part)

Je suis glacé; je ne sais que dire ? (Haut) Et ce duel ?

VILLAROY

S'est transformé en assaut de politesses.

GASTON (voulant plaisanter)

En politesses de sot...

VILLAROY (sèchement)

Vous ne sauriez mieux dire en parlant au pluriel.

GASTON

Oh ! vous plaisantez.

VILLAROY

On peut nous coupler ensemble, je crois même que
je suis de force à lui rendre des points.

GASTON

Allons donc !

VILLAROY

Parlons d'autre chose. Avez-vous mûrement délibéré avec Mᵐᵉ de Villaroy sur la question de savoir si elle mettrait une robe bleue ou blanche; si elle chanterait dans la première ou la deuxième partie du concert de ce soir?

GASTON

Nous nous sommes occupés d'un plus grave sujet, et vous me voyez encore tout ému de l'espoir qu'elle m'a laissé entrevoir en allant trouver sa fille.

VILLAROY

Jeanne.

GASTON

Elle a voulu s'assurer de ses sentiments pour moi avant de vous parler d'un projet...

VILLAROY (plein de joie)

Parlez, Gaston, mais parlez donc, vous ne pouvez imaginer avec quelles délices je bois chacune de vos paroles.

GASTON

Qu'ai-je à vous apprendre que vous n'ayez déjà deviné et prévu depuis longtemps? j'aime Mˡˡᵉ Jeanne.

VILLAROY

Ah! mon cher Gaston, mon ami, venez dans mes bras, vous ne savez pas tout le bonheur que j'éprouve.
(Il l'embrasse.)

GASTON

J'avais bien quelque sujet de croire à un accueil favorable, mais j'étais loin de m'attendre à vous trouver aussi heureux que moi.

VILLAROY

Ah ! si vous saviez quelle révolution vient de s'opérer en moi, subitement, sans transition, tenez (Il lui prend la main), j'en suis tout tremblant.

GASTON

Quoi donc ?

VILLAROY (à part)

Et je l'avais soupçonné ! (Haut.) Je ne sais quel démon s'était emparé de mon esprit. Ah ! que je suis heureux. Jeanne vous aime.

GASTON

Vraiment ?

VILLAROY (lui parlant à l'oreille)

Elle en mourait.

GASTON

Quoi ! c'était là la cause ?

VILLAROY

Elle me l'a avouée.

GASTON

En la rendant heureuse, je saurai accomplir le plus doux des devoirs.

VILLAROY (l'embrassant)

Mon cher gendre.

SCÈNE XV

LES MÊMES, LE MARQUIS

LE MARQUIS (habillé et coiffé dans une perfection ridicule)
On s'embrasse ici, j'en suis. (Il court se jeter dans les bras de Villaroy.)

GASTON
Quel changement !

LE MARQUIS
Je l'ai retrouvé !

GASTON
Votre valet de chambre ?

LE MARQUIS (joyeux)
Cela se voit, n'est-ce pas ?
(Il se regarde dans la glace.)

VILLAROY
Il vous recoiffe.

LE MARQUIS
Assez bien, comme vous voyez. Ce bon Joseph, quel dévouement ! Sachant que cette enchanteresse emportait mon bonheur dans les plis de sa robe, il n'a pas voulu la quitter, la perdre une minute, de crainte qu'elle ne s'égarât dans ces méandres parisiens où les meilleures intentions se fourvoient et se perdent.

VILLAROY

Quel serviteur exemplaire !

LE MARQUIS

Il m'était indispensable, pour moi d'abord, je suis habillé maintenant.

(Il se regarde de la tête aux pieds.)

GASTON

Oui, il vous arrange bien.

LE MARQUIS

Et puis pour ma maison, où il mène tout au doigt et à l'œil.

VILLAROY (à part)

A l'œil ! ! !

GASTON

C'est un autre vous-même.

LE MARQUIS

Il me faut cela.

VILLAROY (à part)

C'était aussi l'avis de cette drôlesse.

LE MARQUIS

Hein ?

VILLAROY

Je dis que nous en sommes tous là.

LE MARQUIS

Mais, ce n'est pas tout, mon cher ami.

VILLAROY

Quoi encore ?

LE MARQUIS
Elle aussi m'est revenue.

GASTON
Mlle Zénobie.

VILLAROY
Déjà !...

LE MARQUIS
Comment déjà ?

VILLAROY (se reprenant)
Déja..... nire ne mit pas plus d'empressement à retourner dans les bras de son époux Hercule.

LE MARQUIS (riant)
Ah ! vous me comparez à Hercule !

GASTON (riant)
Vous êtes fabuleux.

VILLAROY (à part)
Elle n'a pas perdu de temps. Time is money.

LE MARQUIS
Cette chère Zénobie...

VILLAROY (à part)
Trop cher.

LE MARQUIS
Hein ?

VILLAROY
Rien.

LE MARQUIS
A voulu éprouver mes sentiments, et, lorsqu'elle a

appris combien son absence me rendait malheureux, rien n'a pu la retenir : elle est accourue le cœur plein de tendresse.

GASTON

C'est touchant.

LE MARQUIS

Vous dites ?

VILLAROY

Que nous méritons... que vous méritez bien d'être aimé comme cela.

LE MARQUIS

Ah ! mon cher Villaroy, comme nous étions injustes ce matin, comme l'humanité est bonne, comme la vie est belle ! La joie déborde de mon cœur, aussi je pars, je vais cacher dans ma bonne Bretagne un bonheur trop grand pour en jouir librement dans cet infâme Paris.

GASTON (à Villaroy)

Je n'ai jamais rien vu de pareil.

VILLAROY (à Gaston)

C'est à Charenton qu'il va. (Au marquis.) Je suis enchanté de vous voir aussi parfaitement heureux.

LE MARQUIS

Oh ! Oui... à un détail près, cependant, car un honnête homme n'a que sa parole. Je vous ai demandé la main de Mlle Jeanne...

VILLAROY

Ah ! c'est vrai. (A part.) Je l'avais entièrement oublié,

(Haut.) je vous rends votre liberté, vous pouvez partir, que rien ne vous arrête.

LE MARQUIS (lui pressant les mains)
Croyez à ma reconnaissance.

VILLAROY
Il n'y a pas de quoi.

LE MARQUIS
Si vraiment.

VILLAROY
J'eusse été fort heureux d'allier ma famille à celle des Chambreux.

LE MARQUIS
L'honneur eût été partagé.

VILLAROY
Mais vous vous êtes déclaré un peu tard et la place était prise.

LE MARQUIS
Le contraire seul aurait pu m'étonner.

VILLAROY
Et je vais avoir l'honneur de vous présenter mon gendre. (Il sonne, au domestique.) Priez madame de venir et d'amener sa fille.

(Le domestique sort.)

LE MARQUIS
Quel est donc ce fortuné mortel ?

VILLAROY (prenant Gaston par la main)
Le voici.

LE MARQUIS (étonné)
De Magny. (A part.) Je ne m'y serais guère attendu.

GASTON (au marquis)
Moi-même, qui suis tout fier d'avoir un succès contre vous.

LE MARQUIS
Je pourrais être jaloux, mais jamais humilié de cette préférence. (Lui prenant la main.) Recevez mes félicitations. (A part.) Je ne croyais pas ce pauvre Villaroy aussi aveugle. Où diable ces gens-là ont-ils la tête ! Ce n'est pas moi qu'on pourrait berner de la sorte. Au surplus, comme on fait son lit on se couche. J'ai mon affaire, allons trouver Zénobie.

(Pendant qu'il se parle à lui même, Gaston et Villaroy se moquent de lui.)

SCÈNE XXI

LES MÊMES, MADAME DE VILLAROY, JEANNE
(Madame de Villaroy, pâle comme la mort, amène Jeanne par la main.)

VILLAROY (courant à sa fille et la prenant par la main)
Jeanne, ma chère Jeanne, voici le mari que je te propose, l'acceptes-tu.

JEANNE
Oh père ! (Elle se jette dans les bras de Villaroy.)

LE MARQUIS (à part)

Ce pauvre Villaroy ne se doute de rien : heureux les pauvres d'esprit.

JEANNE (se tournant vers Gaston)

Monsieur de Magny, en me prenant pour femme vous réalisez le rêve de ma vie.

GASTON (lui baisant la main)

Mille fois merci.

JEANNE (se jetant dans les bras de sa mère)

Oh ! bonne mère, que je suis heureuse !

MADAME DE VILLAROY (à bout de forces)

Chère enfant !

(Elle l'embrasse. A part et se laissant tomber sur un fauteuil.)

Je me meurs.

LA
PRINCESSE DES URSINS

ou

UN MARIAGE ROYAL

COMÉDIE EN TROIS ACTES

PERSONNAGES

PHILIPPE V, 18 ans.
LE COMTE D'AYEN, 20 ans, ami de Philippe.
LE CARDINAL PORTO CARERO, archevêque de Tolède.
D'AUBIGNY, intendant de la princesse des Ursins.
LA PRINCESSE DES URSINS, camerera mayor.
LA REINE MARIE-LOUISE DE SAVOIE, 15 ans.
LA DUCHESSE DE MEDINA-SIDONIA }
LA MARQUISE DE VILLA FRANCA } Dames d'honneur.
DEUX DAMES ITALIENNES.
UN HÔTELIER.
LE FILS DE L'HÔTELLIER.
UN CHAMBELLAN.
GARDES ET SUITE.

La scène se passe à Figuières, petite ville sur la frontière d'Espagne.

AVANT-PROPOS

Un soir, en sortant de l'Odéon, où j'avais vu représenter Madame de Maintenon, je m'étonnais de ce qu'on n'eût jamais fait quelque chose d'important sur une personnalité bien autrement remarquable et grandiose : La Princesse des Ursins.

Je me pris d'une belle ardeur pour combler cette lacune, sans me dissimuler que la tâche était, de beaucoup, au-dessus de mes moyens; mais elle me plaisait, et cela était suffisant..... pour moi.

Dès le lendemain, je me mis à relire la vie de cette femme étonnante, et à la dix-huitième page du premier volume, pas une de plus, ma pièce était conçue, non dans les proportions que commande le sujet, mais de façon à donner une esquisse de mon héroïne. Je me suis, pour ainsi dire, arrêté dans le premier salon d'un palais magnifique que je voulais visiter et décrire; j'y ai trouvé un bon fauteuil où je me suis commodément installé, et j'ai écrit cette petite comédie qui, en réalité, n'est qu'une page d'histoire fidèlement reproduite et convenablement dialoguée.

Mᵐᵉ de Maintenon n'a dû sa célébrité qu'à la conquête d'un cœur déjà vieilli et blasé; elle a déployé dans cette entreprise une habileté féline et toutes les ressources que donnent l'esprit, l'intelligence, et, aussi, les attraits d'une femme appétissante encore et parfaitement résolue à ne jamais céder aux désirs qu'elle savait éveiller par une réserve et une tenue inflexible. Elle savait faire valoir, pour se défendre d'une faiblesse, les graves considérations de la morale et de la religion; elle avait au suprême degré, l'art d'allumer des feux presque mystiques dans le cœur qu'elle convoitait; de les exciter sans relâche jusqu'au jour où, certaine d'exercer un empire absolu sur sa victime, elle a dicté ses conditions et fait accorder à ses faveurs le prix qu'elle avait, dès longtemps, résolu d'obtenir. Mᵐᵉ de Maintenon avait une raison, une sagesse incomparables, et, aussi, une astuce qu'on ne peut reprocher aux femmes, car c'est l'alliage nécessaire pour donner toute leur puissance aux qualités dont elles sont douées. C'est à l'aide de ce contingent qu'elles parviennent à se soustraire à l'oppression des hommes et à balancer les forces que la nature a partagées entre les deux sexes.

Mᵐᵉ de Maintenon est arrivée à un résultat immense, étonnant; elle est presque devenue reine de France. Mais, en

AVANT-PROPOS

faisant abstraction de la qualité des personnages, nous ne trouvons dans cette singularité historique que le triomphe assez commun, je pourrais dire bien vulgaire, d'une femme qui a su se faire aimer. En vérité, ce n'est pas grand'chose.

Quant à Mme des Ursins, quel autre spectacle elle nous donne! Quel caractère viril, quelle nature puissante!

Par son esprit, son intelligence, l'habileté de ses négociations et de ses intrigues, par les séductions de toutes sortes et l'empire absolu qu'elle exerçait sur ceux qui l'approchaient, elle est parvenue à arracher à Charles II le fameux testament qui, après avoir, pendant dix ans, ensanglanté l'Europe, donnait l'Espagne, l'Italie et les Indes à un Bourbon.

Elle a déployé dans cette guerre une énergie et une vigilance sans égales; jamais elle n'a désespéré de sa cause, et, malgré les plus grands revers, par sa ténacité et sa résolution véritablement admirables, surmontant tous les découragements qui menaçaient son œuvre, elle est parvenue à faire continuer la guerre, et à conquérir, enfin, l'honneur d'avoir mis la couronne d'Espagne sur la tête d'un fils de France.

Cette femme-là, cette grande femme, méritait un autre écrivain que moi pour lui rendre les honneurs qui lui sont dus.

LA PRINCESSE DES URSINS
ou
UN MARIAGE ROYAL

ACTE PREMIER

SCÈNE PREMIÈRE

Le théâtre représente une misérable auberge sur la route. Dans un coin de la scène, on a accroché des draps de lit à un arbre pour en faire une sorte de tente avec quelques bouquets de feuillages, de fleurs et de rubans.

L'HOTELIER et SON FILS

L'HOTELIER (contemplant son ouvrage pendant que son fils travaille sur une échelle)

J'espère qu'on sera content. Est-ce assez réussi ! Est-ce assez galant ! En voyant notre ouvrage on reconnaîtra que nous sommes les compatriotes de Murillo et de Vélasquez. C'est vraiment digne d'une reine et je compte bien être royalement payé de mes peines.

LE GARÇON
Papa, il y aura quelque chose pour moi ?

L'HOTELIER
Je t'achèterai une culotte.

LE GARÇON
Ce ne sera pas de trop, celle-ci craque de tous les côtés.

L'HOTELIER
C'est bon, c'est bon, vilain coquet. (A part.) Est-il assez joli ce garnement là.. Oh ! si la jeune Reine le voit, je parie qu'elle en fera un page et, une fois dans la maison, on ne sait pas ce qui peut arriver.

LE GARÇON
Q'est-ce que vous grommelez donc, père ?

L'HOTELIER
Rien. (A part.) Ils sont du même âge, pas même quinze ans.

LE GARÇON
Vous parlez de la Reine.

L'HOTELIER
Oui.

LE GARÇON
Elle n'a pas quinze ans ?

L'HOTELIER
Non.

LE GARÇON
Ça me paraît bien jeune.

L'HOTELIER

Et à moi aussi. Mais de quoi te mêles-tu ? va chercher de l'eau bien fraîche.

LE GARÇON

J'y vais.

L'HOTELIER

Et les oranges.

LE GARÇON

Elles sont là.

L'HOTELIER

Et notre belle pastèque.

LE GARÇON

Aussi.

L'HOTELIER

Arrange tout cela sur la table avec symétrie, que l'on voie que nous sommes des gens habitués à bien faire les choses.

LE GARÇON

Soyez tranquille. (Au moment de sortir.) Voici un cavalier.

L'HOTELIER

C'est le commencement du cortège, dépêche-toi.

LE GARÇON

Je cours.

(Il sort.)

SCÈNE II

L'HOTELIER, D'AUBIGNY

D'AUBIGNY
On vous a prévenu de l'arrivée de la reine ?

L'HOTELIER
Oui, monseigneur.

D'AUBIGNY
Pas de monseigneur avec moi. Je suis l'intendant de la camerera mayor. Êtes-vous en mesure ?

L'HOTELIER
Voyez. Je travaille depuis l'aurore avec tout mon monde pour préparer à Sa Majesté une réception digne d'elle.

D'AUBIGNY
Ici ?

L'HOTELIER
Là. (Il montre la tente.) Notre jeune souveraine trouvera dans ma demeure des cœurs dévoués.

D'AUBIGNY
C'est très bien, mais elle aura soif.

L'HOTELIER
J'ai la meilleure eau du pays, des oranges de Valence, une pastèque de mon jardin.

D'AUBIGNY

Enfin, il ne faut pas être difficile en voyage.

L'HOTELIER

J'entends des chevaux, serait-ce déjà...

D'AUBIGNY

Pas encore.

L'HOTELIER

Deux cavaliers s'arrêtent à ma porte.

D'AUBIGNY (regardant)

Mais ils viennent de Figuières, l'escorte viendra de ce côté. (Il va s'asseoir dans le fond du théâtre.)

SCÈNE III

LES MÊMES, LE ROI, D'AYEN

D'AYEN (entrant)

Maître hôtelier.

L'HOTELIER

Excellence.

D'AYEN

Veillez à nos chevaux.

(Le roi se tient à l'écart.)

L'HOTELIER

Soyez tranquille, je réponds d'eux.

(Il sort.)

LE ROI (à part à d'Ayen)

Voici quelqu'un qui me dérange.

D'AYEN (à part au Roi)

Sire, ne craignez rien, je le connais.

LE ROI (de même)

Qui est-il ?

D'AYEN (de même)

L'intendant de la princesse des Ursins.

LE ROI

Ah !

D'AYEN

On dit même mieux que cela.

LE ROI

Vraiment ? à son âge ?

D'AYEN

Elle n'est plus de la première jeunesse, mais elle est en pleine possession de la seconde.

LE ROI

L'été de la Saint-Martin.

D'AYEN

Justement, mais splendide !

LE ROI

Et tu crois ?...

D'AYEN

Qu'elle n'a pas renoncé à Satan.

LE ROI

Qui te l'a dit?

D'AYEN

Mon père.

LE ROI

Le maréchal de Noailles?

D'AYEN

Ils sont parents.

LE ROI

Et on ne se ménage pas en famille.

D'AYEN

On parle même d'un mariage secret.

LE ROI

En vérité. Je ne me la rappelle plus.

D'AYEN

Quand vous la verrez, vous ne serez pas surpris des hommages dont elle est encore entourée.

LE ROI (montrant d'Aubigny qui est assis à l'écart)

Me connaît-il?

D'AYEN

Sans aucun doute, mais il est gentilhomme et votre incognito ne sera pas trahi. (A d'Aubigny.) Je ne me trompe pas, c'est M. d'Aubigny?

D'AUBIGNY (se levant)

Ah! monsieur le comte, je ne vous savais pas en Espagne.

D'AYEN

J'ai la bonne fortune d'y être et d'accompagner le Roi.

D'AUBIGNY (ôtant son chapeau)

Le Roi !

D'AYEN

Le Roi auquel je n'hésite pas à vous présenter comme un de ses bons serviteurs.

D'AUBIGNY (saluant profondément)

Sire.

LE ROI

Monsieur d'Aubigny, je ne veux être ici qu'un simple gentilhomme envoyé pour prendre des nouvelles de la Reine; vous entendez.

D'AUBIGNY

Oui, Sire.

LE ROI

Je brûle d'impatience de voir ma femme.

D'AYEN

Cela se comprend.

LE ROI

Comment est-elle ?

D'AUBIGNY

Votre Majesté sera satisfaite.

D'AYEN (avec feu)

Vraiment ?

LE ROI

Allons, d'Ayen, pas d'emportement. Ce n'est pas pour toi que je m'informe.

D'AYEN

Assurément, Sire, mais tout ce qui vous touche m'intéresse tellement !

LE ROI

Parlez-moi sans détour.

D'AUBIGNY

Sire, par une bonne fortune que, seulement aujourd'hui, j'apprécie à sa juste valeur, voici une lettre qui répondra d'une façon complète au désir de Votre Majesté.

LE ROI

D'où la tenez-vous ?

D'AUBIGNY

De la Princesse, dont je suis le secrétaire.

LE ROI

Et de qui est-elle ?

D'AUBIGNY

De M. le maréchal de Noailles.

D'AYEN

De mon père ?

D'AUBIGNY

Justement.

LE ROI

Curieuse coïncidence. (Il prend la lettre et lit :) « La Prin-

« cesse est presque aussi grande que la duchesse de
« Bourgogne, sa sœur aînée ; elle en a la taille fine et
« les manières gracieuses ; son air est tout à fait noble,
« ses yeux médiocrement grands mais vifs ; son teint
« pâle, mais beau ; sa bouche petite, ses dents blanches
« mais mal rangées...

D'AYEN

Cela s'arrangera.

LE ROI (continuant)

« On ne peut pas dire que c'est une beauté, mais il
« est certain que sa figure plaira toujours à un homme
« de goût¹... » Dis-moi, d'Ayen, si je n'avais pas bon
goût ?

D'AYEN (riant)

Pour un roi, c'est impossible.

LE ROI (remettant la lettre à d'Aubigny)

Ces renseignements sont-ils exacts ?

D'AUBIGNY

Sire, ils en disent moins que l'on en pourrait dire.

LE ROI

Franchement jolie, aimable ?

D'AUBIGNY

Charmante de tous points.

D'AYEN

Quel bonheur.

---

¹ Lettre du maréchal de Noailles.

LE ROI

Tout beau, d'Ayen. (On entend le bruit des chevaux.)

D'AUBIGNY

Prenez garde, Sire, je crois que dans un moment vous allez pouvoir en juger par vos yeux. (Regardant dans la coulisse.) Voici la princesse des Ursins et le cardinal Porto-Carero.

D'AYEN

Ce sont vos parrains, Sire; ils vous ont baptisé Roi d'Espagne.

LE ROI

Je ne sais pas encore si je m'en dois réjouir.

D'AUBIGNY

Prenez garde, Sire.

LE ROI

D'Ayen, retirons-nous.
(Le Roi et d'Ayen sortent.)

SCÈNE IV

D'AUBIGNY, LA PRINCESSE, LE CARDINAL

LA PRINCESSE (remettant à d'Aubigny une liasse de papiers)

D'Aubigny, prenez connaissance de ces placets; vous me direz s'ils renferment quelque chose d'important. (D'Aubigny prend les papiers, les dépose sur la table qui est au fond du théâtre, s'asseoit et lit.)

LE CARDINAL

J'ai voulu vous voir un moment, Princesse, avant de présenter mes hommages à la Reine.

LA PRINCESSE

Je vous en remercie, monseigneur. Je ne peux pas vous dire quelle émotion j'éprouve en me retrouvant en Espagne. J'ai débuté dans la vie par un drame.

LE CARDINAL

Ce duel auquel prit part le prince de Chalais, votre premier époux.

LA PRINCESSE

Oui. Nous étions mariés depuis bien peu de temps, lorsqu'il s'engagea dans une querelle. On se battit, quatre contre quatre, sous mes fenêtres, place Royale, où nous habitions. Cachée derrière un rideau, j'assistai à la lutte avec une anxiété inexprimable.

LE CARDINAL

La situation était cruelle !

LA PRINCESSE

Elle ne dura que quelques minutes, car au premier engagement, le duc de Beauvilliers tomba frappé mortellement.

LE CARDINAL

. Quel spectacle !

LA PRINCESSE

Les combattants se dispersèrent, et la loi qui menaçait leurs têtes, les contraignit à l'exil. Nous partîmes avec Chalais et nous vînmes en Espagne où je me trouvai dans une situation qui contraste singulièrement avec celle que j'occupe aujourd'hui.

LE CARDINAL

Vous en êtes la véritable reine.

LA PRINCESSE

Pas tout à fait, car je prévois, en revenant dans ce pays, que j'y passerai par autant d'aventures que ce bon don Quichotte.

LE CARDINAL

Je suis certain que vous en sortirez mieux que lui.

LA PRINCESSE

Je l'espère. En tout cas, la lutte ne m'effraie pas ; elle me plaît au contraire et le danger m'attire.

LE CARDINAL

Bon chien chasse de race ; vous avez la vaillance des preux, vos ancêtres.

LA PRINCESSE

Jamais je ne me consolerai de n'être qu'une femme.

LE CARDINAL

Même en ce jour où vos succès éclipsent tout ?

LA PRINCESSE

Je voudrais porter l'épée.

LE CARDINAL

Vos armes sont mille fois plus redoutables et rien ne vous résistera.

LA PRINCESSE

Si vous me conservez votre concours.

LE CARDINAL

Il vous est assuré.

LA PRINCESSE

J'y compte. Vous pouvez saluer la Reine; vous la trouverez se lamentant avec ses Italiennes.

LE CARDINAL

Elles partent ?

LA PRINCESSE

A l'instant. C'est le moment d'une séparation aussi douloureuse pour ma jeune maîtresse qu'agréable pour moi. — Ces souvenirs de jeunesse, cette intimité, cette affection auraient pu me créer des difficultés. J'aurai plus de liberté et d'empire lorsqu'elles auront repassé la frontière.

LE CARDINAL

Je vous comprends fort bien.

(Il sort.)

SCÈNE V

LA PRINCESSE, D'AUBIGNY.

LA PRINCESSE (à d'Aubigny, qui se lève)

Eh bien ! où va se reposer la Reine ?

D'AUBIGNY
Ici.

LA PRINCESSE
Dans cet affreux recoin ? Monsieur l'Intendant, vous ne me ferez pas honneur.

D'AUBIGNY
Que voulez-vous, princesse, ce misérable pays n'offre aucune ressource, et où il n'y a rien le Roi, même, perd ses droits.

LA PRINCESSE
Enfin, nous nous arrêterons le moins possible, le temps de faire nos adieux à ces Italiennes. (D'un ton altier) Amenez-les moi.

D'AUBIGNY
Ah ! madame, quel sort vous me faites.

LA PRINCESSE
De quoi vous plaignez-vous ?

D'AUBIGNY
De ce que je n'entends plus votre voix qu'avec ce ton sévère qui arrive encore à mon cœur, mais pour le déchirer.

LA PRINCESSE
Les graves intérêts qui pèsent en ce moment sur moi ne laissent guère de place à d'autres soins.

D'AUBIGNY
Vous avez plus de faveur pour certaine personne.

LA PRINCESSE
Vous êtes jaloux ?

D'AUBIGNY
Jusqu'à la rage.

LA PRINCESSE
Vous me feriez rire si j'en avais le temps.

D'AUBIGNY
Ce cardinal !

LA PRINCESSE
Eh bien ?

D'AUBIGNY
Vous le comblez de grâces et de prévenances.

LA PRINCESSE
Je vous croyais plus pénétrant.

D'AUBIGNY
Je n'ai plus que de la haine; elle me dévore: je suis dans un enfer !

LA PRINCESSE (souriant)
Allons, mon pauvre ami, je vous plains et je vous pardonne parce que je connais vos sentiments pour moi.

D'AUBIGNY
Non, vous ne les connaissez pas; vous ne savez pas de quel dévouement, de quels sacrifices je suis capable pour mériter un de vos sourires.

LA PRINCESSE
Prouvez-le moi donc en ne me gênant pas par vos

désespoirs ridicules; laissez-moi à ma tâche, laissez-moi l'accomplir; et lorsque je serai rendue à moi-même je ferai votre part.

D'AUBIGNY

Quand ce jour fortuné brillera-t-il pour moi ?

LA PRINCESSE

Aujourd'hui, demain peut-être.

D'AUBIGNY

Ah! que le ciel vous entende!

LA PRINCESSE

Tenez, prenez toujours cet à-compte (elle lui tend une main qu'il baise avec transport) et quittez cette triste figure qui est par trop malséante en ces moments d'allégresse.

D'AUBIGNY

Je suis le plus heureux des hommes.

LA PRINCESSE

Allez chercher ces dames et conduisez-les ici.

D'AUBIGNY (au moment de sortir, revient)

Je perds la tête.

LA PRINCESSE

Je le vois bien.

D'AUBIGNY

J'ai un secret important à vous communiquer.

LA PRINCESSE

Un secret?

D'AUBIGNY

Que j'ai juré de ne confier à personne, mais vous, c'est moi.

LA PRINCESSE

Quel est ce mystère ?

D'AUBIGNY

Le Roi est ici.

LA PRINCESSE

Et vous ne me disiez rien ?

D'AUBIGNY

Il est ici, incognito, avec le comte d'Ayen.

LA PRINCESSE

En vérité !

D'AUBIGNY

Brûlant d'impatience de voir sa jeune épouse, il n'a pas pu l'attendre à Figuières.

LA PRINCESSE

Il va venir ?

D'AUBIGNY

Jouant le personnage d'un messager porteur des compliments du Roi.

LA PRINCESSE

Mais c'est du roman. Et d'Ayen...

D'AUBIGNY

L'accompagne.

LA PRINCESSE

C'est très bien ; mais d'Ayen est un fort joli cavalier,

la Reine est fine, elle peut soupçonner un travestissement, se méprendre ; et ce premier mouvement pourrait amener, par la suite, de graves conséquences. Il faut parer à cela. — J'aviserai.

SCÈNE VI

LES MÊMES, LA REINE entre ses DEUX DAMES

LA REINE

Vous me quittez ; il faut que je m'y résigne ; vous allez revoir notre beau pays, retrouver ma famille. Dites bien à ma mère, à mon père, à tous les miens que mon cœur sera toujours parmi eux. (Elle pleure)

PREMIÈRE DAME (baisant la main)

Ma Princesse chérie.

DEUXIÈME DAME (de même)

Ma Reine bien-aimée.

LA REINE

Embrassez-moi encore une fois et partez. Je me sens défaillir.

LA PRINCESSE (s'avançant)

Du courage, Madame.
(Elle fait signe aux dames pour les faire partir.)

LA REINE

J'en aurai.

LA PRINCESSE
D'Aubigny, accompagnez ces dames.
(D'Aubigny et les Italiennes sortent tout en larmes.)

SCÈNE VII

LA PRINCESSE, LA REINE

LA PRINCESSE

La Reine veut-elle s'asseoir un instant et prendre quelques rafraichissements ?

LA REINE

Je ne veux qu'un verre d'eau.

LA PRINCESSE (à part)

Cela se trouve bien. (La Reine s'asseoit et boit le verre d'eau que lui verse la Princesse.) Ce cruel moment doit être le dernier. Il faut maintenant que Votre Majesté pense et agisse en Reine, tout un monde nouveau s'ouvre devant elle ; Elle ne doit plus avoir d'autres soucis que ceux de sa gloire et du bonheur de son auguste époux.

LA REINE

S'il était là encore pour me consoler de mes peines.

LA PRINCESSE

La Providence a prévenu vos vœux.

LA REINE

Il est venu ?

LA PRINCESSE

Vos larmes me font trahir le secret de mon Roi.

LA REINE

Je vais le voir ?

LA PRINCESSE

Sous l'apparence d'un simple gentilhomme porteur des compliments du Roi. Il arrive accompagné d'un seul cavalier.

LA REINE

Il est ici ?

LA PRINCESSE

Il va se présenter couvert de sueur et de poussière, brûlé par le soleil, mais mille fois plus encore par l'ardeur de ses sentiments qui ne lui ont pas permis d'attendre plus longtemps le bonheur de vous voir.

LA REINE

Est-ce bien vrai, le Roi m'aime ?

LA PRINCESSE

Avec tout l'emportement de ses dix-huit années.

LA REINE

Ah ! J'ai besoin de vous croire.

LA PRINCESSE

Ne me trahissez pas, le voici, il marche le premier.

LA REINE (avec la plus vive émotion)

C'est lui ?

LA PRINCESSE
Pour Dieu ! contenez-vous.

LA REINE
Soyez tranquille. (Elle veut se lever.)

LA PRINCESSE (la retenant)
Ne vous levez pas.

SCÈNE VIII

LES MÊMES, LE ROI, D'AYEN

LA PRINCESSE
Qui êtes-vous ?

LE ROI
Madame la Princesse, nous sommes envoyés par le Roi au devant de la Reine pour lui souhaiter la bienvenue sur la terre d'Espagne. (A part, à d'Ayen) On ne m'a pas trompé, je suis ravi.

D'AYEN (à part, au Roi)
Sire, du calme.

LE ROI (à part, à d'Ayen)
Henri IV serait déjà à ses pieds.

D'AYEN (de même)
Henri IV était Français, vous êtes Espagnol.

LE ROI (de même)
C'est dur.

LA PRINCESSE (à la Reine)

Je veux laisser à Votre Majesté le soin de répondre au messager de son royal époux, la bonne nouvelle n'en sera que plus douce à son cœur. (La Reine veut se lever, la Princesse la retient.) (A part) Restez assise.

LA REINE

Vous direz au Roi que vous m'avez trouvée fort heureuse de me voir dans ses Etats et que rien n'égale l'impatience que j'éprouve de lui baiser la main. (Elle se lève pour s'avancer vers le Roi.)

LA PRINCESSE (à part)

Que-faites-vous ? (La Reine s'arrête.)

LE ROI

Croyez-le bien, madame, l'impatience du Roi dépasse mille fois la vôtre.

LA REINE (allant vers le Roi)

Dites-lui... mais pourquoi tous ces détours ; je le vois, je le sens, j'en crois mon cœur qui vous devine, vous êtes mon Roi, vous êtes mon époux, permettez-moi de vous témoigner ma reconnaissance.
(Elle prend la main du Roi qu'elle veut baiser en s'inclinant.)

LE ROI (la relevant et la pressant sur son cœur)

Eh bien ! oui, je suis bien votre époux, et je vous dois le plus doux moment que j'aie encore goûté.

LA REINE

Et moi, je dois au Roi mon premier jour de bonheur !

LE ROI

Votre bonheur, chère Louise, sera le seul soin de ma vie, et je mettrai ma gloire à vous faire partager l'amour qui vient de s'emparer de moi : — A cheval, d'Ayen, je ne veux laisser à personne l'honneur de faire escorte à la Reine. (Il lui baise la main.)

LA REINE (à la Princesse)

Ah ! madame, je suis bien heureuse.

L'HOTELIER ET SON FILS (agitant leurs bonnets)

Vive le Roi ! Vive la Reine !

(Tout le monde sort, excepté l'hôtelier et son fils.)

L'HOTELIER (se croisant les bras d'une façon comique)

Eh bien, et moi ?

LE GARÇON (de même)

Et nous ?

L'HOTELIER

S'il n'y a pas plus à gagner avec les Français qu'avec les Espagnols, ce n'est pas la peine de changer. Je vais faire de l'opposition et me mettre du côté des Impériaux.

LE GARÇON

Et moi aussi. Dire que j'ai crié vive le Roi pour rien !

L'HOTELIER

Cela ne se passera pas ainsi.

LE GARÇON

Ah ! mais non... (Il veut sortir, d'Aubigny rentre tenant une bourse.)

D'AUBIGNY

Voici ce que le Roi vous envoie pour vous remercier de vos soins.

L'HOTELIER (faisant sauter la bourse avec joie)

Ah ! merci, monseigneur. Vive le Roi ! !
(D'Aubigny sort.)

LE GARÇON

Aurai-je une culotte ?

L'HOTELIER

Oui, la journée est bonne. Je te promets habit, veste et culotte.

LE GARÇON (hors de lui)

Vraiment ! alors je cours...

L'HOTELIER

Quoi faire ?

LE GARÇON

Crier encore vive le Roi et lui en donner pour son argent.

L'HOTELIER

Bah ! Ce n'est pas la peine. Ça n'y ajouterait rien.

LE GARÇON

Au fait, c'est vrai !

ACTE II

SCÈNE PREMIÈRE

Le théâtre représente un salon. Porte à droite et à gauche. Au fond, trois grandes arcades ouvrant sur une galerie.

D'AYEN, LA DUCHESSE DE MEDINA-SIDONIA, LA MARQUISE DE VILLAFRANCA, DAMES D'HONNEUR DE LA REINE.

D'AYEN (à la fenêtre)

Quelle foule ! Quelle joie ! Quel enthousiasme !

LA MARQUISE

J'ai cru que nous ne pourrions jamais sortir de la cathédrale.

LA DUCHESSE

Quel sot peuple.

D'AYEN

Que voulez-vous, on ne lui donne pas souvent le spectacle d'un mariage royal.

LA DUCHESSE
Tout cela pour deux étrangers.

(D'Ayen se rapprochant de la fenêtre, on crie : « Vive le roi ! »)

D'AYEN (riant avec éclat)
Ils me prennent pour le roi. (Il ôte son chapeau et salue. On crie : « Vive la reine ».) Marquise, montrez-vous donc pour donner pâture à leur allégresse.

LA MARQUISE
Je ne veux pas usurper cette gloire en les trompant.

D'AYEN
Vous êtes reine aussi.

LA MARQUISE
Comment cela ?

D'AYEN
Reine par la beauté et aussi pour mon cœur... Venez.

(Il la prend par la main et l'attire vers la fenêtre, la foule crie : « Vive la Reine ! »)

UN CHAMBELLAN
Le roi demande monsieur le comte d'Ayen.

D'AYEN (riant)
Patatras ! me voici précipité du trône ; mais ce moment de triomphe me suffit puisqu'il m'a procuré le plaisir de vous baiser la main. (Il lui baise la main.)

LA MARQUISE
Monsieur le comte, on n'est pas plus aimable.

D'AYEN

Tout à l'heure, mesdames, nous nous retrouverons au gala. (Il salue et sort.)

SCÈNE II

LA DUCHESSE, LA MARQUISE

LA MARQUISE

Il est charmant.

LA DUCHESSE

Parce qu'il vous fait la cour.

LA MARQUISE

C'est toujours agréable.

LA DUCHESSE

Que vous êtes futile; dans des circonstances aussi graves, quand nous sommes abreuvées d'humiliations.

LA MARQUISE

Je n'en éprouve pas moins de ressentiments que vous.

LA DUCHESSE

Les représentants des premières maisons de l'Espagne; moi la duchesse de Medina Sidonia...

LA MARQUISE

Moi, la marquise de Villafranca.

LA DUCHESSE
Recevoir des ordres d'une Française.

LA MARQUISE
D'une intrigante.

LA DUCHESSE
Voir tous nos usages foulés aux pieds.

LA MARQUISE
Pour nous soumettre à leur étiquette.

LA DUCHESSE
Nous forcer à porter les plats dans ce repas.

LA MARQUISE
A faire le métier de servantes.

LA DUCHESSE
Il faut agir de façon à ce que cela ne se renouvelle plus.

LA MARQUISE
Comment ?

LA DUCHESSE
C'est facile. Vous savez que le menu du diner est composé mi partie à l'Espagnole et à la Française.

LA MARQUISE
C'est une horreur.

LA DUCHESSE
Eh bien ! imitons les janissaires en révolte. Ils renversaient la marmite, renversons tous les plats français.

LA MARQUISE

Ne craignez-vous pas le courroux de la Camerera ?

LA DUCHESSE

Montrons que nous ne craignons rien pour venger l'honneur national.

LA MARQUISE (riant)

Même dans la cuisine.

LA DUCHESSE

De pitié pour aucun.

LA MARQUISE (riant)

Que leurs gibelottes, leurs fricassées, toutes ces inventions d'un peuple abâtardi roulent dans la poussière.

LA DUCHESSE

Les vêpres siciliennes appliquées à la gastronomie. (Avec un air farouche.) En attendant mieux.

LA MARQUISE (riant)

Vous me faites frémir.

LA DUCHESSE

Jurez de m'imiter.

LA MARQUISE (riant)

Je jure mort à tous les faisans et perdreaux ; je jure enfin, à défaut de sang, de répandre tous leurs potages sur le sol de notre chère patrie : cela la fertilisera peut-être un peu.

LA DUCHESSE

Ce n'est pas le moment de rire.

LA MARQUISE

Malepeste! je le vois bien, nous sommes au tragique.

LA DUCHESSE

Voici notre ennemie.

SCÈNE III

LES MÊMES, LA PRINCESSE

LA PRINCESSE

Je suis charmée, mesdames, de vous voir un moment avant le grand couvert de leurs majestés. (Elles saluent sans répondre.) La cérémonie religieuse ne m'a pas laissé le loisir de vous faire mes compliments sur la haute distinction dont vous avez été l'objet de la part du roi, qui vous a désignées pour emplir le gracieux office de dames d'honneur.

LA DUCHESSE

Nous saurons, madame, justifier ce choix.

LA MARQUISE

Et nous cherchions le moyen d'en mieux marquer notre reconnaissance.

LA PRINCESSE

La tâche vous sera facile et je n'aurai, sans doute, qu'à me féliciter d'y avoir contribué par mon opinion.

LA DUCHESSE

Vous nous faites honneur.

LA PRINCESSE

Nous sommes un peu compatriotes, car il y a longtemps que j'ai la grandesse et je suis certaine de la communauté de nos sentiments dans l'accomplissement de nos devoirs.

SCÈNE IV

LES MÊMES, LE CARDINAL

LE CARDINAL

Princesse, je viens pour vous féliciter.
(Il lui baise la main et salue les dames.)

LA PRINCESSE (saluant aussi les dames d'honneur pour leur donner congé)

Mesdames, je vais vous rejoindre.
(Elles sortent.)

LA PRINCESSE

Me féliciter, Monsieur le cardinal, et de quoi?

LE CARDINAL

Le mariage que nous avons célébré est votre ouvrage comme tout le reste.

LA PRINCESSE

Dites plutôt le nôtre. Nous y avons réussi de concert ; mais tout n'est pas fini, et je prévois bien des ennuis.

LE CARDINAL

D'où pourraient-ils venir ?

LA PRINCESSE

Vous avez vu ces dames ?

LE CARDINAL

Oui.

LA PRINCESSE

Leurs yeux lançaient des éclairs qui annoncent la foudre. J'aurai encore à lutter.

LE CARDINAL

Sans qu'il vous en ai coûté un sacrifice ; sans mettre un seul régiment en campagne, vous avez conquis à notre roi l'Espagne, l'Italie et les Indes. Quant aux cœurs de ses sujets, ses grâces naturelles, la noblesse de son caractère, vous seront des auxiliaires superflus, tant est puissant l'empire que vous exercez sur tout ce qui vous approche.

LA PRINCESSE

Ces dames me détestent.

LE CARDINAL

Quelle idée !

LA PRINCESSE

Elles me quittent avec la bouche en cœur et des

manières charmantes ; eh bien ! si c'était possible, elles me déchireraient.

LE CARDINAL
Avec d'aussi jolies mains ?

LA PRINCESSE
Les Ménades aussi avaient de jolies mains ; Orphée n'en fut pas moins mis en lambeaux par elles.

LE CARDINAL
Quelle exagération !

LA PRINCESSE
Nullement ; je vois clair ; mais je ne les redoute pas ; elles me trouveront prête au combat.

LE CARDINAL
En tout cas, princesse, je ne saurais être inquiet du résultat de la lutte. Mais elles n'oseront pas l'entreprendre ; votre réputation, votre crédit suffiront pour les rendre dociles à votre autorité.

LA PRINCESSE
Lorsque j'ai mis le pied en Espagne je suis devenue Espagnole et je ne m'écarterai jamais des instructions que j'ai reçues du roi Louis XIV. Tout pour le bonheur et la gloire de la nouvelle patrie qu'il a donnée à son petit-fils.

LE CARDINAL
On en est convaincu à la cour, comme dans le conseil de Castille qui s'est déclaré pour lui.

LA PRINCESSE

Il faut que la nation entière le sache ; tous mes actes prouveront à Votre Éminence et à l'Europe que je resterai fidèle au pacte que nous avons conclu ensemble. (Elle lui prend la main.) Et qui se résume en un mot : Tout pour l'Espagne.

LE CARDINAL

Je n'ai jamais douté de votre loyauté.

LA PRINCESSE

Je ne m'en départirai pas ; mais malheur à qui viendrait se mettre entre nous deux !

SCÈNE V

LES MÊMES, LE ROI, D'AYEN, SUITE

UN CHAMBELLAN

Le roi !

LE ROI

Monsieur le cardinal, je ne m'attendais pas à tant de pompe dans notre bonne petite ville de Figuières, et cela n'a pas dû vous être une chose facile.

LE CARDINAL

C'est vrai, sire, mais tout est possible pour le service de Votre Majesté.

LE ROI (à la princesse)

Princesse, prévenez la reine que je l'attends. (La princesse salue et entre dans l'appartement de la reine. — Se retournant vers l'assistance) : Je vous remercie, tous, de l'empressement que vous mettez à venir donner le premier salut à la reine, elle en sera certainement aussi touchée que moi-même.

SCÉNE VI

LES MÊMES, LA REINE, suivie de LA PRINCESSE
et des DEUX DAMES D'HONNEUR.

LE ROI

Venez, madame, recevoir les hommages de nos chers compatriotes. Voilà désormais notre famille.

LA REINE

Je ne forme qu'un vœu, sire, c'est de les voir partager mes sentiments pour vous.

LE ROI (la prenant par la main)

Merci. Allons profiter de la fête qui nous est offerte. (A part à la reine). Je donnerais tout au monde pour qu'elle fût terminée, pour voir le soleil se coucher, éteindre les flambeaux et me trouver enfin seul avec vous.

(Tout le monde sort en accompagnant le roi, excepté d'Ayen et d'Aubigny.)

SCÈNE VII

D'AYEN, D'AUBIGNY

D'AYEN

Eh bien ! mon cher d'Aubigny, nous faisons assez triste figure pour un jour de noce.

D'AUBIGNY

En effet.

D'AYEN

Seuls comme deux parias.

D'AUBIGNY

Pour moi, c'est tout simple, car je n'ai ni rang ni place à la cour, mais vous, monsieur le comte, l'ami du Roi.

D'AYEN

Ami... comme on peut être l'ami d'un Roi. Tenez, en ce moment, je préférerais votre protection à la sienne.

D'AUBIGNY

Ma protection ?

D'AYEN

C'est comme je vous le dis.

D'AUBIGNY

Je ne comprends pas.

D'AYEN
Je lui ai demandé une charge dans sa maison, et il m'a répondu que le roi Louis XIV lui avait recommandé, par dessus toutes choses, de n'accorder aucune faveur à des Français.

D'AUBIGNY
Ce sont, en effet, les instructions du Roi.

D'AYEN
Oui, en général, mais je connais votre influence sur la camerera mayor et vous ne rencontreriez peut-être pas la même impossibilité pour la maison de la Reine.

D'AUBIGNY
Vous me faites trop d'honneur.

D'AYEN
Un galant homme comme vous ne convient pas facilement de ces sortes de choses, mais...

D'AUBIGNY
Si vous connaissiez la Princesse, vous auriez la certitude qu'elle n'enfreindra jamais les ordres de Versailles; elle les suivra avec une rigidité inflexible, comme son caractère.

D'AYEN
Même pour votre protégé?

D'AUBIGNY
Je ne suis que le plus dévoué, mais aussi le plus humble de ses serviteurs.

D'AYEN

Si cela est ainsi, tant mieux ! Au diable mes rêves d'ambition, je retourne à mon régiment, heureux de ne pas m'empoisonner avec leur huile rance et l'olla podrida. Vive la France et la poule au pot !

D'AUBIGNY

Que ne puis-je faire comme vous !

D'AYEN

Venez, je vous emmène, on maigrit à vue d'œil ici, tout sent l'ail, même la main de cette jolie marquise. Pouah !

D'AUBIGNY

Je suis enchaîné ici.

D'AYEN

Puisque ce n'est pas l'ambition, c'est donc l'amour qui vous condamne à demeurer près de la princesse ?

D'AUBIGNY

Je ne pourrais pas vivre un jour sans la voir.

D'AYEN

A son âge ?

D'AUBIGNY

Vous ne la connaissez pas.

D'AYEN

Je ne voudrais pas en connaître davantage.

D'AUBIGNY

Que voulez-vous, je suis asservi.

D'AYEN

Mon cher d'Aubigny, nous aurions pu vivre ensemble sans jamais en arriver à nous couper la gorge pour des rivalités amoureuses.

D'AUBIGNY

Chacun a son penchant.

D'AYEN (riant).

Elle est trop mûre pour moi. J'aime mieux d'un fruit vert la douce crudité.

D'AUBIGNY (écoutant).

Quel bruit ! que se passe-t-il donc ?

D'AYEN (regardant dans la coulisse).

C'est la princesse. Quel air courroucé !

SCÈNE VIII

LES MÊMES, LA PRINCESSE

LA PRINCESSE

D'Aubigny, allez prier les dames d'honneur... Je me trompe : Dites-leur que je les mande ici. (d'Aubigny sort.)

D'AYEN

Grand Dieu ! Princesse, qu'est-il donc advenu ?

LA PRINCESSE

Une infamie !

D'AYEN (riant)

Rien que votre ton me fait trembler.

LA PRINCESSE

Il n'est pas étonnant que vous trembliez sur vos petites jambes, quand la couronne d'Espagne chancelle, appuyée comme elle est sur les deux hémisphères.

D'AYEN

Le Roi serait-il mort d'une indigestion ?

LA PRINCESSE

Elles y ont mis bon ordre.

D'AYEN

Je ne comprends pas.

LA PRINCESSE

Quelle audace !

D'AYEN

Mais, quoi encore ?

LA PRINCESSE

Elles ont eu l'insolence de jeter par terre tous les plats français qui devaient paraître sur la table de Leurs Majestés.

D'AYEN

...Qui, alors, n'ont pu manger que leurs affreuses ratatouilles.

LA PRINCESSE

Justement.

D'AYEN

Je comprends votre fureur, et j'en ressens des coliques, rien qu'en y pensant (regardant dans la coulisse). Les voici (à part). Il ne fait pas bon à demeurer ici.

(Il va rejoindre d'Aubigny dans la galerie.)

SCÈNE IX

LA PRINCESSE, LA DUCHESSE, LA MARQUISE,

LA PRINCESSE

Je sais à qui m'en prendre, mesdames, pour l'impertinence qui vient d'être faite à Leurs Majestés.

LA DUCHESSE

Madame.

LA PRINCESSE

Impertinence n'en dit pas assez ; c'est une insolence dont vous vous êtes rendues coupables.

LA DUCHESSE

Mais vous nous traitez comme des laquais.

LA PRINCESSE

Vous l'avez mérité en agissant comme eux.

LA DUCHESSE

Vous oubliez que vous parlez à la duchesse Medina Sidonia.

LA MARQUISE

A la marquise de Villafranca.

LA DUCHESSE

Que c'est à l'influence de nos maris que la candidature de Philippe V a triomphé dans le conseil de Castille.

LA PRINCESSE

Vous avez oublié, vous-même, le respect que vous devez à vos souverains. — Vous n'y manquerez plus, vous ne faites plus partie de la maison.

LA DUCHESSE

Jamais des grandes d'Espagne n'ont eu à subir un pareil outrage.

LA MARQUISE

Et nous le vengerons.

LA PRINCESSE

Que parlez-vous de grandes d'Espagne, je le suis comme vous, et, de plus, camerera mayor.

LA DUCHESSE

Vous avez usurpé cette place.

LA PRINCESSE

Elle m'a été légitimement dévolue. Je suis princesse romaine, je suis fille du duc de Noirmoutiers, le plus ancien duc de France, et, ce qui vaut mieux encore, de la maison de Trémoille. Je ne pense donc pas que vos petits blasons, qu'ils soient de gueule, de sinople ou d'azur, puissent rivaliser avec les miens.

LA MARQUISE

Il les valent.

LA PRINCESSE

C'est de l'orgueil, madame. Mais passons. Quant à mes œuvres, l'histoire se chargera de m'en faire honneur.

LA DUCHESSE

Nous n'attendrons pas son jugement pour vous faire repentir...

LA PRINCESSE (lui coupant la parole.)

C'en est assez : sortez !

LA DUCHESSE

Vous aurez de nos nouvelles !

LA PRINCESSE

Donnez-vous le plaisir de ces vaines menaces : je n'y veux répondre que par mon profond dédain.

LA MARQUISE (menaçant.)

Nous verrons bien !

LA PRINCESSE

Sortez, vous dis-je. D'Aubigny, veillez à ce que ces dames ne paraissent plus au palais.

(Les dames sortent furieuses. D'Aubigny les accompagne.)

SCÈNE X

LA PRINCESSE, LE ROI donnant la main à
LA REINE, D'AYEN, SUITE.

LE ROI

Que tout le monde se retire. Reste, d'Ayen.

LA REINE (quittant la main du Roi et portant un mouchoir à ses yeux)

Sire, pardonnez-moi, je ne peux plus retenir mes larmes.

LE ROI

Chère Louise, n'attachez pas plus d'importance qu'il ne convient à ce qui s'est passé; mais je punirai d'une façon exemplaire ceux qui ont osé vous manquer de respect.

LA REINE (pleurant)

Non, ne soyez pas sévère; je ne veux pas que ce jour soit marqué par un acte de rigueur.

LE ROI

Il le faut.

LA REINE

Ah! quels douloureux présages s'offrent à mon esprit.

LE ROI

Non, ma chère femme, bannissez ces fantômes, ne voyez que votre grandeur, ne songez qu'au bonheur de votre époux qui le met au-dessus de tout.

LA REINE

Sire, pardonnez-moi, pardonnez à l'émotion pénible qui m'a bouleversée; souffrez que je me retire.

LE ROI

Me quitter? aujourd'hui? en ce moment fortuné que j'attendais avec tant d'ardeur.

LA REINE

Je vous en conjure ; j'en supplie mon Roi ; je fais plus encore, j'en appelle à ses sentiments de gentilhomme, je veux être seule.

LE ROI

Je n'ai rien à vous refuser.

LA REINE

Merci. (Elle sort fondant en larmes, appuyée sur le bras de la Princesse)

LE ROI

Mais cette rigueur me rend le plus malheureux des hommes. (Il veut suivre la Reine.)

LA PRINCESSE (se retournant et lui barrant le passage.)

Sire, ne me faites pas enfreindre le premier ordre que j'aie reçu de ma souveraine.

(Elle entre dans l'appartement.)

SCÈNE XI

LE ROI, D'AYEN.

LE ROI

Ah ! mon cher d'Ayen, quel coup !

D'AYEN

Allons, Sire, un peu de patience, ce sera pour demain.

LE ROI

Tu n'as donc jamais aimé ?

D'AYEN

Moi ?... une cinquantaine de fois, au moins.

LE ROI

Alors, tu ne sais pas ce que c'est qu'un véritable amour ; tu ne sais pas ce que j'endure... Je n'y résiste pas. (Il s'élance de nouveau vers l'appartement.)

D'AYEN

Ah ! que Votre Majesté se rappelle qu'elle a donné sa parole de gentilhomme.

LE ROI

Tu as raison. Mais ce n'est ni le roi, ni le gentilhomme qui lui fait ce douloureux sacrifice : c'est l'amant.

ACTE III

SCÈNE PREMIÈRE

Même décor qu'au deuxième acte

LE ROI, LE CARDINAL.

LE ROI
Monsieur de Tolède, vous me voyez au désespoir.

LE CARDINAL
Ah! Sire.

LE ROI
La princesse vient de m'apprendre que la reine avait passé la nuit dans les larmes et que rien ne pouvait calmer la douleur qu'elle a ressentie de la blessure faite à sa dignité.

LE CARDINAL.
Elle est si jeune, Sire; il ne faut pas s'étonner qu'un dépit légitime puisse l'emporter encore sur les obligations de la politique.

LE ROI
Moi aussi, j'oublie les grands intérêts qui reposent sur moi pour ne plus penser qu'à ceux de mon amour.

LE CARDINAL
Je n'y peux croire, Sire.

LE ROI
Je préférerais avoir à conquérir mon royaume, l'ayant à mes côtés, que d'être en proie à l'inexprimable douleur que me cause la résolution qu'elle a prise de partir, de me quitter et de rentrer dans sa famille.

LE CARDINAL
Elle ne le fera pas.

LE ROI
Elle l'a déclaré !

LE CARDINAL
Tout espoir n'est pas perdu de lui faire abandonner un pareil dessein.

LE ROI
Quelle honte pour moi et quel avenir !

LE CARDINAL
Sire, contenez-vous.

LE ROI
Non, je ne veux plus me contenir ; je ne me résignerai pas à cette extrémité et, si elle persiste, je la suivrai, je quitterai l'Espagne et ne me dévouerai pas,

comme une victime, à des intérêts politiques dont je ne suis que l'instrument.

LE CARDINAL

Qu'en pensera le monde entier, qu'en pensera votre aïeul, le grand Roi, en vous voyant anéantir d'un seul coup le fruit de tant d'efforts, en vous voyant abandonner un trône pour une femme!

LE ROI

Je descends, en effet, de Louis XIV, mais remontez un peu dans l'histoire et vous comprendrez mieux ma résolution. J'ai dans les veines du sang d'Henri IV.

LE CARDINAL

La princesse de Condé, son dernier amour, ne lui a pas porté bonheur.

LE ROI

Peu m'importe la vie si elle ne m'est heureuse avec une compagne que j'aime. Je l'aime, entendez-vous.

LE CARDINAL

Sire, songez aux conséquences de votre emportement, vous tenez dans vos mains les destinées de dix peuples.

LE ROI

Que me fait la politique de la France, la fortune de l'Espagne et le sort de l'Europe; je veux ma femme, il me la faut.

LE CARDINAL

Je n'ai plus rien à dire.

LE ROI

Monsieur le cardinal, allez la trouver, tentez les derniers efforts pour me la ramener, ou bien Dieu fera le reste.

LE CARDINAL

Je vais remplir les ordres du roi. Si je ne réussis pas à vaincre les résistances de la reine, j'aurai du moins l'honneur de l'avoir entrepris. (*Le roi rentre dans son appartement. Le cardinal seul.*) Il nous faudra compter avec ce jeune homme.

SCÈNE II

LE CARDINAL, LA PRINCESSE

LA PRINCESSE (entrant)

Je vous trouve fort à propos, monsieur le cardinal, j'allais chez le roi.

LE CARDINAL

Et moi chez la reine.

LA PRINCESSE

Je n'ai que de mauvaises nouvelles à lui porter.

LE CARDINAL

Et moi, de plus mauvaises encore à vous apprendre.

LA PRINCESSE

Elle ne veut rien entendre et m'ordonne de préparer son départ.

LE CARDINAL

Le roi est décidé à la suivre.

LA PRINCESSE

Ce n'est pas possible !

LE CARDINAL

Il vient de me le déclarer.

LA PRINCESSE

Comment ! nous échouerions au port après avoir franchi tant d'écueils ; après avoir à nous deux conquis une couronne, nous la verrions briser comme un hochet dans le débat de ces deux enfants ! Cela ne sera pas.

LE CARDINAL

Que faire ?

LA PRINCESSE

J'ai triomphé de difficultés plus redoutables, et Dieu aidant, je surmonterai celle-ci.

LE CARDINAL

J'ai de grandes inquiétudes. Je me suis donné tout entier à votre politique.

LA PRINCESSE

Rassurez-vous. Qu'étiez-vous chargé de dire à la reine ?

LE CARDINAL

J'allais lui exprimer de nouveau les sentiments dont le roi est animé pour elle ; faire tous les efforts imaginables pour la retenir, et, si mes prières sont repoussées, lui dire qu'il abandonnera tout pour elle, même son royaume.

LA PRINCESSE

Gardez-vous en bien. Tout serait perdu.

LE CARDINAL

Pourquoi ?

LA PRINCESSE

Nous avons affaire à un caractère emporté, à une tête romanesque qu'une pareille aventure pourrait séduire.

LE CARDINAL

Vous croyez ?

LA PRINCESSE

Je le crains.

LE CARDINAL

Mais comment me soustraire aux ordres du Roi.

LA PRINCESSE

Je prends tout sur moi.

LE CARDINAL

J'ai trop de confiance dans les ressources de votre esprit pour douter du succès de vos combinaisons, et je m'en rapporte à vous.

LA PRINCESSE

Je vais déclarer à la Reine tout le contraire des intentions du Roi.

LE CARDINAL

Qu'entendez-vous par là?

LA PRINCESSE

Je lui dirai que, blessé de son éloignement pour lui, le Roi se résigne à ne plus s'occuper que des soins de son royaume et qu'il part pour Madrid.

LE CARDINAL

Et vous espérez ?

LA PRINCESSE

Tout. (Elle entre dans l'appartement de la reine.)

SCÈNE III

LE CARDINAL, D'AYEN

D'AYEN (entrant précipitamment)

Ah ! monseigneur, je suis bien aise de vous rencontrer, vous allez me donner des nouvelles.

LE CARDINAL

Je ne sais absolument rien.

D'AYEN

Alors, c'est moi qui vous renseignerai. Il paraît que nous partons.

LE CARDINAL

Qui vous a dit cela ?

D'AYEN

Le Roi m'a commandé de tenir prêts hommes, chevaux et carosses.

LE CARDINAL

Pour aller où ?

D'AYEN

A Madrid, je suppose.

LE CARDINAL

Sinon à Turin.

D'AYEN

A Turin ?

LE CARDINAL

La Reine persiste à refuser au Roi le partage de sa couche.

D'AYEN

L'exercice de ses droits ? Et Philippe V accepte cet affront ?

LE CARDINAL

Que voulez-vous : il est amoureux.

D'AYEN

Si j'étais à sa place...

LE CARDINAL

Vous feriez de même.

D'AYEN

Ah ! mordieu ! pardon, monseigneur, je me reprends pour dire : Ventre Saint-Gris a fait le contraire, lui.

LE CARDINAL

Ce n'est pas ce dont il faut le louer.

D'AYEN

Je préfère cette manière et je crois qu'elle fait plus d'honneur.

LE CARDINAL

Nous ne sommes pas en France.

D'AYEN

Je vais dire au Roi que ses ordres sont exécutés.

LE CARDINAL

Nous n'avons plus qu'une chance : la Princesse parlemente.

D'AYEN

La Princesse ?

LE CARDINAL

Oui.

D'AYEN

Je suis perdu, nous irons à Madrid.

LE CARDINAL

Peut-être

D'AYEN

Tout cède à ses instances.

LE CARDINAL

Si elle réussit, ce sera bien malgré le Roi.

D'AYEN

Pourquoi ?

LE CARDINAL

Parce qu'il m'avait chargé de dire à la Reine qu'il quitterait tout pour elle.

D'AYEN

Eh bien ?

LE CARDINAL

La Princesse m'a déclaré qu'elle allait poser un ultimatum en sens contraire.

D'AYEN

Ah ! l'habile femme, comme elle connait son sexe !

LE CARDINAL

Et le nôtre.

D'AYEN

Elle réussira.

LE CARDINAL

Alors nous sommes sauvés.

D'AYEN

C'est-à-dire que nous allons tous nous embourber en Espagne.

SCÈNE IV

LES MÊMES, LE ROI

LE ROI

D'Ayen, es-tu prêt ?

D'AYEN

Oui, Sire.

LE ROI

Tout ?

D'AYEN

Absolument tout.

LE ROI

Bien. Maintenant, monsieur le cardinal, c'est à vous

de me dire si nous allons pousser sur Madrid ou repasser les Pyrénées.

D'AYEN

Je croyais qu'il n'y en avait plus.

LE ROI

Tu vas l'apprendre. (Au cardinal) Que vous a répondu la Reine ?

LE CARDINAL

Sire, je ne l'ai pas vue.

LE ROI

Pourquoi ?

LE CARDINAL

Parce que j'ai jugé favorable aux desseins de Votre Majesté de remettre cette négociation en des mains plus sûres.

LE ROI

De qui parlez-vous ?

LE CARDINAL

De la personne la plus fertile en ressources ; de l'esprit le plus délié et le plus profond à la fois ; du politique le plus habile qu'il y ait au monde.

LE ROI

La Princesse ?

LE CARDINAL

Justement.

LE ROI

Lui avez-vous bien fait comprendre mes intentions et mon projet ?

LE CARDINAL
Elle les a si bien compris qu'elle est entrée dans l'appartement de Sa Majesté avec le parti bien arrêté de faire tout le contraire.

LE ROI
Comment ?

LE CARDINAL
Fiez-vous à elle.

LE ROI
Mais c'est briser ma dernière espérance.

LE CARDINAL
Ce n'est pas son avis.

LE ROI
Ah ! je suis dans une perplexité dont rien ne peut donner l'idée ; cette aventure, cette incertitude m'exaspère au point que je préférerais charger contre une armée, seul avec d'Ayen, que...

D'AYEN
Bien obligé, Sire, de cette bonne opinion pour moi, mais je préfère de beaucoup la solution que monseigneur entrevoit.

LE ROI
Ah ! quelles angoisses !

LE CARDINAL
Calmez-vous, Sire, et croyez-moi.

LE ROI
C'est facile à dire : Calmez-vous ; mais si vous aviez comme moi l'enfer dans le cœur !

LE CARDINAL

Si ce que Votre Majesté désire est possible, c'est fait.

LE ROI

Et si c'est impossible ?

LE CARDINAL

Cela se fera.

SCÈNE V

LES MÊMES, LA PRINCESSE

LA PRINCESSE (entrant en faisant une grande révérence)

La Reine demande à voir Votre Majesté.

LE ROI

Dans quelles dispositions l'avez-vous laissée ?

LA PRINCESSE

Toute aux ordres du Roi.

LE ROI

Ah ! Princesse, je vous dois plus que ma couronne.

LA PRINCESSE

Sire, mettez le comble à vos bontés pour moi en secondant l'innocent stratagème qui m'a si bien réussi.

LE ROI

Lequel ?

LA PRINCESSE

J'ai dépeint Votre Majesté comme furieuse des résistances de la Reine ; je lui ai annoncé que, révolté de ses refus, vous étiez déterminé à partir seul pour Madrid où de si grands intérêts vous réclament.

LE ROI

Et vous avez osé la provoquer ainsi ?

LA PRINCESSE

Aux grands maux les grands remèdes. — L'amour-propre de la Reine est venu en aide à son amour, car elle vous aime, Sire.

LE ROI

Vous croyez ?

LA PRINCESSE

J'en suis certaine.

LE ROI

Quel bonheur !

LA PRINCESSE

Ces deux grands auxiliaires ont aplani les obstacles qui menaçaient de vous séparer.

LE ROI

Allez dire à la Reine... Non, je veux, auparavant, vous prouver ma reconnaissance. (Il la prend par la main et l'amène à l'écart sur le devant de la scène à part.) On m'a dit qu'un mariage secret vous unissait à d'Aubigny.

LA PRINCESSE

Qui donc a pu conter de pareilles sornettes à Votre Majesté ?

LE ROI

D'Ayen.

LA PRINCESSE

Ce jeune étourneau.

LE ROI

Il le tient du maréchal de Noailles, votre ami, votre parent, et je veux faire pour lui ce que je n'accorderais pas au plus grand seigneur de France. Vous n'avez qu'à parler.

LA PRINCESSE (souriant)

Sire, on a exagéré.

LE ROI

Dites-moi la vérité. Il n'y aurait là rien qui devrait vous blesser; vous pourriez vous autoriser d'un exemple auguste.

LA PRINCESSE

En effet, Sire, mais les têtes couronnées peuvent seules se permettre de pareilles irrégularités.

LE ROI

Il est gentilhomme?

LA PRINCESSE

Sans cela, je ne l'aurais jamais admis dans ma maison. — Votre Majesté sait qu'on n'est pas toujours maître de ses affections. J'ai trouvé un homme qui, sur un signe, me donnerait sa vie. Ces gens-là sont rares, Sire, et, quand on les rencontre il faut se les attacher. — C'est un conseil que je me permets de donner à Sa Majesté.

LE ROI
Et vous avez raison.

LA PRINCESSE
C'est ce que j'ai fait ; mais de là à une mésalliance il y a trop de distance pour qu'une La Trémoille la franchisse jamais.

LE ROI
N'en parlons plus ; mais n'oubliez pas que ma faveur est aveuglément acquise à ceux qui vous intéressent.

LA PRINCESSE (saluant)
Je n'en userai que pour le service du Roi !

LE ROI
Maintenant, allez dire à la Reine que je l'attends.
(La Princesse sort.)

SCÈNE VI

LES MÊMES, moins LA PRINCESSE

LE ROI
Ah ! mon cher d'Ayen, que je suis heureux !

D'AYEN
Heureux comme un roi.

LE ROI
Pour une fois, c'est vrai. Ah ! Monsieur le cardinal, si vous saviez la révolution qu'un seul mot peut opérer

en nous! Il y a un instant, je n'entrevoyais dans ma vie que déceptions, intrigues ténébreuses, conspirations; je me sentais entouré d'embûches et cloîtré, comme Philippe II, dans ce sombre Escurial, ce funeste gril de saint Laurent, qui eût été pour moi le lit de Procuste. En ce moment, tout est changé, il me semble que j'entre dans la terre promise et que tout va concourir à mon bonheur !

LE CARDINAL
Nous partageons tous votre joie.

SCÈNE VII

LES MÊMES, LA REINE, LA PRINCESSE

LA REINE
Ah ! Sire, pardonnez-moi.

LE ROI (courant à elle)
Vous pardonner ?

LA REINE
Je reconnais mes torts.

LE ROI
Ah ! si vous saviez ce que j'éprouve...

LA PRINCESSE (lui coupant la parole pour arrêter sa pensée)
Oui, Sire, soyez clément. (Elle lui fait un signe d'intelligence pendant que la Reine porte un mouchoir à ses yeux.)

LE CARDINAL (insistant avec la même pensée)
Que Votre Majesté oublie un mouvement de vivacité.

LA PRINCESSE (à part, au roi)
Un peu de colère, Sire.

LE ROI
Je devrais... mais vous le voulez tous ?

TOUS
Oui, tous.

LA PRINCESSE
Montrez-vous généreux.

LA REINE (pleurant)
Ne m'accablez pas ; jamais dans l'avenir je ne mériterai votre rigueur.

LE ROI
Eh bien ! oui, je vous pardonne les angoisses que je viens de traverser pour l'amour de vous. (Il lui baise les mains.)

LA REINE
Que vous êtes bon ! — Vous ne savez pas à quel point mon cœur est plein de reconnaissance.

LE ROI
Ah ! quelle joie j'éprouve à mon tour de vous retrouver ainsi quand je croyais vous avoir perdue !

LA PRINCESSE (à part, au Roi)
Appuyez, Sire, appuyez.

LE ROI
Quand j'allais me séparer de vous.

LA REINE

Ah! Sire, j'en serais morte.

LE ROI

Vivez, ma chère Louise, ma chère femme, car mon bonheur comme mon infortune ne dépendront jamais que de vos sentiments pour moi.

LA REINE

Merci, merci!! (Elle lui baise la main.)

LA PRINCESSE (à d'Aubigny)

Nous aurons de bonnes nouvelles à envoyer à Versailles. (A part.) Venez ce soir.

D'AUBIGNY (lui baisant la main, à part)

Vous me rendez la vie!

D'AYEN (qui a tout vu, à part à la Princesse)

Princesse, vous aurez fait deux heureux en un jour.

LA PRINCESSE (à part, à d'Ayen)

Il faut bien que tout le monde vive.

TOUS

Vive le Roi! vive la Reine!

RÉSIGNATION

DRAME EN TROIS ACTES ET QUATRE TABLEAUX

Ἀνέχου καὶ ἀπέχου
« Souffre et abstiens-toi. »
(Épictète.)

« Quam sordet mihi tellus cùm cœlum aspicio. »
« Que la terre me paraît méprisable quand j'aperçois le ciel. »
(Devise de saint Ignace.)

PERSONNAGES

La Baronne DE VOISINS.   45 ans.
Le Curé.   55 »
CHARLES, fils de la Baronne.   22 »
MARIE, nièce de la Baronne.   18 »
ALFRED, ami de Charles.   25 »
UN DOMESTIQUE.

La scène est au château de Voisins.

AVANT-PROPOS

Résignation. Ceci devait être le sujet d'un sermon.
Comment ce sermon s'est-il métamorphosé en drame, c'est ce que je vais raconter.
La fille d'un de mes amis, après deux années d'un bonheur sans mélange, perdit un époux adoré et bien digne de l'être. — Il avait vingt-six ans.
Rien, pas même le temps, n'a pu calmer la douleur qu'elle ressent encore depuis quinze ans. — Elle a renoncé au monde ; elle a pris en horreur tout ce qui est distractions et plaisirs ; elle a voué sa vie entière aux pratiques religieuses et à des œuvres de charité, persistant à envelopper son corps, comme son esprit, dans des voiles de deuil.
Un jour, me trouvant à table auprès d'elle, je me risquai, bien timidement pour ne pas appuyer sur une blessure toujours saignante, à effleurer ce sujet, et exprimer les regrets, les chagrins qu'éprouvaient tout son entourage en la voyant aussi inflexiblement réfractaire aux sollicitations

de ses amis. — Je lui représentai que, même au point de vue religieux, elle était condamnable en se révoltant contre les décrets de la Providence puisque rien n'arrive ici-bas sans la volonté du Très-Haut; et, enfin, que la résignation était aussi une vertu chrétienne.

Pour masquer par un semblant de plaisanterie ce que le sujet avait de pénible, je terminai en lui disant : « Voulez-vous que je vous fasse un sermon là-dessus ? »

Elle me répondit : « Faites. »

Une fois l'engagement pris, je devais le tenir. Il fallait trouver un exemple, une personnalité pour donner un corps à mon discours et me permettre de développer ma thèse.

En fouillant dans le plus profond de ma mémoire, je me rappelai une histoire qui m'avait été contée autrefois par un ami qui habitait la Bretagne à l'époque où une bande de scélérats, qu'on appelait chauffeurs, y répandait l'épouvante par leurs forfaits.

Je cherchais ma narration, je combinais mes phrases, mais le sermon n'allait pas. Je ne suis pas un bon discoureur. — Heureusement, nos facultés agissent à notre insu, et un beau matin je me réveillai avec un drame dans la tête au lieu d'un sermon que j'y cherchais.

La forme dramatique m'a toujours séduit; c'est par elle que la pensée se traduit et se communique avec le plus d'intensité, puisque la fiction s'incarne dans la réalité. C'est celle qui permet le mieux de produire les idées d'une manière tangible en leur donnant le mouvement, la passion et la parole.

Je me mis donc à l'ouvrage et j'écrivis Résignation. —

Ce qu'il y a de singulier ici, c'est que la personne pour laquelle je l'ai faite n'en a jamais rien su et pense certainement que j'ai oublié ma promesse.

Si ce volume tombe un jour entre ses mains, elle saura ce qui en est.

Maintenant que le lecteur est fixé sur ce que je vais lui offrir, je frappe les trois coups d'usage et le rideau se lève.

RÉSIGNATION

ACTE PREMIER

SCÈNE PREMIÈRE

PREMIER TABLEAU

*Le théâtre représente un salon, porte à droite et à gauche.
Une troisième au fond ouvrant sur un perron.*

CHARLES, MARIE

CHARLES d'abord seul, puis MARIE

CHARLES (entrant, une rose à la main)

Heureuse fleur, je voudrais pouvoir mêler mon âme à ton parfum pour la lui faire respirer !... (Il place la rose dans un vase. — Regardant dans le parc.) La voici. (Il se cache derrière un rideau.)

MARIE (entrant et regardant autour d'elle avec surprise)

Personne ! (Apercevant la rose et courant la prendre.) Si ! (La baisant) Bonjour, cousin.

CHARLES (se précipitant vers elle)

Merci, cousine. (Il lui baise la main)

MARIE (confuse)

Vous étiez là ?

CHARLES

En doutiez-vous ?

MARIE

Ce n'est pas bien. Si j'avais su être vue, je n'aurais pas...

CHARLES

Qu'avez-vous fait de mal ?

MARIE

Je ne sais, mais je suis toute confuse.

CHARLES (riant)

Je ne le ferai plus. (Marie veut remettre la rose dans le vase.) Oh ! ne me faites pas ce chagrin, je serais trop malheureux si mon petit présent n'occupait pas, comme chaque jour, cette place chérie. (Il montre son sein.)

MARIE

Je n'ose pas.

CHARLES

Je vous en supplie.

MARIE

Vous ne m'épierez plus ?

CHARLES

Je le jure.

MARIE

Je vous pardonne. (Elle met la rose à son corsage.)

CHARLES

Je suis le plus heureux des hommes ! (Il lui baise la main.)

MARIE

Prenez garde, si ma tante venait.

CHARLES

Ah! ne me reprochez pas ces courts instants de bonheur; j'en ai si peu goûté dans ma vie. — Je ne me sens vivre que depuis huit jours; depuis que je vous ai revue. Ce n'est pas parce que vous êtes belle que je vous aime.

MARIE

Ah ! Charles.

CHARLES

Pourquoi ne le dirai-je pas, puisque vous le savez?

MARIE

N'est-ce donc pas assez que je le croie?

CHARLES

Toujours errant comme je suis, ne vous voyant qu'à de rares intervalles, je vous ai emportée dans mon cœur; je n'ai fait de rêves de bonheur qu'en vous y mettant de moitié, et, dans mes longs exils, je ne trouvais de trêves à mes tristesses qu'en me promenant dans les solitudes; j'évoquais en liberté votre image chérie; l'espoir de vous retrouver me donnait des forces; je vous appelais à haute voix, et ce doux souvenir suffisait pour enchanter un instant ma vie.

MARIE (pensive)

Moi aussi.

CHARLES

Je comptais les heures de ces interminables jours qui me séparaient de vous.

MARIE

Oh ! oui.....

CHARLES

Aussi, quel bonheur quand j'ai pris le chemin du retour, quand je vous ai retrouvée !

MARIE

Voici déjà huit jours.

CHARLES

Ils m'ont donné une éternité de délices. — Loin de vous, tout ce qu'on est convenu d'appeler distractions et plaisirs n'étaient pour moi que des ennuis ; près de vous tout m'enchante, vous rayonnez sur ma vie comme le plus beau soleil.

MARIE

Et dire que dans huit jours...

CHARLES

Marie, n'empoisonnez pas ma joie ; je ne partirai plus ; ma mère ne voudra pas me séparer éternellement d'elle et de vous ; je la supplierai, je me jetterai à ses pieds, je lui dirai que je vous aime.

MARIE

Oh ! non.

CHARLES

Oui, je lui dirai que je ne veux plus, que je ne peux plus vivre sans vous, sans ma femme.

MARIE

Pas encore.

CHARLES

Ne m'aimez-vous donc pas ?

MARIE

N'insistez pas.

CHARLES

Eh bien ?

MARIE

Je ne saurais vous en dire la raison, mais je n'ai pas bon espoir. Ma tante.....

CHARLES

Ma mère, oui, je la redoute, je n'ai pas encore connu sa tendresse, mais je suis tellement fort de ma conscience, de la pureté de mes sentiments, de la légitimité de mes vœux que je ne peux pas croire à un refus. D'ailleurs, je saurai bientôt à quoi m'en tenir.

SCÈNE II

LES MÊMES, LA BARONNE

LA BARONNE (à la cantonade)

Marie !.....

MARIE (troublée)

Ma tante ! (Elle court vers le perron où elle rencontre la baronne.)

CHARLES (à part)

Ma mère, rien que sa vue me glace.

LA BARONNE (à Charles)

Ah ! vous êtes ici. — J'aperçois M. le curé qui nous arrive par la petite porte, allez la lui ouvrir et faites mettre son cheval à l'écurie.

CHARLES

Oui, ma mère. (Il sort.)

LA BARONNE (à Marie)

Tu n'étudiais donc pas ton piano ?

MARIE

J'étais descendue pour cela, mais j'ai trouvé mon cousin et nous avons causé.

LA BARONNE

De quoi donc ?

MARIE

De mille choses.

LA BARONNE

Très intéressantes, à ce qu'il paraît.

MARIE

De voyages.

LA BARONNE

Où cela ?

MARIE (un peu confuse)

Je ne sais plus, bonne tante, dans les pays imaginaires. (Elle l'embrasse.)

LA BARONNE

Monte dans ta chambre, et ne te laisse pas trop aller à ces voyages-là. — Tu diras que M. le curé dînera avec nous. — Va. (A part.) Veillons sur ce jeune cœur.

SCÈNE III

LES MÊMES, LE CURÉ

MARIE (sortant)

Bonjour, monsieur le curé.

LE CURÉ

Bonjour, mon enfant. (Il l'embrasse.)

(Marie sort)

LA BARONNE

Qui nous vaut votre visite d'aussi bonne heure, monsieur le curé ?

LE CURÉ

Madame la baronne, je viens remplir une mission.

LA BARONNE

De qui ?

LE CURÉ

De votre fils.

LA BARONNE

De mon fils ?

LE CURÉ

Il est venu ce matin au presbytère.

LA BARONNE

Qu'allait-il vous dire ? (Elle s'assoit) Asseyez-vous.

LE CURÉ (s'asseyant)

Que depuis qu'il est chez vous, après deux ans d'absence, vous ne lui avez pas permis, une seule fois, de vous embrasser ; que vous ne lui avez jamais donné le nom de fils, qu'il est toujours tenté de tomber à vos genoux et de vous demander quel crime il a commis pour être ainsi banni de votre cœur ?

LA BARONNE (se levant, au curé qui l'imite)

Restez. (Elle va fermer la porte du fond.)
La question que vous me faites est plus grave que vous ne pensez. (Elle se rassoit.)

LE CURÉ

Je me la suis posée bien souvent à moi-même. — Comment se fait-il que vous, qui êtes, permettez-moi de vous le dire en cette circonstance, vous qui êtes un modèle de charité, la mère de tous nos pauvres, la consolatrice de toutes les infortunes, pourquoi n'avez vous de sévérité que pour le seul rejeton de votre sang ?

LA BARONNE

Arrêtez. — Oui, je dois paraître coupable ; vous pensez que je suis une mère dénaturée ; écoutez-moi donc, écoutez ce secret qui m'obsède depuis vingt-deux ans. — J'étais orpheline, sans fortune, quand le baron de Voisins m'épousa. Nous vécûmes deux années dans les délices d'une union sans nuages ; je me trompe, un seul attristait nos jours : nous n'avions pas d'enfant. Trois mois avant sa mort, le baron fut atteint d'un mal affreux, des rhumatismes articulaires l'enchaînaient sur son lit, et sa vie n'était qu'un long martyre. — Je ne le quittais pas un instant ; j'étais sans cesse à ses côtés ou ici, la porte de cette chambre ouverte (elle montre la porte de droite), toujours prête à lui donner mes soins. — Une nuit, pendant ces longues nuits de novembre, tout le monde dormait au château excepté moi. Mon pauvre, mon cher mari lui-même goûtait quelques moments de repos et j'en remerciais le ciel ; lorsque j'entendis sur ce balcon un bruit étrange, je me lève, la porte s'ouvre, et trois hommes plus prompts que la foudre s'élancent sur moi. — J'appelle, je crie, une main de fer me plonge un mouchoir dans la gorge, et je perds connaissance.

LE CURÉ

Ah ! madame la baronne, combien je suis malheureux d'avoir reveillé d'aussi douloureux souvenirs.

LA BARONNE

Vous m'avez interrogée, vous allez tout savoir. — Quand je revins à moi, j'étais dans les ténèbres, un homme m'étreignait contre sa poitrine, et je ne pus m'échapper de ses bras que par un suprême effort. Il s'enfuit, je cours à sa poursuite en appelant du secours, mais je me heurte à un obstacle, je tombe et je reconnais avec épouvante que je foulais de mes pieds le corps inanimé de mon époux.

LE CURÉ (lui prenant les mains)

Oh ! madame !

LA BARONNE (en larmes)

Ah ! quelle nuit ! Le temps, ce remède à tous les maux, n'a pu en atténuer l'horreur, et, chaque jour, je me surprends encore à en frémir d'effroi.

LE CURÉ

Le monde entier a connu ce crime.

LA BARONNE

Non, il n'a pas connu ce qui s'était passé dans cette nuit maudite, car, par un odieux miracle contre lequel mon cœur se révolte sans cesse, comprenez-moi bien, dans cette lutte fatale, malgré moi, sans que j'en eusse conscience, le meurtrier de mon mari avait fécondé mon sein.

LE CURÉ

Oh !

LA BARONNE (avec désespoir)

Voilà, monsieur le curé, voilà ce que Dieu a permis. (Elle éclate en sanglots.)

LE CURÉ (lui prenant les mains.)

Du courage, madame.

LA BARONNE

Et ce crime épouvantable est resté impuni; le

monstre qui l'a commis a pu se soustraire à la vengeance des lois.

LE CURÉ

Remettez-vous, et pardonnez-moi d'avoir provoqué cette cruelle confidence.

LA BARONNE

Non, monsieur le curé, n'ayez pas de regrets, laissez couler mes larmes si longtemps contenues, laissez un libre cours à ma douleur puisque je puis enfin l'épancher dans le cœur d'un ami.

LE CURÉ

Oui, d'un ami, d'un ami bien heureux s'il peut contribuer à la calmer.

LA BARONNE

Vous qui connaissez ma vie, vous qui êtes un homme de Dieu, expliquez-moi donc cet affreux mystère ; dites-moi quel crime j'ai pu commettre pour qu'il m'ait frappée d'un pareil châtiment.

LE CURÉ

Ma fille, ne cherchons pas les causes. — Quel crime avait commis notre divin Sauveur ?

LA BARONNE

Il rachetait l'humanité.

LE CURÉ

La Providence vous a peut-être choisie pour arracher au mal toute une race de malfaiteurs ; il vous a jugée digne de purifier, en le faisant passer par vos veines, ce sang corrompu et corrupteur. Les desseins de Dieu sont impénétrables. Il n'est pas donné à l'homme de prévoir l'issue de la route par laquelle il nous mène. Souvent les plus cruelles douleurs engendrent notre bonheur dans ce monde et notre salut dans l'autre.

LA BARONNE

Ma vie n'aura donc été qu'un long martyre.

LE CURÉ

La main de Dieu s'appesantit sur le juste, mais les épreuves qu'il lui impose sont limitées à sa courte existence. — Il a l'éternité pour punir les méchants. Nous devons donc accepter ces épreuves avec résignation, je dirai même avec reconnaissance, car les larmes de ses élus viennent au secours du pécheur repentant.

LA BARONNE

Que ne me frappe-t-il, mon père, ce serait me faire présent de la mort.

LE CURÉ

Soumettez-vous.

LA BARONNE (en pleurant)

Mais ma honte, mais ce long supplice dont je ne vois pas le terme!

LE CURÉ

Ayez le cœur à la hauteur de l'œuvre de rédemption que vous avez remplie; votre sacrifice vous sera compté quand le Seigneur nous pèsera dans sa balance.

LA BARONNE

Depuis que je suis au monde, je n'ai eu qu'une pensée : faire le bien. — Quelle a été ma récompense ?

LE CURÉ

Ne bornez pas vos vues aux étroits horizons de cette terre, croyez en Dieu, comptez sur lui; vous ignorerez peut-être toujours ici-bas le bien que vous avez fait, mais, là-haut, vos yeux se dessilleront et vous pourrez compter les âmes qui auront été sauvées par vos larmes.

LA BARONNE

Quel destin !

LE CURÉ

Soumettez-vous. — Cette grande générosité, cette immolation vraiment digne d'une chrétienne est-elle donc au-dessus de vos forces ?

LA BARONNE

Je me résigne à tout, monsieur le curé, si ce n'est à voir devant moi le fruit de ma honte.

LE CURÉ

Je comprends cette répulsion... et pourtant quel est son crime ?

LA BARONNE

Sa naissance.

LE CURÉ

A-t-il demandé le jour ? Je n'invoque pas seulement ici votre miséricorde, je fais appel à votre justice :

malgré tout, vous êtes sa mère et vous lui devez affection.

LA BARONNE
Ce serait une lâcheté.

LE CURÉ
C'est un devoir, ma fille, la nature a des droits qu'il vous faut respecter.

LA BARONNE
J'essaierai.

LE CURÉ
Le ciel vous aidera. Mais que dirai-je à votre fils ? Il attend une réponse, et la seule grâce qu'il vous demande est de rester auprès de vous.

LA BARONNE
Vous lui direz que son éducation n'est pas finie; qu'il ne connaît pas l'Angleterre et qu'il faut profiter des jeunes années pour faire sa moisson d'études et de souvenirs; que dans deux ans, dans un an, peut-être, je le rappellerai.

LE CURÉ
Deux ans !

LA BARONNE
Il faut que je prépare mon cœur à cette lutte sans nom d'une mère qui a horreur de son fils. Je ne me sens pas encore le courage de vivre avec lui.

LE CURÉ
Je vais lui conseiller la soumission à vos ordres, comme je l'ai conseillée à vous-même pour ceux de la Providence. (La baronne sort.)

SCÈNE IV

LE CURÉ (seul)

Sainte et malheureuse femme ! Je connaissais depuis longtemps toutes ces atrocités ; je sais même plus que tu n'as voulu m'apprendre. Tu aimes malgré toi cet orphelin du crime ; ta conscience se révolte contre le cri de tes entrailles, tu te reprocherais un mouvement de tendresse comme la plus sanglante injure aux mânes de l'homme que tu as aimé : mais, patience !

SCÈNE V

LE CURÉ, CHARLES

CHARLES

« Patience ! » ce mot me dit tout, ne me parlez plus de patience, j'en suis à bout.

LE CURÉ

Mon fils, ne désespérez pas.

CHARLES

Non, je n'ai plus d'espérance. Ma mère a été inflexible, n'est-ce pas ?

LE CURÉ

Elle vous trouve encore trop jeune pour vivre ici retiré du monde.

CHARLES

Elle me repousse encore ! Eh bien ! mon parti est pris, et Dieu m'est témoin que c'est à sa cruauté seule qu'il faudra faire remonter la responsabilité de ma conduite.

LE CURÉ

Qu'allez-vous faire ?

CHARLES

Je ne partirai pas.

DEUXIÈME TABLEAU

SCÈNE PREMIÈRE

Le théâtre représente la chambre de Marie.

MARIE (entrant un bougeoir à la main : elle le dépose sur une étagère au-dessus de laquelle se trouve une copie de l'Assomption de Murillo, se met à genoux et joint les mains.)

Sainte vierge Marie, ma divine patronne, protège-nous. Toi qui lis dans nos cœurs, qui en connais la pureté, rapproche une mère de son fils, et réunis-nous tous trois dans un même amour. (Elle se lève, prend la rose qui est à son corsage, et la baise trois fois.) Charles, cher Charles, je t'aime, je n'aimerai que toi, je t'aimerai toute ma vie !!

SCÈNE II

MARIE, CHARLES

CHARLES (entrant sans être entendu et parlant bas)

Marie !

MARIE (se parlant à elle-même)

Il me semble toujours entendre dans mon cœur cette voix qui m'appelle.

CHARLES (un peu plus haut)

Marie !

MARIE (se retournant avec effroi)

Vous ici !

CHARLES

Oui, c'est moi.

MARIE

Est-ce que ma tante est souffrante ?

CHARLES

Non.

MARIE

Alors, que venez-vous faire ?

CHARLES

Je suis au désespoir !

MARIE

Pourquoi ?

CHARLES

Parce que ma mère a été implacable, parce qu'elle repousse mes prières, parce qu'elle me chasse encore..

MARIE
Ah ! que me dites-vous ?

CHARLES
N'est-ce pas que c'est une cruauté impie; n'est-ce pas que vous comprenez qu'elle me révolte et que je dois résister.

MARIE
Cousin, vous avez dans les yeux quelque chose de sinistre qui m'effraie. Je ne devine pas vos desseins, mais, je vous en conjure, sortez.

CHARLES
Ah ! Marie, vous ne m'aimez pas.

MARIE
Cher cousin, obéissez, ayez du courage, imitez-moi. Ne m'en faut-il pas pour vous dire : Partez ?

CHARLES
Non, vous ne m'aimez pas.

MARIE
J'en atteste cette bonne Vierge qui vient de recevoir ma prière, vous êtes l'unique pensée de ma vie.

CHARLES
Comment puis-je le croire ?

MARIE
Vous avez fait naître en moi ce besoin de dévouement qui dévore mon âme, je ne forme qu'un vœu : celui de devenir votre femme.

CHARLES

Eh bien ! si pour cimenter cette union, il fallait un sacrifice ?

MARIE

Ah ! Charles ! Si pour te rendre heureux, il ne te faut que ma vie, tiens, prends-la.

CHARLES (la prenant dans ses bras)

Oui, c'est ta vie qu'il me faut, non pour te l'arracher, mais pour en faire mes délices en la confondant avec la mienne.

MARIE

Vous me faites peur. (Elle s'arrache de ses bras et court se jeter aux pieds de la Vierge.) Bonne Vierge, sauve-moi, sauve-nous !

CHARLES

Ah ! cousine, chère cousine, vous me vouez à tous les tourments de l'enfer. (Il pleure.)

MARIE (revenant et lui prenant les mains)

Mon bon Charles, croyez-moi, je le sens, je vous sauve : partez.

CHARLES

Vous le voulez ?

MARIE

Je vous en supplie.

CHARLES

J'étais venu ici avec la résolution de vous conquérir, même par une infamie...

MARIE
Laquelle ?
CHARLES
Mais j'avais compté sans vos larmes : vous l'ordonnez, je pars.
MARIE
Ah ! merci, c'est bien.

CHARLES
Oui, je pars, mais la mort dans le cœur.

SCÈNE III

LES MÊMES, LA BARONNE

LA BARONNE (à Charles).
Que faites-vous ici ? (Marie court à sa tante et la prend dans ses bras.)
CHARLES
Je venais demander à ma cousine, comme je le demande à la nature entière, la cause de vos rigueurs pour moi.
LA BARONNE.
Votre conduite justifie trop mes défiances : vous quitterez le château demain.

ACTE II

SCÈNE PREMIÈRE

Le même salon. Charles entre sans chapeau, les vêtements en désordre et couverts de poussière, comme un homme qui a longtemps marché.

CHARLES (se laissant tomber dans un fauteuil)

Je suis harassé ; j'ai erré toute la nuit comme une bête fauve... J'ai pu rompre mon corps, je ne suis pas parvenu à calmer mon indignation contre moi-même... il est six heures, je vais quitter pour jamais cette demeure où je croyais goûter toute une vie de bonheur... Adieu donc, mes beaux rêves, un moment d'égarement, de folie a suffi pour vous ensevelir dans un océan d'amertume... Mais comment ai-je pu concevoir cet affreux dessein ; comment ai-je pu me déterminer à l'accomplir. Elle, une enfant, un ange..... Ah ! je suis un misérable et ma mère a raison de me chasser... Elle veillait, elle se défiait de moi et j'ai justifié ses soupçons. Il faut partir ! va, nouveau Juif errant, reprends ta course désespérée, dis adieu sans retour à cette maison qui renferme tout ce que tu aimes et dont tu avais fait ton paradis sur la terre. (Il se prend la tête dans les mains et demeure absorbé.)

SCÈNE II

ALFRED, CHARLES

ALFRED (habillé en chasseur, le fusil à la main)
Eh bien ! c'est ainsi que tu es prêt.

CHARLES
Prêt à quoi ?

ALFRED
A quoi ?... Ne m'as-tu pas convoqué pour ce matin, me voici tout équipé. (Le regardant.) Mais toi, dans quel état te trouvé-je, d'où viens-tu, où as-tu passé la nuit, quelle étrange figure ?

CHARLES
Tu vois un homme qui a horreur de la vie.

ALFRED
Et pourquoi ?

CHARLES
Tu sais que je n'ai jamais eu d'autre ambition, que je n'ai jamais envié d'autre bonheur que d'épouser ma cousine. Je lui appartiens, pur de toute souillure ; je ne lui ai jamais fait une infidélité, même en pensée.

ALFRED
Voilà ta faute, l'ennemi le plus acharné d'un cœur épris, c'est la chasteté.

CHARLES

Pourquoi ?

ALFRED

Parce que l'amour, refoulé en nous-mêmes, fermente, bouillonne, nous envahit à ce point que les moindres incidents prennent des proportions gigantesques, et un beau jour, le cerveau éclate comme un volcan : on devient fou. C'est ce qui t'arrive.

CHARLES

Bien obligé.

ALFRED

N'oublie pas le renseignement que je viens de te donner ; la vie est longue et il pourra te servir.

CHARLES

Jamais !... J'épouserai Marie.

ALFRED

Eh bien ! épouse !

CHARLES

Ma mère dit que je suis trop jeune pour penser au mariage.

ALFRED

C'est assez mon avis.

CHARLES

Ce n'est pas le mien.

ALFRED

Soit.

CHARLES

Et, sous prétexte d'éducation, elle me proscrit encore et m'envoie en Angleterre.

ALFRED

Ah! c'est en Angleterre maintenant. Pays fort intéressant; climat atroce, c'est vrai, mais des femmes, mon ami, des femmes adorables!

CHARLES

Que m'importe.

ALFRED

Quelle dédaigneuse ignorance! Plus tard, tu seras de mon avis. Si jamais je voyage, ce que j'ai en horreur, ce ne sera pas pour faire des études géographiques, mais bien ethnographiques. Oh! les femmes, les femmes, quel charmant animal!

CHARLES

Tu en parles comme un homme qui n'a jamais aimé.

ALFRED

Jamais aimé! tu tombes bien. En ce moment mon cœur est partagé entre deux personnes : l'une blonde comme l'aurore, l'autre brune comme la nuit.

CHARLES

Comment t'accommodes-tu de ce régime?

ALFRED

Admirablement bien. Je donne mes jours à la nuit et mes nuits à l'aurore.

CHARLES

Comme nous différons de nature! — Dans l'amour, ce n'est pas le but que j'envie, c'est le chemin qui y conduit; chemin semé des plus doux enchantements.

ALFRED

En fait de chemin, je ne connais que le chemin de fer : on part et on arrive. Je supprime tout le reste, excepté cependant les cinq minutes d'arrêt... c'est indispensable.

CHARLES

Ne plaisantons pas.

ALFRED (déposant son fusil)

Pourquoi ne plaisanterai-je pas quand je te vois aussi ridicule.

CHARLES

Ridicule ?

ALFRED

Sans doute, puisque tu te laisses donner des ordres, quand ce serait à toi de tout ordonner.

CHARLES

Comment ?

ALFRED

Mais qui donc est le maître ici ?

CHARLES

Je suis chez ma mère.

ALFRED (riant)

On dit que les voyages instruisent les hommes, ton exemple ne le prouve pas, car tu ignores le premier mot des choses de ce monde.

CHARLES

Ne bavarde pas ainsi ; parle, suis-je chez ma mère, oui ou non ?

ALFRED

C'est elle qui est chez toi.

CHARLES

Chez moi?

ALFRED

Qu'as-tu donc appris à Heidelberg, à Vienne, à Berlin? Tu ne parais pas avancé pour ton âge; car enfin, quel âge as-tu?

CHARLES

Vingt-deux ans.

ALFRED

Alors, il y a au moins un an que tu devrais régner ici en maître, car ce domaine est à toi.

CHARLES

A moi?

ALFRED

Bien à toi; c'est le patrimoine de ton père et le tien; c'est le berceau de ta famille, tu en portes le nom, et on devait t'en remettre la propriété le jour où tu atteignais ta majorité.

CHARLES

Comment je suis chez moi?

ALFRED

Assurément, et tu es le seul qui l'ignores. — Tiens, essaie de commander, sonne et dis que l'on m'apporte une bouteille de ce fameux vin de Madère; je ne serais pas fâché d'en boire.

CHARLES
Tu crois que je puis commander ici?

ALFRED
Sonne. — (Charles sonne.)

CHARLES (au domestique)
Jean, donnez à monsieur une bouteille de madère.

ALFRED
De ce vieux madère, vous savez.

JEAN (à Charles)
Oui, monsieur. (Il sort.)

ALFRED (riant)
Tu vois, ce n'est pas plus difficile que cela.

CHARLES
Ne rions pas; je n'ai pas envie de rire.

ALFRED
Je te répète que rien ici n'est soumis à d'autre volonté que la tienne.

CHARLES
Je peux disposer de cette terre, de ce château, de moi-même, je peux me marier ? (Jean apporte un plateau, une bouteille et deux verres, et sort.)

ALFRED
Te marier!! Ce serait une fameuse folie, mais tu peux la faire, si cela te convient.

CHARLES
Tu me le jures?

ALFRED
Par ce vin délicieux, je te le jure. (Il boit.)

CHARLES
Prends garde, la situation est grave.

ALFRED
Tu as toujours vécu comme un canard qu'un enfant mène à la baguette; tu es aigle cependant, déploie tes ailes, et tu verras qu'il n'y a pas de cimes où tu ne puisses atteindre. (Il boit encore.)

CHARLES (pensif)
Je veux épouser ma cousine, lui donner ce domaine, m'y fixer pour jamais.

ALFRED
Tu peux tout, puisque tu as la fortune et la jeunesse. — Moi, je voudrais bien avoir beaucoup de ce vin-là.

CHARLES
Ah! je suis le maître.

ALFRED (buvant toujours)
Vive le baron de Voisins!

CHARLES
Je vais frapper un grand coup, mais j'en tremble.

ALFRED
Tu trembles... (lui présentant son verre.) Bois cela.

CHARLES (buvant)
Nous allons voir.

ALFRED (lui versant encore)

Bois encore, mais que ce ne soit pas le coup de l'étrier.

CHARLES (repoussant le verre)

Assez.

ALFRED

Déjà ! tu n'es pas un connaisseur. — Regarde-moi : à la santé du baron de Voisins ! ! (Il boit encore en chancelant.) Voilà ce qui s'appelle se donner des jambes. (Il trébuche.) Maintenant en chasse !

SCÈNE III

LES MÊMES, LA BARONNE

CHARLES

Ma mère !

LA BARONNE

Je vois que vous prenez gaiement votre parti.

ALFRED (saluant)

Madame la baronne. (Il peut à peine se tenir. — A Charles. Je vais t'attendre. (A part.) J'ai envie de dormir. (Il sort en se heurtant à tous les meubles.)

LA BARONNE

C'est ce qu'on appelle noyer le chagrin. Ces adieux sont touchants. La voiture vous attend, êtes-vous prêt ?

CHARLES

Permettez-moi, ma mère, de vous demander pardon de ce que j'ai fait hier.

LA BARONNE

Ne m'en parlez jamais.

CHARLES

Je jure qu'aucun mauvais sentiment ne m'a poussé à cette extrémité.

LA BARONNE

Pas d'explications, vous dis-je !

CHARLES

Je vous jure que je ne désire au monde que de vivre ici entre Marie et vous ; j'ai voulu vaincre votre résistance et rendre notre union inévitable.

LA BARONNE

Cette union est impossible.

CHARLES

Impossible ! et pourquoi ? Quel crime ai-je commis pour motiver cette répulsion ? Ne suis-je pas votre fils ? ne me suis-je pas, jusqu'à ce jour, aveuglément soumis à vos volontés ? Je ne m'en repens pas, et le profond respect que j'ai pour vous...

LA BARONNE

Continuez donc à m'en donner des preuves.

CHARLES

En m'exilant encore. — Vous voulez que j'use ma

vie à courir sans cesse à travers la terre pour ne voir que des étrangers, ne vivre qu'au milieu d'indifférents ! Ma mère, écoutez-moi, je vous en supplie, ouvrez-moi enfin votre cœur, permettez-moi de rester auprès de vous. (Il se jette à ses pieds.)

LA BARONNE

Relevez-vous.

CHARLES

Mais je l'aime.

LA BARONNE

Elle est trop jeune encore.

CHARLES

Elle m'a juré d'être ma femme.

LA BARONNE

Pur enfantillage dont vous avez abusé.

CHARLES

Il n'en est rien, Dieu merci, et je suis tout à elle.

LA BARONNE

Elle est destinée à d'autres liens.

CHARLES

Elle est promise à un autre ?

LA BARONNE

C'est résolu.

CHARLES

Ce n'est pas possible. Vous pouvez mépriser mes prières et me pousser au désespoir, mais vous ne consentirez pas à consommer le sien.

LA BARONNE

Je vous répète que Marie est fiancée.

CHARLES (désespéré)

Eh bien non, vos projets ne s'accompliront pas ! Je me révolte enfin contre une cruauté qui ne s'est jamais démentie, et, puisqu'il me faut renoncer à trouver en vous les sentiments d'une mère qui, d'ordinaire, prépare et consacre le bonheur de son enfant, c'est de moi seul, désormais, que je prendrai secours.

LA BARONNE

Que voulez-vous dire ?

CHARLES

Je veux dire que j'ai vingt-deux ans, que je suis un homme, que je suis mon maître, que je peux disposer de moi-même, comme de ma fortune, et que...

LA BARONNE

De votre fortune ?...

CHARLES

Ne suis-je pas l'héritier de mon père, ne suis-je pas le baron de Voisins, et ne me suffira-t-il pas de revendiquer mes droits vis-à-vis de vous seule, sans être obligé de les réclamer devant la justice ?

LA BARONNE (confondue)

Vos droits... Vous êtes insensé...

CHARLES

Oui mes droits. Je n'aurais voulu en faire usage que

pour les mettre à vos pieds, et vous entourer des soins qu'inspire le plus respectueux amour, mais puisque j'y suis forcé, j'userai de violence et je ferai mon bonheur malgré vous.

LA BARONNE

Vous parlez de vos droits ?.... Voilà donc ce moment que je prévoyais depuis que vous êtes au monde.

CHARLES

Que voulez-vous dire ?

LA BARONNE

Oui, je pressentais qu'un jour vous vous dresseriez devant moi avec cette audace dont je reconnais la la source.

CHARLES

Je ne vous comprends pas.

LA BARONNE

Eh bien! comprenez ce que je vous dis : vous n'avez ici aucune autorité, aucun droit qui ne vienne du plus abominable forfait.

CHARLES

Je vous comprends moins encore.

LA BARONNE

Priez Dieu de n'en jamais apprendre davantage.

CHARLES

Ma conscience ne me reproche aucun forfait et si j'en ai commis, ce ne peut-être que dans votre sein... Parlez, suis-je votre fils, enfin ?

LA BARONNE

Oui, vous l'êtes, mais... tenez partez, partez vous dis-je.

CHARLES

Je ne partirai pas.

LA BARONNE

Eh bien ! soit, c'est moi qui partirai. Puisque vous êtes chez vous restez-y, vous ne nous reverrez jamais.

CHARLES

Mais dites-moi donc la cause de cet anathème.

LA BARONNE

Je n'ajoute qu'un mot : Sachez qu'en prenant possession de ce domaine, vous dépouillez une famille, et que vous commettez un vol. (Elle sort.)

SCÈNE IV

CHARLES (seul)

Mais que suis-je donc ? Suis-je un homme ou un monstre ? (Il court se regarder dans une glace.) Je suis un homme. De quelle malédiction le Ciel m'a-t-il donc frappé ?

SCÈNE V

CHARLES, LE CURÉ

LE CURÉ

Que viens-je d'apprendre ?

CHARLES (se jetant dans les bras du curé)

Ah ! monsieur le curé ! (Il sanglote.)

LE CURÉ

Que s'est-il passé ?

CHARLES

Prononcez entre nous. Ma mère me chasse encore ; elle ne m'a jamais parlé que la colère au front ; aujourd'hui elle me traite comme le plus criminel des hommes. Vous me connaissez, vous connaissez ma vie, qu'ai-je fait pour justifier ces indignités ?

LE CURÉ

Mon cher enfant, obéissez.

CHARLES

Non. Je renonce à cette soumission qui ne m'a jamais valu un sourire ; je ne veux plus être traité en paria. Je n'ai demandé à ma mère, comme à Dieu, que le paisible bonheur du foyer maternel ; et, puisqu'on m'en repousse avec une opiniâtreté inflexible, je deviens ce que je dois être, ce que je suis, le baron de Voisins, je suis chez moi, j'y commande et j'y veux demeurer.

LE CURÉ

En effet, monsieur Charles, vous êtes arrivé à ce moment de la vie où vous pouvez vous affranchir de toute tutelle ; vous pouvez user des droits que la loi vous donne sur tout ce qui vous entoure, mais...

CHARLES

Mais quoi ?

LE CURÉ

Vous dites que vous êtes un homme, voulez-vous en faire l'épreuve ?

CHARLES

A l'instant.

LE CURÉ

Prenez garde.

CHARLES

Parlez.

LE CURÉ

Je vais vous porter un coup terrible.

CHARLES

Parlez.

LE CURÉ (le prenant par la main le mène près d'une fenêtre qu'il ouvre)

Vous avez souvent rencontré là-bas, près du moulin, un vagabond courbé sous le poids de la plus repoussante misère.

CHARLES

Oui, le père Sauvage, comme on l'appelle.

LE CURÉ

Justement.

CHARLES

Eh bien ?

LE CURÉ

Mille fois vous lui avez fait l'aumône d'une main libérale.

CHARLES

Main qu'il veut toujours baiser avec une reconnaissance et une vénération qui m'attendrissent malgré moi.

LE CURÉ

Mon cher fils. (Il lui prend affectueusement les mains.) Vous allez juger si la nature vous a donné assez de force et de courage pour lutter contre la condition qu'elle vous a faite : je devrais dire contre le sort qu'elle vous a jeté.

CHARLES

Vous me mettez à la torture.

LE CURÉ

Ce misérable tourne, depuis dix ans, autour de ce château comme le Satan de Milton autour de l'Eden.

CHARLES

Que m'importe.

LE CURÉ

C'est un grand criminel, mais il s'est repenti, et Dieu l'a touché de sa miséricorde.

CHARLES

Qu'y a-t-il de commun entre lui et moi ?

LE CURÉ

Cet homme est un assassin et cet assassin est votre père.

CHARLES

Mon père ! ! (Il est prêt à tomber, le curé le retient dans ses bras.)

LE CURÉ

Du courage, mon fils.

ACTE III

SCÈNE PREMIÈRE

Le théâtre représente une chambre dans un vieux manoir transformé en moulin. — Une porte à droite, une fenêtre au fond, presque perdue dans l'épaisseur du mur.

LA BARONNE, MARIE

LA BARONNE (regardant autour d'elle avec tristesse)

Chère enfant, voici désormais notre demeure. (Elle s'assied et pleure.)

MARIE (la couvrant de baisers)

Ma bonne tante !

LA BARONNE

Ne crois pas que ce soit pour moi qu'éclatent ces sanglots.

MARIE

Serait-ce pour moi ? (Elle tombe à ses pieds.) Vous ne me croyez donc pas quand je vous dis que je mets tout mon bonheur à vivre près de vous; à vous distraire, à vous consoler de ces chagrins dont j'ignore la cause ?

LA BARONNE (l'embrassant)
Tu es mon unique bien.

MARIE
Vous ne pouvez imaginer à quel point je vous aime. Mon cœur est tout à vous.

LA BARONNE
N'en as-tu rien laissé derrière nous, dans ce berceau de ta famille où je croyais vivre et mourir, tant j'étais ignorante des lois? (Marie se retourne pour cacher ses larmes.) Ne crois pas que je te condamne, la faute est à moi seule; j'aurais dû te prémunir contre un penchant bien naturel; j'aurais dû t'apprendre qu'entre vous deux il y a un abîme, entends-tu bien, un abîme infranchissable.

MARIE (en pleurs)
Qui l'aurait pu deviner?

LA BARONNE
C'est vrai; aussi, je me fais de bien amers reproches de ne pas...

MARIE
Non, bonne tante, ne me dites rien, je sens que ce secret doit vous déchirer pour arriver jusqu'à moi. Je ne veux rien savoir, si ce n'est que je pourrai parvenir à sécher vos larmes, à adoucir vos chagrins par toute une vie de dévouement et d'amour.

LA BARONNE
Oh! oui, j'avais rêvé pour toi...

MARIE

Ne me dites qu'une chose, c'est que vous m'aimez toujours.

LA BARONNE

Tu es ma vie. (Elle l'embrasse.)

SCÈNE II

LES MÊMES, LE CURÉ

LA BARONNE

Monsieur le curé ! En quel état êtes-vous ?

LE CURÉ (s'essuyant le front)

J'espérais vous rejoindre en chemin.

LA BARONNE

Marie, donne une chaise à monsieur le curé,... si, toutefois, il y en a.

LE CURÉ

C'est inutile.

MARIE (courant au fond)

En voici une. (Elle l'approche.)

LE CURÉ (s'y laissant tomber comme un homme épuisé)

Merci. — Madame la baronne, il faut que je vous parle.

LA BARONNE (à Marie.)

Va t'occuper de notre installation.

MARIE
Oui, ma tante.

LA BARONNE
Va, mon enfant.

MARIE (à part et sortant)
Que se passe-t-il donc ici ?

SCÈNE III

LA BARONNE, LE CURÉ

LA BARONNE
Monsieur le curé, je crains que vous ne preniez mal dans cette chambre humide.

LE CURÉ
Ne faites pas attention... J'ai vu votre... J'ai vu M. Charles, je lui ai dévoilé le secret de sa naissance.

LA BARONNE
Oh ! monsieur le curé. (Elle se cache le visage dans les mains.)

LE CURÉ
Il le fallait, c'était un suprême effort dont devait dépendre et son sort et le vôtre.

LA BARONNE
Eh bien !

LE CURÉ
Eh bien ! dans cette crise terrible, il n'a pas dit un

mot de lui, il n'a pas proféré une plainte, il n'a pensé qu'à vous.

LA BARONNE

Ah !

LE CURÉ

A cette heure, vous pouvez rentrer à Voisins, il vous a tout donné, ou plutôt, tout rendu. — Venez.

LA BARONNE

J'honore ce sentiment et j'y suis sensible ; mais, faut-il tout vous dire ? au milieu des angoisses que j'endure, j'avais trouvé une sorte d'apaisement à la seule idée de me voir séparée pour jamais de ce témoin du plus odieux des crimes ; j'étais presque heureuse de ne plus le retrouver devant mes yeux ; de pouvoir, enfin, effacer de ma mémoire cet épouvantable souvenir. — Je ne veux rien de lui.

LE CURÉ

Prenez garde, madame, sondez votre cœur, cherchez-y bien la source de cette haine implacable.

LA BARONNE

Vous la connaissez.

LE CURÉ

Êtes-vous certaine qu'il n'y entre aucune révolte contre les lois de la nature qui sont les lois de Dieu ?

LA BARONNE

Comment ?

LE CURÉ

Que votre orgueil...

LA BARONNE

Mon orgueil !...

LE CURÉ

Écoutez-moi. — Que votre orgueil ne se trouve pas blessé d'être devenue mère d'un enfant que vous maudissez.

LA BARONNE (vivement)

Le maudire, oh ! non, car mille fois je me suis sentie déchirée entre mon devoir et les entraînements du sang.

LE CURÉ

Vous l'aimez donc ?

LA BARONNE

Je ne veux pas l'aimer.

LE CURÉ

Et ce devoir dont vous parlez, le connaissez-vous bien ?

LA BARONNE

C'est ma consience qui me le dicte et je l'accomplis malgré tout ce qu'il me coûte de tourments. (Elle pleure.)

LE CURÉ

Vous avez noblement supporté vos malheurs, l'expiation est accomplie. Dieu a pitié de vos souffrances, il en a marqué le terme à ce jour. — Venez, rentrez dans votre demeure et ouvrez enfin les bras à votre fils.

LA BARONNE

Et l'âme de mon époux, qui m'est toujours présente,

comment jugera-t-elle ce retour, ce pardon qui n'est qu'une faiblesse, qu'une injure à sa mémoire ?

LE CURÉ

Dieu seul, ma fille, a droit à de pareils sacrifices ; c'est en lui que vous devez vous réunir pour toujours à celui envers lequel votre fidélité ne s'est jamais dementie ; n'exagérez pas cette pieuse abnégation et craignez d'offenser le Seigneur en étouffant éternellement vos sentiments de mère.

LA BARONNE

Je les ai impitoyablement combattus.

LE CURÉ

Saint Paul nous dit : *Soyons sages avec sobriété, l'excès est un défaut, même dans la sagesse :* n'écoutez donc pas uniquement les conseils que vous donne un souvenir funeste.

LA BARONNE

Je ne pourrai jamais oublier.

LE CURÉ

Jetez les yeux autour de vous et pensez que vos refus condamnent deux innocents à une vie pleine d'amertume.

LA BARONNE

Mais moi, l'avoir là, sans cesse sous les yeux pour me rappeler cette horrible catastrophe.

LE CURÉ

Vous le voyez, vous ne pensez qu'à vous.

LA BARONNE

Je ne pourrai jamais.

LE CURÉ

Et si c'est à ce prix que Dieu a fixé l'expiation de ce crime ?

LA BARONNE

Je serai donc toujours la seule à en porter le châtiment ?

LE CURÉ

Si c'est nécessaire, êtes-vous donc incapable de ce noble dévouement ?

LA BARONNE

Que me demandez-vous ?

LE CURÉ

Ne pensez plus qu'à lui.

LA BARONNE

A lui ?

LE CURÉ

Oui, car c'est votre sang.

LA BARONNE

Hélas !

LE CURÉ

Pensez surtout à elle (Il montre la porte par laquelle Marie vient de sortir.), à cette enfant, pure comme un ange, dont vous feriez un martyr.

LA BARONNE

Vous croyez qu'elle l'aime ?

LE CURÉ

Jugez-en vous-même.

LA BARONNE

Comment ?

LE CURÉ

Faites-la venir, ne l'interrogez pas, laissez-lui seulement entrevoir le plus léger rayon d'espérance de retrouver son cousin. — J'en fais le serment, vous allez la voir se jeter dans vos bras éperdue de bonheur.

LA BARONNE

Vous le voulez.

LE CURÉ

Je vous en supplie, essayez.

LA BARONNE

Voyons. (Elle court à la porte et appelle.) Marie !

SCÈNE IV

LES MÊMES, MARIE (pâle et les yeux pleins de larmes)

LE CURÉ (à part à la baronne d'un air suppliant)

Regardez-la.

LA BARONNE

M. le curé m'apporte une bonne nouvelle, le témoignage d'un repentir dont il se fait garant : j'oublie.

MARIE (avec empressement)

Vous pardonnez ?

LA BARONNE
Je pardonne, et nous retournons à Voisins.

MARIE (se jetant dans ses bras)
Oh ! chère tante !

LE CURÉ (à part à la baronne)
Eh bien ?

LA BARONNE (à part au curé)
Vous aviez raison.

LE CURÉ (haut)
Et votre fils, que lui dirai-je ?

LA BARONNE
Que son repentir a effacé sa faute.

LE CURÉ
Il est là.

LA BARONNE (avec effroi)
I !

MARIE (l'apaisant)
Bonne tante !

LE CURÉ
Brûlant de se jeter à vos pieds avant de partir, de vous dire qu'il part pour cacher au bout du monde une vie qu'il sacrifie avec bonheur pour acheter votre repos.

MARIE (suppliante)
Il en mourra !

LA BARONNE
Ne crains rien.

LE CURÉ

Je vais vous l'amener. (Il sort.)

LA BARONNE (à elle-même)

La nature l'emporte.

MARIE

Que dites-vous ?

LA BARONNE

Que je suis vaincue.

MARIE

Vous ne l'aimez donc pas ?

LA BARONNE

Si je ne l'aimais pas, aurais-je autant souffert ?

MARIE

Vous pleurez.

LA BARONNE

Aujourd'hui, c'est de joie ! ! !

SCÈNE V

LES MÊMES, LE CURÉ (amenant Charles par la main et le poussant aux pieds de la baronne)

CHARLES (aux pieds de la baronne)

Ma mère ! ma mère ! ah ! je puis donc enfin vous appeler ma mère ! (Il lui baise les mains.)

LA BARONNE (le relevant)

Viens dans mes bras. (Elle le couvre de baisers.)

LE CURÉ (à part)

Sainte femme !

LA BARONNE (embrassant tour à tour Charles et Marie)

Ah ! mes enfants ! que c'est bon d'ouvrir son cœur ! ah ! qu'il est doux d'aimer ! (Courant se jeter aux pieds du curé en lui baisant les mains.) Ah ! monsieur le curé, je renais ! (On entend une cloche qui sonne le glas des morts.)

LE CURÉ (relevant la baronne)

Voici une voix qui m'appelle et réclame mes prières.

LA BARONNE

Qui donc est mort ?

LE CURÉ

Le père Sauvage.

CHARLES

Mort ?

LE CURÉ

Cette nuit.

LA BARONNE

Prions pour le salut de son âme.

LE CURÉ

Voilà une parole qui montera jusqu'à Dieu.

LA BARONNE

Pourquoi ?

LE CURÉ (bas à la baronne)

C'est l'assassin de votre époux....

LA BARONNE (avec horreur)

Oh !

LE CURÉ

Et ce seul mot de vous vient de le sauver, peut-être.

LE GRAND MONDE

COMÉDIE EN QUATRE ACTES

PERSONNAGES

GUYENCOURT, 60 ans, amoureux de Mme de Sainte-Marie.
ÉDOUARD, fils de la marquise.
VALBONNE, célibataire, amant de la marquise.
PINSART, huissier.
Mme DE BERNON.
LA MARQUISE.
Mme DE SAINTE-MARIE.
LOUISE, fille de Mme de Sainte-Marie.
CONSTANCE, courtisane, maitresse d'Édouard.
LA PRINCESSE.
INVITÉS, FEMME DE CHAMBRE, LAQUAIS.

La scène est à Paris.

AVANT-PROPOS

En entrant dans le monde, les jeunes gens croyent que tout y est régulier et honorable; mais, à mesure qu'ils y avancent, les yeux et les oreilles s'ouvrent, ils voient et entendent, peu à peu le voile se lève, les mystères se découvrent et ils sont surpris, scandalisés, quelquefois épouvantés en voyant surgir la véritable personnalité de ceux qui jouent les premiers rôles de cette comédie dans laquelle ils ne sont encore que des figurants.

On est, à chaque pas, étonné par les singularités que fait naître le frottement des goûts, des affinités, des passions qui agitent toute cette foule.

Le hasard, que l'on admet inconscient et aveugle, réalise des combinaisons d'une bizarrerie, d'une profondeur qui vous confondent et qui dépassent grandement les calculs des imaginations les plus fertiles.

La constitution de la société moderne n'a plus rien de commun avec l'ancienne; tout y est pêle-mêle. Dans le bon vieux temps, comme on dit, chaque classe, le commerce, la bourgeoisie, la noblesse avait le respect de la famille et du nom ; chacun restait dans sa sphère. Aujourd'hui, il n'y a, pour le monde entier, qu'un but : l'argent, tout pour l'argent et pour de l'argent ; on ne recule devant rien pour l'acquérir. Aussi, dans les salons que l'on peut citer comme les plus somptueux et les plus recherchés de Paris, vous trouvez des femmes qui portent avec audace sur leur front des couronnes de marquise et de duchesse, et qui sont de la plus basse extraction. On peut citer dans ce nombre des filles de voleurs, de croupiers enrichis et de plus abjectes encore, des drôlesses de la dernière catégorie.

Il faut de l'argent pour se procurer le luxe et en jouir avec frénésie, aussi on en prend n'importe où, même aux plus infâmes sources en échange de son nom et de son titre.

Qu'en résulte-t-il ? C'est que cette belle et brillante société n'est, en réalité, qu'un abominable mélange, une confusion des plus étranges. Ce n'est plus le vice qu'on y méprise, c'est la médiocrité. De là les plus singulières rencontres, les contrastes les plus étonnants, les indulgences et les capitulations de conscience les plus honteuses.

Il est donc tout naturel de voir se produire, dans un pareil milieu, les rapprochements les plus inattendus. On pourrait, fort justement, le comparer à ce petit jeu que l'on donne aux enfants et qui se nomme kaléidoscope. Le mécanisme en est bien simple : un semblant de lorgnette et quelques morceaux de verres coloriés. On n'a qu'à le remuer un peu et chaque secousse produit un nouveau tableau.

Il en est de même pour le monde qui, en somme, se compose d'éléments bien peu nombreux. C'est toujours, quoi qu'on cherche, Arlequin, Colombine, Pierrot et Cassandre; il n'y a pas d'autres personnages, mais ce sont les passions qui servent de ficelles pour faire agir ces marionnettes, et elles ont à leur service d'innombrables ressources qui produisent des résultats si différents entre eux, que l'esprit le plus alerte et le plus réfléchi se laisse prendre à trouver du nouveau dans des situations qui sont vieilles comme le monde.

Le tableau que j'ai tracé de la société parisienne, dans des limites fort restreintes, ne présente que des personnages qui ont vécu, que mes contemporains ont vus et qu'ils pourraient nommer. Je ne raconte pas une histoire, pas une anecdote qui ne soit absolument vraie; il n'y a pas une situation forcée ou chargée; je n'ai fait que reproduire, ce qui est bien heureux pour moi, car, étant complètement dépourvu d'imagination, je n'aurais pu rien inventer.

J'ai peint la vérité; si elle ressemble à la satire, à qui la faute?

LE GRAND MONDE

ACTE PREMIER

SCÈNE PREMIÈRE

Le théâtre représente un salon.

LA MARQUISE, puis VALBONNE

LA MARQUISE (écrivant)

Ce n'est pas une petite affaire que de donner une fête !

VALBONNE (entrant)

Encore au travail !

LA MARQUISE

Ah enfin ! il est bien temps.

VALBONNE

J'accours.

LA MARQUISE

Paresseux.

VALBONNE

J'ai devancé l'aurore, à neuf heures j'étais levé.

LA MARQUISE

Mon costume ?

VALBONNE

Sera ici à 6 heures.

LA MARQUISE

Les fleurs ?

VALBONNE

Ne vous occupez de rien ; tout arrivera comme par enchantement.

LA MARQUISE

Je suis harassée.

VALBONNE (s'asseyant)

Et moi aussi. Avez-vous fini, au moins ?

LA MARQUISE

C'est pire que le tonneau des Danaïdes, à chaque instant on m'apporte des liasses de demandes d'invitation.

VALBONNE

N'y répondez plus.

LA MARQUISE

J'ai défendu ma porte.

VALBONNE

Vous avez bien fait ; vous aurez trop de monde.

LA MARQUISE

Vous en parlez bien à votre aise ; on ne trouve pas souvent l'occasion de faire politesse à tout Paris sans bourse délier.

VALBONNE

Puisqu'elle occupe votre appartement c'est bien le moins qu'elle paie les violons.

LA MARQUISE

Ah ! mon beau rez-de-chaussée, mon délicieux jardin, j'ai le cœur navré de vous avoir quittés pour cette pécore.

VALBONNE

Et pour 25,000 francs.

LA MARQUISE

Ils en valent le double.

VALBONNE

Assurément.

LA MARQUISE

Etre obligée de me reléguer ici.

VALBONNE (riant)

Dans un magnifique premier.

LA MARQUISE

Ah ! c'est dûr !

VALBONNE

Allons, allons, ne vous désolez pas aujourd'hui ; soyons tout à la joie. Est-elle bien installée au moins ?

LA MARQUISE

Magnifiquement.

VALBONNE

J'espère que vous ne lui avez laissé inviter personne !

LA MARQUISE

Cela va sans dire. Il n'y aura chez elle que notre société : c'est-à-dire la plus haute et la plus distinguée... sauf elle et sa fille.

VALBONNE

Comment sont-elles ?

LA MARQUISE

Pas mal.

VALBONNE

De l'esprit ?

LA MARQUISE

Je n'en sais rien encore. La fille est presque un enfant, la mère a l'air rusé comme un sauvage.

VALBONNE

Sauvage, pas trop ; car on raconte que sa grande fortune vient justement de l'extrême facilité avec laquelle elle se laisse apprivoiser.

LA MARQUISE

Taisez-vous, mauvaise langue, et n'en disons rien tant qu'elles seront dans mes mains.

VALBONNE

Cette fête va la lancer.

LA MARQUISE

J'y mettrai bon ordre. J'ai mon plan.

VALBONNE

Un mariage pour votre fils.

LA MARQUISE

Justement.

VALBONNE

Mais d'où viennent-elles ? Elles sont tombées ici comme une bombe.

LA MARQUISE

Elles arrivent de Bourbon. Un ami me les a adressées. La mère est veuve et porte le nom de Sainte-Marie. C'est la fille d'une esclave, esclave elle-même jusqu'à l'émancipation.

VALBONNE

C'est bien cela.

LA MARQUISE

Oui, mais je ne le dis qu'à vous, parce que je suis certaine que vous ne me trahirez pas.

VALBONNE (lui baisant la main)

Vous savez que je suis un autre vous-même.

LA MARQUISE

Si je la trouve docile, le passé restera ignoré de tous; sinon, je la brise comme verre.

VALBONNE (riant)

Vous me rappelez le général Bonaparte à Leoben.

SCÈNE II

LES MÊMES, UN DOMESTIQUE puis M. PINSART

UN DOMESTIQUE (entrant)

Madame.

LA MARQUISE

Qu'y a-t-il ?

LE DOMESTIQUE

Quelqu'un qui demande à parler à madame la marquise.

LA MARQUISE

Encore des demandes d'invitation, je n'en donne plus, je vous avais dit de défendre ma porte.

LE DOMESTIQUE

Je l'ai fait, mais ce monsieur insiste et veut absolument que je remette sa carte à madame la marquise.

VALBONNE

C'est peut-être un prince, ou même un roi voyageant incognito qui veut assister à votre bal et prendre ici une leçon d'élégance et de bon goût.

LA MARQUISE

Au fait, donnez (Elle prend la carte.) M. Pinsart, huissier !!!

VALBONNE

Un huissier !

LA MARQUISE

Encore mon fils !... (au domestique) Faites entrer.

M. PINSART

Madame la marquise, je désirerais vous entretenir...
(Il s'arrête en voyant Valbonne.)

LA MARQUISE

Parlez, monsieur, il n'y a personne de trop ici.

M. PINSART

J'ai entre les mains des billets souscrits par monsieur le marquis, il y a jugement et, à mon grand regret, je suis chargé de saisir....

VALBONNE

Marquise, votre fils habite chez vous et vous pouvez, vous devez vous opposer à toute espèce d'instrumentation.

LA MARQUISE

Comment d'instrumentation ?

VALBONNE (riant)

Oh ! monsieur ne fait pas partie de l'orchestre de Strauss.

M. PINSART (blessé)

Monsieur !!

VALBONNE

Calmez-vous, monsieur l'huissier, je ne veux rien vous dire d'offensant, je me borne à relever un quiproquo.

LA MARQUISE (à Valbonne)

Vous disiez ?

VALBONNE

Que votre fils habite chez vous.

LA MARQUISE

C'est vrai ; il habite chez moi, il n'a rien à lui que son corps...

VALBONNE

Qui est insaisissable, car il n'est pas commerçant.

LA MARQUISE (indignée)

Commerçant!..

VALBONNE (à l'huissier)

Monsieur sait bien ce que cela signifie.

M. PINSART

Certainement, monsieur, mais la dette n'en existe pas moins, le jugement non plus et...

LA MARQUISE

Un jugement?...

VALBONNE

Sans doute, mais ne vous effrayez pas tant.

LA MARQUISE (à l'huissier)

Tenez, monsieur, il m'est impossible de m'occuper aujourd'hui de cette vilaine affaire.

VALBONNE

Mme la marquise se doit tout entière à des soins bien autrement importants, revenez dans huit jours.

M. PINSART

Dans huit jours! mais, monsieur, voilà trois mois que mon client réclame vainement le payement de ces billets.

VALBONNE

Eh bien! cela fera trois mois et huit jours.

LA MARQUISE

C'est cela; monsieur, je vous prie, revenez dans huit jours. — D'ici là, j'aurai une explication avec mon fils et je verrai si je dois...

VALBONNE (à Pinsart)

C'est encore ce que vous pouvez faire de mieux ; car si la marquise refusait d'intervenir ?...

M. PINSART

Allons, madame la marquise, bien que les ordres que j'ai reçus soient on ne peut plus pressants, je veux bien, pour vous être agréable...

VALBONNE (riant)

Très agréable, monsieur l'huissier.

M. PINSART

Consentir à ajourner l'exécution...

VALBONNE

C'est cela, c'est cela, dans huit jours. (Il le salue avec affectation et le pousse jusqu'à la porte.)

M. PINSART

Mais monsieur !...

VALBONNE (riant)

Dans huit jours.

M. PINSART (saluant)

Madame la marquise...

VALBONNE

Dans huit jours.

M. PINSART

Monsieur !

VALBONNE (se moquant toujours)

Monsieur Pinsart, j'ai bien l'honneur de vous saluer.

(Pinsart sort furieux.)

SCÈNE III

LA MARQUISE, VALBONNE

VALBONNE (riant aux éclats)

Ah! ah! le bon nom, et la bonne figure!

LA MARQUISE (s'asseyant)

Ah! quel fléau!

VALBONNE

Allons, chère amie, pas de tragédie, à demain les affaires sérieuses; surtout pas de larmes, ne gâtez pas ces beaux yeux.

LA MARQUISE

Quel Roger-Bon-Temps vous faites.

VALBONNE

C'est la science de la vie.

LA MARQUISE

Il me fera mourir de chagrin.

VALBONNE

Bah! bah! plaie d'argent n'est pas mortelle. Tout cela s'arrangera par un bon mariage.

LA MARQUISE (se levant)

Il faut que je le voie. (Elle sonne.)

VALBONNE

Pas aujourd'hui, demain, demain.

LA MARQUISE
A l'instant même. (Au domestique qui paraît.) Monsieur, est-il chez lui?

LE DOMESTIQUE
Monsieur le marquis vient de sonner son valet de chambre, il s'habille.

VALBONNE
Il n'est pas aussi matinal que moi. Peste! trois heures.

LA MARQUISE
Priez-le de venir me parler.
(Le domestique sort.)

VALBONNE
Vous allez gâcher votre journée.

LA MARQUISE
Dites qu'il empoisonne ma vie. Il a dissipé son patrimoine, il m'a ruinée, je n'ai plus que mon douaire.

VALBONNE
Ah! ma chère amie, c'est un fier luxe que d'avoir des enfants. Les douceurs de la paternité sont bien grandes; je les ai rêvées bien souvent près de vous...

LA MARQUISE
Mais vous vous êtes bien gardé...

VALBONNE (riant)
Ça coûte trop cher.

LA MARQUISE
Vous êtes un égoïste.

SCÈNE VI

LES MÊMES, EDOUARD

EDOUARD (entrant)

*Cent esclaves ornaient ce superbe festin,
Et dans des vases d'or faisaient couler le vin !*
— Mais quelles figures tristes je vous vois. Elles font une étrange disparate avec les merveilleux apprêts qui transforment l'hôtel en un jardin d'Armide. Bonjour mère. (Il lui baise la main.) Bonjour Valbonne.

VALBONNE

Bonjour.

EDOUARD

Est-ce que vous auriez reçu de mauvaises nouvelles de mon oncle ?

LA MARQUISE

Votre oncle est mort avant-hier.

EDOUARD

Ah ! le pauvre oncle.

VALBONNE

Il était bien vieux.

EDOUARD

Je comprends maintenant la contrariété...

LA MARQUISE

Vous ne comprenez rien du tout. Je n'irai pas décommander une fête dont les préparatifs ont coûté tant de soins et d'argent.

VALBONNE

Et tous ces beaux costumes si savamment composés.

EDOUARD

Je conviens que cela causerait de cruelles déconvenues. — Un de mes amis a dépensé six mille francs pour nous venir en Saint-Mégrin.

VALBONNE

Et moi ?

EDOUARD

Et moi ?

LA MARQUISE

Et moi ?

VALBONNE

Votre costume de Diane de Poitiers sera splendide.

LA MARQUISE

Ce serait une effroyable malédiction contre nous.

VALBONNE (riant)

Il y aurait une révolution.

LA MARQUISE

Tout cela, pour un accident bien naturel.

VALBONNE

Soixante-quinze ans.

LA MARQUISE

Pour un homme que personne ne connaissait plus à

Paris, où il n'est pas venu depuis un siècle, et qui, d'ailleurs, ne nous a rien laissé.

EDOUARD

Je ne suis nullement déçu dans mon attente; il avait des enfants et je trouve fort simple...

LA MARQUISE

Ce qui est fort simple aussi, c'est qu'une mort qui ne vous rapporte rien ne nous coûte rien non plus. — Je l'annoncerai demain.

VALBONNE

C'est très bien, tout le monde y trouvera son compte; et sans que personne s'en doute, vous aurez donné une bonne leçon à ce trouble fête, à cette présomptueuse mort qui croit bonnement que tout doit lui céder. — Tout excepté un bal, ma bonne. (Il rit.)

EDOUARD (riant)

Voilà ce que c'est, c'est bien fait... Je vais déjeuner, car je meurs de faim. (Il veut sortir.)

LA MARQUISE

Demeurez un instant. Ce n'est pas pour causer de votre oncle que j'ai fait troubler votre sommeil.

EDOUARD

Parlez, ma mère. On dit que ventre affamé n'a pas d'oreilles, c'est faux : j'écoute.

LA MARQUISE

J'ai reçu tout à l'heure une visite qui vous concernait.

EDOUARD

Quelqu'indiscret fournisseur. J'avais cependant bien défendu...

LA MARQUISE

Voici une carte.

EDOUARD

Un huissier !

LA MARQUISE

Vous savez ce qui l'amène.

EDOUARD

Parfaitement. Mais il me semble qu'un pareil sujet devrait se traiter sans témoin ; et à moins que Valbonne veuille me prêter les vingt mille francs qu'on me réclame...

VALBONNE

Oh !... pardon ; je conçois fort bien que vous désiriez être seuls et je vous laisse. Adieu marquise, à ce soir.

LA MARQUISE

Adieu.

EDOUARD

Adieu, adieu (A part.) Cuistre.

SCÈNE V

LA MARQUISE, EDOUARD

LA MARQUISE

Parlons vite et parlons bien.

EDOUARD
Ascolto. (À part.) Je meurs de faim.

LA MARQUISE
Vous avez dévoré...

EDOUARD
Dévoré, dévoré... Je meurs de faim.

LA MARQUISE
Ah! vous plaisantez?... vous allez voir que je ne plaisante pas, moi: vous avez dévoré votre patrimoine; vous m'avez arraché, année par année, morceau par morceau les deux cent mille francs dont je pouvais disposer; j'ai poussé la générosité jusqu'à vous abandonner la moitié de mon douaire, de cet hôtel, le seul bien qui me reste.

EDOUARD
Aussi, chère mère, vous en suis-je on ne peut plus reconnaissant.

LA MARQUISE
Votre conduite ne me permet pas de le croire. Je suis à bout de sacrifices, je n'en veux plus faire et je n'en ferai plus.

EDOUARD
Que voulez-vous, dans le monde où je suis répandu......

LA MARQUISE
Je ne vous avais abandonné une aussi large part de ma fortune que pour vous permettre de vivre de façon à faire un mariage convenable.

EDOUARD

Toujours un mariage; redorer mon blason, engraisser mes terres, n'est-ce pas ?

LA MARQUISE

C'était une nécessité, vos désordres vous ont rendu impossible pour une alliance digne de votre nom; aujourd'hui vous n'avez plus à choisir qu'entre l'exil, l'habit de soldat, ou une union que ma tendresse vous a de longue main préparée.

EDOUARD

Et laquelle ?

LA MARQUISE

Mlle de Sainte-Marie.

EDOUARD

Ici ?

LA MARQUISE

Justement.

EDOUARD (se levant et riant aux éclats)

Ah ! C'est impossible !

LA MARQUISE

Pourquoi donc ?

EDOUARD

Pourquoi, pourquoi... parce que la mère est trop... trop jolie.

LA MARQUISE

Qu'importe.

EDOUARD

La beauté est pour les femmes une source d'aventures qui, je le crains, a été trop féconde pour Mᵐᵉ de Sainte-Marie.

LA MARQUISE

Médisances que tout cela. — Ce qui est certain, c'est qu'elle est riche, très riche et que sa fille a un million de dot.

EDOUARD

Je ne jurerais pas que la mère n'ait eu un million d'amants.

LA MARQUISE

La fille est pure.

EDOUARD

Pure... à un certain point de vue sans doute, mais allez donc chercher le sang auquel je mêlerais le nôtre.

LA MARQUISE

Quand on a tant d'orgueil, monsieur le marquis, il faut savoir se maintenir exempt de tout reproche, et ce n'est pas dans la prison pour dettes que vous conserverez l'honneur de votre nom.

EDOUARD

Je me ferai soldat.

LA MARQUISE (se levant et lui prenant la main)

Soldat... mais songez-y donc, malheureux enfant, c'est la misère, les maladies, la mort peut-être.

EDOUARD

Chère mère, je le sais bien, mais vous me proposez une chose impossible. (Avec décision.) Je ne peux pas épouser Mˡˡᵉ de Sainte-Marie.

LA MARQUISE

Tu brises ta vie contre un préjugé.

EDOUARD

Un préjugé?... vous ne vous doutez certes pas... faut-il tout vous dire ?

LA MARQUISE

Quoi ?

EDOUARD

Que je suis... Comment tourner cela ?

LA MARQUISE

Eh bien !

EDOUARD

Eh bien ! que je suis son beau-père.

LA MARQUISE

Déjà !

EDOUARD

Vous ne le saviez pas ?

LA MARQUISE

Je le craignais.

EDOUARD

Eh mon Dieu, oui !

LA MARQUISE

Quelle fatalité !

EDOUARD

Que voulez-vous, mère, ce n'est pas ma faute...

LA MARQUISE

Est-ce la mienne ?

EDOUARD
Sans doute, vous l'avez amenée dans votre maison, et, ce qui est pis encore, vous m'avez transmis, avec votre sang, une partie des agréments dont le ciel vous a si largement pourvue.

LA MARQUISE
Rien n'est encore désespéré, jetons un voile sur cette malencontreuse intrigue, oubliez-la, niez-la, surtout.

EDOUARD
J'aurai beau nier, il n'en sera pas moins vrai...

LA MARQUISE
Croyez-vous que vous seriez le premier qui aurait imposé silence à de pareils scrupules?

EDOUARD
Non certes, mais...

LA MARQUISE
Voulez-vous que je vous cite des exemples?

EDOUARD
Je sais qu'il n'en manque pas.

LA MARQUISE
Combien en voulez-vous? Où faut-il les prendre? dans le monde le plus élégant, dans la noblesse, parmi les gens les plus illustres?

EDOUARD
Je ne le conteste pas; mais pour moi, je répugne à faire une chose que je condamne.

LA MARQUISE

Vous n'avez plus le droit de vous montrer aussi délicat. Au surplus, c'est votre affaire. Je ne vous en dirai plus un mot; vous savez à quelle extrémité vous êtes acculé; je ne peux plus rien pour vous; il ne vous reste qu'un moyen de salut, jugez si vous devez en user ou périr dans l'abime que vos désordres ont ouvert sous vos pas. (Elle sort.)

SCÈNE VI

EDOUARD seul

Diable! diable!... cela devient grave!... ah! bah! allons déjeuner... oui, mais je n'ai plus faim... et Constance qui m'attend. S'engager, quitter Paris, c'est bientôt dit; les dangers, les privations, rien de tout cela ne m'effraie; mais cette bonne vie si gaie; cette Constance si futée, si spirituelle, si coquette! Je suis sûr qu'elle n'attendrait pas que je fusse en Afrique pour me remplacer..... et pourtant c'est pour elle que je me suis ruiné; c'est pour satisfaire à ses intarissables fantaisies que j'ai écorné l'héritage maternel... Allons, ne nous abandonnons pas à ces sombres pensées..... Je croyais être assez madré et connaître un peu le monde, mais il paraît que je ne suis qu'une bête, qu'un bébé qui s'effraye encore des fantômes de l'opinion. Ma mère est plus forte que moi. Tout peut encore s'arranger, à ce qu'il paraît — Je t'invoque, ô Minerve, déesse de la sagesse; et toi aussi Mercure, divin proxénète, dieu de l'éloquence et des larrons! inspirez-moi; facilitez-moi la conquête de cette toison d'or qui me permettra de continuer dans ce délicieux Paris, une existence honnêtement partagée entre ma femme et ma maîtresse. (Riant.) Descendons chez ma future belle-mère, et ma foi ! au petit bonheur !

ACTE II

SCÈNE PREMIÈRE

Le théâtre représente le salon de Mme de Sainte-Marie.

EDOUARD, MADAME DE SAINTE-MARIE
(travaillant près d'une table)

EDOUARD (entrant)

Bonjour, voisine.

MADAME DE SAINTE-MARIE

Comme vous venez tard.

EDOUARD

La faute en est à ma mère qui me retient depuis une heure pour me parler d'affaires sérieuses.

MADAME DE SAINTE-MARIE (riant)

Bah !

EDOUARD

Aujourd'hui, elle choisissait mal son temps, n'est-ce-pas ?

MADAME DE SAINTE-MARIE

Et son interlocuteur.

EDOUARD

Vilaine. (Il lui baise la main.) Je ne l'aurais pas écoutée aussi longtemps si elle ne m'avait parlé de vous.

MADAME DE SAINTE-MARIE

De moi?

EDOUARD

Oui, de vous et de votre fille.

MADAME DE SAINTE-MARIE

A quel propos?

EDOUARD (riant)

Elle veut que je vous demande sa main.

MADAME DE SAINTE-MARIE

De Louise?

EDOUARD

Oui. (Ils rient.)

MADAME DE SAINTE-MARIE

Elle ne se doute donc pas?...

EDOUARD

Pas le moins du monde. Je ne suis pas de ces gens qui vont chanter leur gloire à tous les carrefours; et les doux liens qui nous unissent sont un secret que je ne trahirai jamais.

MADAME DE SAINTE-MARIE

Cette discrétion ne me surprend pas.

EDOUARD (souriant)

Mais il ne faudrait pas vous imaginer qu'à Paris de pareilles relations soient un obstacle insurmontable...

MADAME DE SAINTE-MARIE

Oh! je sais très bien qu'on y voit souvent et cela et l'inverse, ce qui est encore moins délicat.

EDOUARD

Ce n'est pas par la délicatesse des sentiments que brillent mes chers compatriotes.

MADAME DE SAINTE-MARIE

C'est peut-être la raison qui fait que toute la terre se donne rendez-vous ici.

EDOUARD

Je le crois comme vous, ce qui ne fait l'éloge ni de Paris ni de la terre.....

MADAME DE SAINTE-MARIE

Qui se soucient fort peu de nos éloges; mais dussé-je donner de moi la plus triste opinion à tout votre beau Paris, je n'hésite pas à vous déclarer que je préférerais fuir au bout du monde, y vivre seule et misérable avec ma chère enfant que de lui donner pour mari un homme...

EDOUARD

Un homme qui vous aime?

MADAME DE SAINTE-MARIE

Un peu trop pour un gendre, à ce qu'il dit.

EDOUARD
Ce qu'il dit est la vérité.

MADAME DE SAINTE-MARIE
Je n'ai pas été élevée au Sacré-Cœur, mais rien que cette idée me fait rougir.

EDOUARD
Mais je vous jure que...

MADAME DE SAINTE-MARIE
Allons, allons, fanfaron de vice, ne vous faites pas plus mauvais que vous n'êtes. Je parierais que vous repoussez cette pensée tout comme moi.

EDOUARD
J'avoue que de prime abord mon esprit s'en était singulièrement effarouché.

MADAME DE SAINTE-MARIE
Vous voyez bien.

EDOUARD
On ne peut rien vous cacher, vous êtes fine...

MADAME DE SAINTE-MARIE
Comme les naturels de mon beau pays.

EDOUARD
Et que faudra-t-il dire à ma mère ?

MADAME DE SAINTE-MARIE
Elle m'a déjà fait quelques ouvertures à ce sujet.

EDOUARD

Vraiment ?

MADAME DE SAINTE-MARIE

Oui.

EDOUARD

Que lui avez-vous répondu ?

MADAME DE SAINTE-MARIE

Que Louise était trop jeune.

EDOUARD

Elle est bien belle.

MADAME DE SAINTE-MARIE

Elle n'a pas seize ans.

EDOUARD

Les fleurs des Tropiques n'ont pas besoin d'attendre comme nos frêles rejetons du nord pour resplendir de tout leur éclat.

MADAME DE SAINTE-MARIE

Et puis, je n'ai pas envie d'être grand'mère.

EDOUARD

On vous prendrait pour les deux sœurs ; quand vous êtes ensemble, on ne saurait dire qu'elle est la fleur, quel est le fruit.

MADAME DE SAINTE-MARIE

Merci, Dorat ; vous pouvez dire à la marquise que je veux marier l'aînée des deux sœurs avant la cadette.

EDOUARD

Quoi ! vous songeriez ?...

MADAME DE SAINTE-MARIE

C'est mon idée pour le moment.

EDOUARD

Vous me quitteriez ?

MADAME DE SAINTE-MARIE

Il faut bien faire une fin.

EDOUARD

Déjà ?

MADAME DE SAINTE-MARIE

Je ne veux pas porter des ruines à mon nouvel époux.

EDOUARD

Mais que cherchez-vous donc ? N'avez-vous pas tout ce qu'une femme peut désirer : beauté, fortune, amis dévoués. (Il lui prend la main.)

MADAME DE SAINTE-MARIE

Fortune sans doute. (A part.) C'est justement ce qui me manque et ce que tu ne peux m'offrir. (Haut.) Beauté peut-être encore un peu, puisque vous le trouvez et vous êtes bon juge ; mais des amis dévoués, qui me répond de leur fidélité ?

EDOUARD

Vous ne croyez donc pas à la sincérité de mon affection ?

MADAME DE SAINTE-MARIE

Si fait pour aujourd'hui, pour quelque temps encore, mais.....

EDOUARD
Mais, mais, si je me mettais sur les rangs ? Ne suis-je déjà pas à vous tout entier ?

MADAME DE SAINTE-MARIE
Vous êtes trop jeune pour moi.

EDOUARD
J'ai vingt-huit ans.

MADAME DE SAINTE-MARIE
Et moi trente.

EDOUARD
Voyez comme nous sommes déjà près l'un et l'autre. Eh bien ! voulez-vous nous rapprocher encore. (Il lui prend la main.)

MADAME DE SAINTE-MARIE
Vous n'avez pas l'air d'un mari.

EDOUARD
Si vous saviez comme je suis rangé depuis que je vous aime.

MADAME DE SAINTE-MARIE
Bien sûr ?

EDOUARD
C'est ce que ma mère remarquait tout à l'heure.

MADAME DE SAINTE-MARIE
Vous me paraissez un peu bien aimable pour un père de famille.

EDOUARD
On ne le sera jamais trop pour vous.

MADAME DE SAINTE-MARIE
Flatteur.

EDOUARD
Je serais bien heureux de vous donner le titre de marquise, car vous le porteriez à ravir ; le voulez-vous ?

MADAME DE SAINTE-MARIE (à part)
Pas si sotte. (Haut.) Je ne dis pas non, mais ne brusquons rien. Un sujet aussi grave demande à être gravement mûri.

EDOUARD
Vous avez raison. — Aujourd'hui nous nous devons tout au plaisir. — Etes-vous satisfaite de nos préparatifs ?

MADAME DE SAINTE-MARIE
Je ne m'en mêle pas : cela regarde la marquise.

EDOUARD
Elle va venir passer son inspection ; moi je me suis chargé de la musique et du souper, et je puis vous donner ma parole que mes amis, qui seront bientôt les vôtres (il lui baise la main), n'auront jamais rien vu de mieux.

MADAME DE SAINTE-MARIE
Je m'en rapporte à vous.

EDOUARD
Ce sera digne de Lucullus soupant dans le salon d'Apollon.

SCÈNE II

LES MÊMES, GUYENCOURT

GUYENCOURT (entrant)

C'est splendide !

MADAME DE SAINTE-MARIE

Racontez-moi donc cela.

GUYENCOURT

Ce n'est donc pas vous qui avez présidé à ces merveilles ?

MADAME DE SAINTE-MARIE

Je n'ai rien vu. Je suis internée dans ma chambre, et ce salon.

EDOUARD (riant)

Et le jardin.

MADAME DE SAINTE-MARIE

Merci, par le temps qu'il fait.

EDOUARD

Adieu ; je vais dire à ma mère de venir jeter son dernier coup d'œil et je cours chez Strauss, car je suis votre intendant.

MADAME DE SAINTE-MARIE

Vous remplissez admirablement votre charge.

GUYENCOURT

On n'a pas meilleur goût.

EDOUARD (à Guyencourt)

Vous êtes trop bon. (A M™ de Sainte-Marie) A tout à l'heure, chère voisine, je brûle de dire chère marquise. — Adieu, monsieur.

SCÈNE III

MADAME DE SAINTE-MARIE, GUYENCOURT

GUYENCOURT

Je trouve ce jeune homme bien familier avec vous.

MADAME DE SAINTE-MARIE

Oh ! c'est sans conséquence.

GUYENCOURT

Que veut-il dire avec ce mot : Marquise ?

MADAME DE SAINTE-MARIE

Rien.

GUYENCOURT

Est-ce à propos de votre costume ?

MADAME DE SAINTE-MARIE

Mieux que cela.

GUYENCOURT

Quoi donc ?

MADAME DE SAINTE-MARIE

Il veut m'épouser.

GUYENCOURT

Grand Dieu!... quel coup vous me portez.

MADAME DE SAINTE-MARIE

Calmez-vous.

GUYENCOURT

Est-ce que vous penseriez?...

MADAME DE SAINTE-MARIE

Vous me croyez donc bien folle.

GUYENCOURT

Non, certes, mais...

MADAME DE SAINTE-MARIE

Vous me croyez entichée de toute cette noblesse, n'est-ce pas?

GUYENCOURT

Pourquoi vous mettez-vous ainsi à sa remorque.

MADAME DE SAINTE-MARIE

Pour me venger d'elle, car je la hais.

GUYENCOURT

Ah!... alors, vous dissimulez bien.

MADAME DE SAINTE-MARIE

Je veux l'humilier, la mettre à mes pieds, à ces pieds qu'ils ont meurtris avec leurs lois barbares. — Je n'oublierai jamais qu'ils nous condamnaient, ma mère et moi, malheureuses esclaves que nous étions, à ne sortir que pieds nus. C'était le stigmate de l'abjection; et il nous fallait courir par les chemins, les imprégnant de notre sang, tandis que ces beaux messieurs et leurs belles dames se pavanaient dans des carrosses.

GUYENCOURT
Vraiment!... quelle cruauté!

MADAME DE SAINTE-MARIE
Mais aujourd'hui que cette paria est arrivée à la fortune, ils viennent bassement lui tendre la main pour qu'elle leur fasse l'aumône de quelques millions. Ils ne recueilleront que de la honte.

GUYENCOURT
Ah! vous me comblez de joie!

MADAME DE SAINTE-MARIE
Soyez certain que, si je me remarie, je choisirai bien mon époux.

GUYENCOURT
Combien de fois j'ai caressé cette pensée que je pourrais prétendre à ce titre si doux.

MADAME DE SAINTE-MARIE
Que ne le disiez vous? Croyez-vous donc que je ne sois pas assez adroite pour pénétrer ce petit mystère?

GUYENCOURT
Je crains d'être ridicule.

MADAME DE SAINTE-MARIE
Parce que vous m'aimez? ce n'est pas galant.

GUYENCOURT

Oh ! qu'osez-vous dire ! mais à mon âge, le seul rôle qui convienne est celui d'un ami.

MADAME DE SAINTE-MARIE

Si vous m'aimiez comme je veux qu'on m'aime, vous en découvririez une autre, et vous sauteriez à pieds joints par dessus toutes ces petites broussailles que vous trouvez, ou plutôt, que votre famille élève entre nous deux.

GUYENCOURT

Qui vous l'a dit ?

MADAME DE SAINTE-MARIE

Je le devine.

GUYENCOURT

Tenez, je sors de chez mon frère.

MADAME DE SAINTE-MARIE

Le ministre ?

GUYENCOURT

Oui, il m'avait prié de venir déjeuner avec lui pour causer.

MADAME DE SAINTE-MARIE

De moi ?

GUYENCOURT

Justement. — Il m'a rappelé le calme de la vie que j'ai passé avec ma pauvre et sainte femme, vie de travail et de retraite. Il m'a parlé de mon fils, fils de vingt ans, qui, avant que je vous connusse, était mon seul intérêt dans ce monde.

MADAME DE SAINTE-MARIE

Mais tout cela est très bien.

GUYENCOURT

Sans doute ; et je l'ai écouté avec le respect que je dois à mon aîné. Mais quand il s'est fait l'écho de méprisables calomnies pour me mûrer votre maison...

MADAME DE SAINTE-MARIE

Vous m'avez défendue.

GUYENCOURT

J'ai senti là (il met la main sur son cœur) une douleur qui m'était inconnue, et je me suis levé en lui déclarant que je ne le reverrais jamais.

MADAME DE SAINTE-MARIE

Ah ! je vous reconnais, et je vous remercie.

GUYENCOURT

De vous aimer ?

MADAME DE SAINTE-MARIE

Pourquoi le cacherais-je ? Que me font les vains hommages de tous ces libertins mendiants ! Ce que je prise, ce que j'estime, ce que je cherche, c'est un homme d'honneur, un homme qui m'aime pour moi et non pour ma fortune, qui soit mon appui, qui devienne le second père de ma fille à laquelle le ciel a arraché le sien dès le berceau ; qui nous constitue une famille ; un homme qui me donne enfin le bonheur domestique, cet éternel rêve de ma vie.

GUYENCOURT

Ah ! vous en réaliseriez un autre qui n'a pas été pour moi, comme pour le reste des hommes, le fruit de ces douces ardeurs que la nature fait naître au printemps de la vie : c'est le bonheur dans l'amour.

MADAME DE SAINTE-MARIE

Fruit tardif a plus de saveur.

GUYENCOURT

J'ai passé mes plus belles années dans le travail et l'austère monotonie d'une vie qui n'a été troublée que par la mort de ma femme. Mais aujourd'hui, je sens près de vous que l'existence n'était pas là, qu'elle a un autre but, que je le touche (il lui prend la main), que je puis être heureux.

MADAME DE SAINTE-MARIE

Vous l'êtes donc près de moi ?

GUYENCOURT (en feu)

Plus que je ne saurais dire.

MADAME DE SAINTE-MARIE (souriant)

Vraiment amoureux ?

GUYENCOURT

Comme un fou ! J'avais cru pouvoir échapper à l'amour ; mais non, il s'est emparé de moi, il m'obsède, il me dévore ! Ah ! c'est bien, comme le dit Phèdre, avec cette amertume de révolte étouffée et vaincue :
« C'est Vénus tout entière à sa proie attachée. » (Il prend ses mains et s'y cache le visage.)

MADAME DE SAINTE-MARIE

Pourquoi pleurer, ami, puisqu'elle m'amène à vous.

GUYENCOURT (ravi)

Ah ! que vous êtes bonne ! Ah ! que je suis heureux ! Le bonheur que j'éprouve est si grand que je ne l'échangerais pas pour ce trésor qu'on nomme la jeunesse.

MADAME DE SAINTE-MARIE (A part)

Je le tiens.

SCÈNE IV

LES MÊMES, LA MARQUISE

LA MARQUISE (derrière la scène)

Des fleurs, des fleurs partout, des fleurs à profusion.

MADAME DE SAINTE-MARIE (à Guyencourt et le relevant)

Remettez-vous, c'est mon chaperon.

GUYENCOURT

La marquise ?

MADAME DE SAINTE-MARIE

La plus impertinente des femmes.

GUYENCOURT

Je la connais.

MADAME DE SAINTE-MARIE

Elle veut aussi se marier.

GUYENCOURT

Bah !

MADAME DE SAINTE-MARIE (riant)

Je vais vous proposer.

GUYENCOURT

Quelle folie !

MADAME DE SAINTE-MARIE

Nous allons nous moquer d'elle.

LA MARQUISE (entrant)

Bonjour, chère belle.

MADAME DE SAINTE-MARIE

Bonjour, chère marquise.

LA MARQUISE

Je ne peux pas vous dire avec quel plaisir je vous embrasse. (Elle l'embrasse.)

MADAME DE SAINTE-MARIE

Il n'est pas plus grand que le mien, je vous jure.

LA MARQUISE

Mon fils vient de me rapporter...

MADAME DE SAINTE-MARIE (montrant Guyencourt)

Chut !

LA MARQUISE

Ah ! je n'avais pas vu monsieur.

MADAME DE SAINTE-MARIE

Je vous présente mon meilleur, et même mon seul ami.

LA MARQUISE

Ingrate.

MADAME DE SAINTE-MARIE

M. Guyencourt.

LA MARQUISE (avec hauteur)

Le ministre ?...

MADAME DE SAINTE-MARIE

Le frère du ministre.

LA MARQUISE (se radoucissant)

Qui vient de perdre...

MADAME DE SAINTE-MARIE

Sa femme.

LA MARQUISE (avec une grande révérence)

Monsieur.

GUYENCOURT (saluant)

Madame la marquise.

MADAME DE SAINTE-MARIE

Je vous demanderai la permission de l'engager pour ce soir.

LA MARQUISE

Comment donc, j'y consens avec le plus grand plaisir; nous sommes d'ailleurs, monsieur et moi, d'anciennes connaissances.

GUYENCOURT

En effet, madame, votre château...

LA MARQUISE
Touche à votre belle terre de Magny.
MADAME DE SAINTE-MARIE
Vous êtes voisins?
LA MARQUISE
Certainement, nous ne nous voyons pas, c'est vrai, mais cela n'empêche pas de...
MADAME DE SAINTE-MARIE (à part à la marquise)
Se détester.
LA MARQUISE (à part à Mme de Sainte-Marie)
Pas précisément, mais...
MADAME DE SAINTE-MARIE (haut)
Je regrette que vous ayez négligé d'entretenir des relations dont vous n'auriez certainement eu qu'à vous louer l'une et l'autre.
GUYENCOURT
La vie que je menais, les affaires dont j'ai toujours été accablé ne me permettaient guère de figurer convenablement dans le salon de Mme la marquise.
MADAME DE SAINTE-MARIE
Autrefois, peut-être, mais aujourd'hui...
LA MARQUISE
J'ai appris que vous aviez eu le malheur de perdre Mme Guyencourt.
GUYENCOURT
Hélas! oui, madame.

LA MARQUISE

Une sainte femme.

GUYENCOURT

Elle n'a jamais fait que du bien.

LA MARQUISE

Tout notre pays la pleure comme vous, monsieur.

MADAME DE SAINTE-MARIE

Cela est fort naturel sans doute ; mais je lui disais, quand vous êtes entrée, qu'il était trop jeune pour s'ensevelir dans son chagrin ; qu'il fallait se distraire, voir le monde et peut-être même se remari.....

LA MARQUISE (vivement)

J'espère bien que, dorénavant, nous nous verrons davantage et que vous nous ferez part des loisirs que vos grandes occupations pourront vous laisser.

MADAME DE SAINTE-MARIE

Vos fils sont du même âge.

LA MARQUISE

A peu près.

MADAME DE SAINTE-MARIE

Ce serait charmant.

LA MARQUISE (à Mme de Sainte-Marie et riant)

Vous êtes une petite folle, ma chère belle-fille.

GUYENCOURT (à part)

Sa belle-fille ?

MADAME DE SAINTE-MARIE (à part à la marquise)

Vous seriez la reine du pays.

LA MARQUISE (enchantée et lui mettant la main sur la bouche)

Voulez-vous bien vous taire, enfant terrible.

MADAME DE SAINTE-MARIE (à part à la marquise)

Un homme dont vous ferez tout ce que vous voudrez et riche, riche !...

LA MARQUISE (à part à Mme de Sainte-Marie)

Vous croyez ?

MADAME DE SAINTE-MARIE

Vous n'avez qu'à vouloir.

GUYENCOURT (à part)

Que se disent-elles donc ?

MADAME DE SAINTE-MARIE (haut à la marquise)

Nous parlions justement mariage. (A Guyencourt.) N'est-il pas vrai ?

GUYENCOURT

En effet.

MADAME DE SAINTE-MARIE

M. Guyencourt me disait qu'il lui faudrait une personne de notre âge ; qu'un grand enfant, même, ne l'effrayerait pas puisqu'il en apporte un dans la communauté.

LA MARQUISE

Ah !...

GUYENCOURT

C'est vrai.

MADAME DE SAINTE-MARIE
Qu'il se sentirait encore assez jeune de cœur pour faire le bonheur d'une femme.

GUYENCOURT (riant)
Ah ! madame, de grâce, ne me trahissez pas ainsi, je vous faisais une confidence.

MADAME DE SAINTE-MARIE
Et pourquoi tant de mystère ?

GUYENCOURT
Je n'ai jamais été bien habile à traiter un pareil sujet, même en tête à tête, à plus forte raison devant témoin. Je vous en conjure, épargnez-moi.

MADAME DE SAINTE-MARIE (riant)
Il est pudibond comme une nonne.

GUYENCOURT
Nullement, mais j'avoue...

LA MARQUISE
Ne vous en défendez pas, monsieur, cela ne fait que prouver la délicatesse de vos sentiments et je partage entièrement vos scrupules.

MADAME DE SAINTE-MARIE (riant et faisant à part un signe à Guyencourt)
Elle mord à l'hameçon.

LA MARQUISE (à Guyencourt)
Vous êtes pour quelque temps à Paris ?

GUYENCOURT

Pour tout l'hiver.

LA MARQUISE

Ah! tant mieux; j'espère que nous nous verrons chez moi tout aussi bien que cette chère belle. (Elle embrasse Mme de Sainte-Marie.)

GUYENCOURT

Je suis on ne peut plus reconnaissant, madame, de l'honneur que vous voulez bien me faire.

UN DOMESTIQUE

Le fleuriste prie madame la marquise de voir si tout est bien comme elle le désire.

LA MARQUISE

Nous y allons. (A Mme de Sainte-Marie.) Venez avec moi. (A part à Mme de Sainte-Marie.) Il est très bien M. Guyencourt, un noble caractère.

MADAME DE SAINTE-MARIE (à part à la marquise)

Et surtout, marquise, un cœur d'or.

LA MARQUISE (haut)

M. Guyencourt nous donnera son avis.

MADAME DE SAINTE-MARIE

Je suis certaine qu'il trouvera tout admirable.

GUYENCOURT

C'est déjà fait.

MADAME DE SAINTE-MARIE (à Guyencourt)

Eh bien, dressez-moi une liste de toutes les cartes

qui sont dans cette corbeille, vous m'éviterez un grand ennui !

GUYENCOURT

Très volontiers.

MADAME DE SAINTE-MARIE

Et puis vous irez chercher Louise que vous nous amènerez.

GUYENCOURT

Je me mets à l'ouvrage.

SCÈNE V

GUYENCOURT, puis LOUISE

GUYENCOURT (regardant la corbeille)

Peste ! mais j'en ai pour une heure. Dépêchons cette fastidieuse besogne. (Levant la corbeille.) Dire que tout Paris ; le beau, le noble Paris est là dedans... tiens, c'est plus léger que je ne pensais. (Il écrit les noms en les appelant.) Le baron de Brie ; le chevalier de Marolles ; — c'est drôle — Le duc de Roquefort — Ah ! c'est trop fort ! Pour peu que ces nobles seigneurs aient conservé le plus léger goût de terroir ça ne sentira pas bon ici ce soir. (Louise en Amour, vient tout doucement, par derrière, lui mettre les mains sur les yeux.) A qui sont ces jolies mains ?

LOUISE

Devinez.

GUYENCOURT (se retournant)

Louise... mais quel costume !

LOUISE

Chut, c'est un secret, me trouvez-vous bien ?

GUYENCOURT

Divine.

LOUISE

Je le crois bien, je suis l'Amour.
Elle chante la romance de Wekerlin.
« *Je suis l'Amour* »

GUYENCOURT

Vous chantez comme un ange ; vous êtes ravissante, mais... un peu trop décolletée.

LOUISE

On dit que c'est le costume exact.

GUYENCOURT

Oh ! exact... si vous tenez absolument à l'exactitude, vous saurez qu'il est encore bien plus primitif que cela.

LOUISE

Ce n'est pas possible.

GUYENCOURT

Si vraiment, ne vous rappelez-vous pas le tableau de Gérard ? Rien que des ailes.

LOUISE

Oh !...

GUYENCOURT

Voilà l'exactitude et je jurerais que...

LOUISE

Vous me trouvez donc inconvenante ?

GUYENCOURT

Je vous trouve trop bien.

LOUISE

Je n'oserai plus paraître dans la charade.

GUYENCOURT

Il y a donc une charade ?

LOUISE

Oui, mais c'est une surprise.

GUYENCOURT

Je croyais que c'était votre costume de bal.

LOUISE

J'en ai un autre.

GUYENCOURT

A la bonne heure. Il vous eût été impossible de valser avec celui-ci.

LOUISE

Par exemple ! — Tenez. (Elle fait un tour de valse et montre tout ce qu'elle a.)

GUYENCOURT

Voulez-vous bien vous tenir tranquille, cela est bien au théâtre, en public, mais en tête à tête c'est trop dangereux.

LOUISE

Pourquoi ?

GUYENCOURT (la prenant dans ses bras et plaquant sa petite jupe sur ses cuisses pour la rabattre un peu)

Parce que vous n'êtes pas assez habillée.

LOUISE

Quelqu'un qui s'y connait dit que, dans le grand monde, il n'y a que le nu qui habille.

GUYENCOURT

C'est une phrase de marquise, cela.

LOUISE

Justement. — Ah ! il a tant d'esprit. (Elle reste pensive.)

GUYENCOURT

Qui donc ?

LOUISE

Le marquis.

GUYENCOURT (comprenant)

Ah ! ah !

LOUISE

N'est-ce pas ? comme il est aimable, distingué, croyez-vous qu'il.....

GUYENCOURT

Quoi ?

LOUISE

Rien. — Tenez, voici ma pose au lever du rideau. (Elle se met sur un pied et lève sa jambe en l'air.) Est-ce bien ?

GUYENCOURT

Vous êtes adorable.

SCÈNE VI

LES MÊMES, EDOUARD

EDOUARD

Tiens ! Monsieur Guyencourt, vous donnez des leçons de danse ? (Louise, effrayée, va se cacher derrière une table.)

GUYENCOURT

Moi ? au contraire.

EDOUARD

Qu'avez-vous donc, mademoiselle ?

LOUISE (toute confuse)

Ce n'est pas bien d'entrer ainsi sans prévenir.

EDOUARD

Je ne m'en repens pas ; jamais je ne vous ai vue aussi délicieusement jolie.

LOUISE

Oh ! je vous en prie, laissez-moi rentrer, ne me regardez pas.

EDOUARD

M. Guyencourt a donc seul le privilège de vous voir dans ce simple et charmant appareil ?

LOUISE

C'est bien différent.

GUYENCOURT (passant la main dans ses rares cheveux)

Je comprends ; certainement, moi je suis un vieil ami. (A part.) Elle l'aime.

LOUISE (prenant le tapis de la table et le mettant sur ses épaules
comme un manteau)
Ah! maintenant, je vous brave!

EDOUARD
C'est nous qui aurions du mérite à vous braver;
mais nous ne le pouvons pas, nous vous rendons les
armes. Vous êtes belle comme le jour. (Il s'approche pour
lui baiser la main.)

LOUISE
Non, non, ne me regardez pas! ne me regardez pas!
(Elle se sauve en courant.)

SCÈNE VII

GUYENCOURT, EDOUARD

EDOUARD
Elle est vraiment ravissante.

GUYENCOURT
C'est d'aujourd'hui que vous apercevez cela?

EDOUARD
Ma foi, oui; jamais je ne l'avais vue...

GUYENCOURT
Dans un aussi simple appareil.

EDOUARD
Justement. Je la croyais encore une petite fille,
mais.....

GUYENCOURT

Un homme comme vous a besoin qu'on lui mette ainsi les choses sous le nez pour les voir.

EDOUARD

C'est vrai, je suis un sot. — Quelle grâce, quel charme ; je pourrais même employer le mot au pluriel.

GUYENCOURT (riant)

Vous êtes un libertin.

EDOUARD

Nullement; mais cette apparition me tourne la tête.

GUYENCOURT

Voilà un joli parti.

EDOUARD

Je le crois bien.

GUYENCOURT

Tout réuni : jeunesse, beauté, fortune.

EDOUARD

Certainement.

GUYENCOURT

Eh bien ?

EDOUARD

Quoi ?

GUYENCOURT

N'y avez-vous jamais songé ?

EDOUARD

Moi ?

GUYENCOURT

Pourquoi pas ?

EDOUARD (à part)

Lui aussi ; c'est une gageure.

GUYENCOURT

Hein ?

EDOUARD

Ce serait bien tentant, mais...

GUYENCOURT

Qui peut vous arrêter ?

EDOUARD

Je suis bien vieux.

GUYENCOURT

Vieux ?

EDOUARD

Oui.

GUYENCOURT

Vous êtes fou.

EDOUARD

Pas tout à fait encore.

GUYENCOURT

Allons, voulez-vous que je négocie ?

EDOUARD

J'y consentirais bien volontiers si.....

GUYENCOURT

Vous hésitez quand la fortune se présente sous des formes aussi entraînantes ?

EDOUARD

N'insistez pas, je suis déjà en feu.

GUYENCOURT

Ne vous laissez pas détourner par de petites considérations, par quelque intrigue mondaine ; réfléchissez bien : vous ne retrouverez jamais une pareille occasion.

EDOUARD (pensif)

Si vous saviez...

GUYENCOURT (impatienté)

Mais quoi ?

EDOUARD

Ecoutez, cher monsieur Guyencourt, vous me témoignez, par votre insistance, une amitié qui me touche et m'engage à vous faire une grande confidence ; ne la trahissez pas.

GUYENCOURT

Laquelle ? (Riant.) Vous me faites frémir.

EDOUARD

Donnez-moi un conseil.

GUYENCOURT

Parlez, je vous répondrai comme Nestor.

EDOUARD

Si je vous disais : Cette délicieuse jeune fille que, depuis un moment, je brûle d'épouser.....

GUYENCOURT

Eh bien ?

EDOUARD

Quelle tournure faut-il employer pour ne pas vous faire tomber à la renverse ?

GUYENCOURT (riant)
Mais parlez donc, vous m'agacez.

EDOUARD
Que pensez-vous d'Œdipe ?

GUYENCOURT
Allons, bon ! nous voilà à Œdipe maintenant.

EDOUARD
Vous vous posez bien en Nestor.

GUYENCOURT
Assurément, mon âge...

EDOUARD
Fort bien, mais réfléchissez un peu à Œdipe et dites-moi votre opinion à son endroit.

GUYENCOURT
La fatalité lui fit épouser sa mère; mais quel rapport pouvez-vous avoir avec lui ?

EDOUARD
Imaginez le contraire.

GUYENCOURT
Le contraire ?

EDOUARD
Oui.

GUYENCOURT (atterré)
Comment ?

EDOUARD (riant)
Voyez, rien que cette idée vous fait devenir livide...

GUYENCOURT

Vous voudriez dire ?...

EDOUARD (riant)

Hélas ! oui.

GUYENCOURT (avec emportement)

Monsieur le marquis...

EDOUARD

Qu'avez-vous donc ?

GUYENCOURT

Vous venez d'insulter lâchement une femme que...

EDOUARD (riant toujours)

Ah ! vous jouez admirablement la tragédie. Est-ce encore une surprise pour ce soir ?

GUYENCOURT

Non pas pour ce soir, mais à l'instant même ; je vous tuerai ou vous m'arracherez une vie qui était, il n'y a qu'un moment, pleine d'espérance et de bonheur, que vous venez d'empoisonner.

EDOUARD

Je ne comprends rien à cette sortie furieuse.

GUYENCOURT

Et moi je ne comprends pas que nous n'ayons pas déjà l'épée à la main.

EDOUARD

Vous voulez vous battre pour une pareille bagatelle ?

GUYENCOURT (furieux)

Vous avez fait un odieux mensonge sur Mme de Sainte-Marie qui, dans un mois, doit porter mon nom. Je n'ai rien à ajouter; venez, venez, vous dis-je.

EDOUARD

Vous vous laissez aller à un emportement bien surprenant de la part d'un homme de votre âge.

GUYENCOURT

Mais vous n'avez donc plus de sang dans les veines, vous, jeune homme ?

EDOUARD

J'en ai encore suffisamment pour ce que j'en veux faire, mais je n'ai pas du vitriol comme vous.

GUYENCOURT

Faut-il donc que j'appelle, que je vous insulte, que je vous frappe. (Il lève la main.)

EDOUARD (l'arrêtant)

Permettez, monsieur, vous êtes amoureux et je ne le suis pas ; nous ne pouvons donc pas avoir un égal empressement à faire ce que vous désirez; vous brûlez de me tuer sur l'heure — les amoureux brûlent toujours, c'est le terme consacré — c'est très bien, mais, pour aujourd'hui, j'ai tout autre chose à faire que de vous procurer ce plaisir.

GUYENCOURT

Vous refusez ?

EDOUARD
Bien positivement pour aujourd'hui; j'ai invité mes amis à venir prendre leur part de cette fête qui se prépare et dont je dois même leur faire les honneurs; nous avons tous dépensé des sommes folles pour y figurer avec plus ou moins de richesse et de goût. — Tenez, moi qui vous parle, mon costume me coûte les yeux de la tête : je dois paraître en Apollon, rien que cela.

GUYENCOURT
Que m'importe !

EDOUARD
Oh ! il est très réussi, vous verrez, et je ne veux pas qu'il serve seulement à orner mon cercueil.

GUYENCOURT (impatienté)
Eh, monsieur !

EDOUARD
Vous savez, comme on fait pour les généraux en déposant avec symétrie leur chapeau, leurs épaulettes, leur épée.

GUYENCOURT
Enfin, monsieur, il faut bien que j'attende votre bon plaisir.

EDOUARD
Si vous voulez bien, demain à deux heures.

GUYENCOURT
A deux heures ?...

EDOUARD
Au plus tôt; car cette nuit je ne dormirai guère et

je ne changerai rien à mes projets; quelque désir que j'aie, d'ailleurs, de vous être agréable.

GUYENCOURT

Mes témoins seront chez vous à midi.

EDOUARD

Non, non, pas avant deux heures.

GUYENCOURT

Soit.

EDOUARD

Mais j'y pense, un jour de folie, on n'en saurait trop faire — ce sera drôle.

GUYENCOURT

Que voulez-vous dire ?

EDOUARD

Pour gagner du temps, cela vous arrangera, n'est-ce pas ? car vous me paraissez bien pressé.

GUYENCOURT

On ne peut plus pressé.

EDOUARD

Faites-moi l'honneur d'inviter messieurs vos témoins à venir passer la soirée avec nous.

GUYENCOURT

Ici ?

EDOUARD

Ici-même; ils se rencontreront avec les miens et bâcleront notre affaire entre une polka et une masurke... ce sera un quadrille d'un nouveau genre.

GUYENCOURT
Mais je n'ai pas d'invitation.

EDOUARD
En voici deux.

GUYENCOURT (prenant les lettres.)
C'est bien.

EDOUARD (riant).
Ce sera coquasse.

SCÈNE VIII

LES MÊMES, LA MARQUISE, MADAME DE SAINTE-MARIE ET LOUISE (en robe ordinaire)

LA MARQUISE
Que complotez-vous donc avec autant d'animation ?

MADAME DE SAINTE-MARIE
Quelque surprise.

LOUISE
Encore une charade ?

EDOUARD
Justement.

LOUISE (à Edouard)
Elle est de vous ?

EDOUARD
Tout l'honneur en revient à M. Guyencourt.

LA MARQUISE

Ce sera gai ?

EDOUARD

A se tordre (à Guyencourt), n'est-ce pas ?

GUYENCOURT

Oui, fort gai, en effet.

MADAME DE SAINTE-MARIE (à Guyencourt)

A vous voir, on ne s'en douterait pas.

LA MARQUISE

M. Guyencourt est encore possédé par la muse qui l'inspire.

LOUISE

Aurai-je un rôle ?

EDOUARD

C'est précisément l'amour qui, comme d'habitude, brouille tout.

LOUISE

Et qui, comme toujours aussi, arrange tout.

GUYENCOURT

Vous êtes trop curieuse.

LOUISE

Il faut bien que je connaisse mon rôle.

EDOUARD

Vous le savez sur le bout du doigt; vous n'avez qu'à vous faire aimer.

LOUISE

Alors tout finit par un mariage.

GUYENCOURT
...ce que vous saurez plus tard.

LA MARQUISE
M. Guyencourt a l'air bien triste pour un amoureux.

MADAME DE SAINTE-MARIE (riant à Guyencourt)
Vous avez un air de notaire.

LOUISE
C'est cela, un contrat, j'y suis. Voici les personnages : un notaire, un amoureux et moi.

MADAME DE SAINTE-MARIE
Louise, Louise.

LOUISE (à Edouard)
N'est-ce pas cela ?

EDOUARD
Je ne dois rien vous dire encore. Allons nous habiller.

LOUISE
Faites le discret tout à votre aise ; il y a un notaire, c'est lui qui nous marie. Allons nous habiller. (Elle court embrasser sa mère.) Ah ! que je suis contente.

EDOUARD (riant)
Aux armes ! mesdames, aux armes !

ACTE III

SCÈNE PREMIÈRE

GUYENCOURT, en manteau vénitien, tenant un loup à la main, puis MADAME DE SAINTE-MARIE en marquise Louis XV.

GUYENCOURT (à un domestique)

Je sais que je suis en avance, ne dites rien à madame, qu'elle achève tranquillement sa toilette. Je ne suis pas pressé. (Le domestique sort.) Je ne suis pas pressé !.... Jusqu'à ce jour je ne savais pas ce que c'est que l'impatience : j'en ai la fièvre ; il faut que je lui parle, que je lui dise ce qui arrive, que je sache,... que je sache, quoi ?... Non, je n'oserai jamais la mettre dans le secret d'une pareille impertinence. C'est un fat; elle est seule, sans défense, et c'est à moi de la venger de ses mauvais propos... et pourtant il faut bien que je la consulte ; je ne peux pas le tuer ou me faire tuer sans l'avoir pressentie sur le motif qui nous met l'épée à la main..... (A Mme de Sainte-Marie qui entre.) Ah! que vous êtes belle!... Vous ne vous attendiez pas à trouver quelqu'un dans votre salon. C'est le cas de dire que j'arrive comme un bourgeois.

MADAME DE SAINTE-MARIE.

On m'avait prévenue et je me suis hâtée pour recevoir mon seul invité, car je ne serai plus chez moi dès que la marquise y aura mis le pied.

GUYENCOURT

Ce costume vous sied à ravir.

MADAME DE SAINTE-MARIE (de mauvaise humeur)

Ne m'en parlez pas, il va comme une horreur.

GUYENCOURT

Je vous trouve admirable.

MADAME DE SAINTE-MARIE

Vous n'y entendez rien.

GUYENCOURT

Soit. Je suis venu de bonheur... pour...

MADAME DE SAINTE-MARIE

Ce costumier n'est pas venu m'habiller comme il avait promis de le faire.

GUYENCOURT

Pourquoi?

MADAME DE SAINTE-MARIE

Parce qu'il était attendu par la marquise.

GUYENCOURT

Il vous a sacrifiée à son ancienne clientèle. Je voulais vous...

MADAME DE SAINTE-MARIE

Et le coiffeur, c'est à peine s'il m'a donné un quart d'heure.

GUYENCOURT

Toujours à cause de la marquise.

MADAME DE SAINTE-MARIE

Elle l'attendait. Il m'avait si mal fagotée que j'ai été obligée de tout faire recommencer par ma femme de chambre; aussi, je dois être affreuse.

GUYENCOURT

Je ne vous ai jamais vue plus belle.

MADAME DE SAINTE-MARIE

Ne me dites pas cela, je suis d'une humeur massacrante et pour un rien je rentrerais chez moi.

GUYENCOURT

Allons, allons, pas de défaillance. J'affirme (il lui baise la main) que vous serez la plus brillante, au milieu des plus brillantes.

MADAME DE SAINTE-MARIE

Bien vrai?

GUYENCOURT

Je vous le jure.

MADAME DE SAINTE-MARIE

J'avais besoin de vous voir pour me réconforter.

GUYENCOURT

Si je suis venu d'aussi bonne heure, c'est que je voulais vous dire un mot sérieux, avant que vous fussiez engrénée dans le tourbillon de votre fête.

MADAME DE SAINTE-MARIE

Dites, dites vite.

GUYENCOURT

J'ai eu tantot, avec le marquis...

SCÈNE II

LES MÊMES, LOUISE

LOUISE (entrant)

Maman, me voici.

MADAME DE SAINTE-MARIE

Tu es très bien. — Retourne toi. — Elle t'a parfaitement coiffée. (Elle lui arrange quelques fleurs dans les cheveux. A Guyencourt.) N'est-ce pas?

GUYENCOURT

Je vois que, pour ce soir, je n'aurai pas grands frais de discours à faire.

LOUISE

Pourquoi?

GUYENCOURT

Parce que je ne peux placer qu'un mot : *charmant*.

LOUISE
N'est-ce pas que mon costume va bien ?
GUYENCOURT
Vous êtes adorable.

SCÈNE III

LES MÊMES, LA MARQUISE (entrant avec précipitation et dans un costume splendide)

Enfin, j'arrive à temps, personne encore, n'est-ce pas ?
MADAME DE SAINTE-MARIE
Personne.
LA MARQUISE
J'ai eu toutes les peines du monde à me sortir des mains du coiffeur et du costumier.
MADAME DE SAINTE-MARIE
Il y a au moins deux heures qu'ils m'ont plantée là, sans la moindre cérémonie, pour se rendre chez vous.
LA MARQUISE
Ils n'en finissaient pas, ils avaient toujours quelque chose à reprendre.
MADAME DE SAINTE-MARIE
Ils ne se sont pas montrés aussi difficiles pour moi. Ils trouvaient toujours que tout allait pour le mieux.

LA MARQUISE

C'est que vous n'avez pas besoin de tant d'apprêts. Comment me trouvez-vous ?

MADAME DE SAINTE-MARIE

Merveilleusement belle.

LA MARQUISE (à Guyencourt)

Et vous, monsieur ?

GUYENCOURT

Admirable, madame.

LA MARQUISE (à Louise)

Et vous, Louise ?

LOUISE

Je voudrais vous ressembler.

LA MARQUISE (l'embrassant)

Dans vingt ans. J'ai mis tout en œuvre pour faire honneur à cette chère voisine. (Elle prend la main de M⁻ de Sainte-Marie.)

UN DOMESTIQUE (annonçant)

Madame de Bernon !

SCÈNE IV

LES MÊMES, MADAME DE BERNON

LA MARQUISE

Bonsoir; que vous êtes belle!

MADAME DE BERNON

Pas autant que vous.

LA MARQUISE (à Mme de Sainte-Marie)

Je vous présente Mme de Bernon.

MADAME DE SAINTE-MARIE

Madame, je vous suis très reconnaissante d'avoir bien voulu accepter mon invitation.

MADAME DE BERNON

Comment donc, madame, c'est une bonne fortune que j'ai saisie avec empressement.

UN DOMESTIQUE (annonçant)

La princesse de...

LA MARQUISE (se précipitant au-devant de la princesse)

Ah ! que vous êtes donc aimable, chère princesse !

LA PRINCESSE

Ma chère marquise, vous faites les choses royalement.

LA MARQUISE

Vous plaisantez.

LA PRINCESSE

On n'osera plus vous recevoir... Quel luxe, quelle élégance !

MADAME DE SAINTE-MARIE (à Guyencourt)

Elle se croit donc chez la marquise ?

GUYENCOURT (à part à Mme de Sainte-Marie)

A ce qu'il paraît.

MADAME DE SAINTE-MARIE (toujours à part à Guyencourt)
Elle ne me la présente pas.

GUYENCOURT (à part à Mᵐᵉ de Sainte-Marie)
Ah ! écoutez donc, une princesse ! il faut vous contenter de l'arrière-ban.

MADAME DE SAINTE-MARIE
Chez moi !

GUYENCOURT (riant)
C'est vous qui payez, mais c'est elle qui régale.

MADAME DE SAINTE-MARIE (indignée)
C'est trop fort !

GUYENCOURT (riant)
Tenez, faites contre fortune bon cœur, prenez mon masque et promenons-nous comme au bal de l'Opéra.

MADAME DE SAINTE-MARIE
Elle me le paiera.

(Guyencourt et Mᵐᵉ de Sainte-Marie sortent en suivant la princesse.)

SCÈNE V

LA MARQUISE, DES INVITÉS, puis MADAME WOODBRIDGE

UN DOMESTIQUE (annonçant)
M. et Mᵐᵉ Woodbridge.

LA MARQUISE
Comme vous venez tard.

MADAME WOODBRIDGE

Il est onze heures.

LA MARQUISE

La charade va commencer.

MADAME WOODBRIDGE (mettant son éventail devant sa figure et riant)

Où est donc la maîtresse de la maison ?

LA MARQUISE (se retournant)

Elle n'est plus là.

MADAME WOODBRIDGE (riant)

Oh ! je ne tiens guère à faire sa connaissance ; c'était uniquement pour voir sa figure afin de ne rien dire de désagréable devant elle si l'occasion s'en présentait.

LA MARQUISE

Nous la retrouverons ; comme vous êtes belle !

MADAME WOODBRIDGE

Ça me va bien, n'est-ce pas ?

LA MARQUISE

Vous allez faire tourner toutes les têtes. Avez-vous vu la princesse ?

MADAME WOODBRIDGE

Pas encore.

LA MARQUISE

Venez donc lui faire votre cour.

(Elles sortent par une porte, pendant qu'Édouard et Constance entrent par une autre.)

SCÈNE VI

EDOUARD, CONSTANCE (en domino)

EDOUARD

Tu l'as voulu, je t'ai amenée bien malgré moi ; te voilà introduite ; je te préviens d'une chose : je ne te connais plus.

CONSTANCE

Je n'ai plus besoin de toi.

EDOUARD

Je t'en supplie, pas d'extravagance, songe que pour moi il y va de deux millions.

CONSTANCE

Ne crains rien, comme disait cette femme de la halle : *j'ai l'œil dessus.*

EDOUARD

Je vais monter un baccarat et tâcher de leur gagner une cinquantaine.

CONSTANCE

Cela tomberait bien. (Elle met son masque.)

SCÈNE VII

LES MÊMES, CHAZERAY

CHAZERAY (rencontrant Edouard)

Où cours-tu donc ?

EDOUARD

Je vais m'occuper des jeux.

CHAZERAY

Tu as l'air de fuir ce charmant domino.

EDOUARD

Il y a aussi un peu de cela.

CHAZERAY

Qui est-ce donc ? (Edouard lui dit un mot à l'oreille.) Ah ! vraiment ! quelle bonne idée !

EDOUARD

Viens-tu ?

CHAZERAY

Tout à l'heure.

EDOUARD (riant)

Je m'évade. (Il sort.)

SCÈNE VIII

CONSTANCE, DE CHAZERAY

CHAZERAY

Bonsoir, chère Constance.

CONSTANCE (ôtant son masque)

Je vois que le mystère est dévoilé.

CHAZERAY

A quoi bon tant de précautions ; si vous saviez

tout ce que l'on raconte sur Mᵐᵉ de Sainte-Marie qui nous offre cette fête, cela vous mettrait fort à l'aise.

CONSTANCE

Bah ?

CHAZERAY

Les uns, et ce sont les plus bienveillants, disent que c'est une aventurière qui, à force d'astuce, est parvenue à se faire épouser par un imbécile de cultivateur de cannes à sucre de Bourbon, qui est mort juste à point pour lui laisser une très grosse fortune qu'elle vient dépenser à Paris.

CONSTANCE

Elle est de Bourbon ?

CHAZERAY

Oui. — Et, pour se poser convenablement dans le monde, elle réussit, je ne sais pas quelles rouories, à obtenir le patronnage de la marquise.

CONSTANCE

Pour raffiner sa société.

CHAZERAY

Bravo ! le mot y est.

CONSTANCE

Que disent les autres ?

CHAZERAY (riant)

Oh ! les autres parlent d'un empoisonnement, de noirceurs abominables, dont je ne veux pas me faire l'écho.

CONSTANCE

Et vous êtes ici ?

CHAZERAY

Moi ? tout cela m'est aussi indifférent qu'à tous ces gens que vous voyez : pourvu qu'il y ait un bon orchestre, des fleurs et un souper, le reste ne leur importe guère. — Voyez la princesse de Pruzy.

CONSTANCE

Vraiment ?

CHAZERAY

La voici en chair et en os.

CONSTANCE

En os, surtout.

CHAZERAY

Un clou habillé, mais elle se rachète par l'élégance.

CONSTANCE

On dit qu'elle a beaucoup d'esprit.

CHAZERAY

Voulez-vous en juger ?

CONSTANCE

Je n'y tiens pas du tout.

CHAZERAY

Ce sera drôle.

CONSTANCE

Non, non ; si elle apprenait qui je suis, elle crierait peut-être comme une pintade.

CHAZERAY
Vous ne la connaissez pas, elle serait enchantée.

CONSTANCE
Non, j'ai promis d'être sage. (Elle met son masque.)

CHAZERAY
Laissez-moi faire.

SCÈNE IX

LES MÊMES, LA PRINCESSE

CHAZERAY (à la princesse)
Bonsoir, belle princesse.

LA PRINCESSE
Bonsoir. — Quel est ce domino qui vous occupe autant?

CHAZERAY
Je vous le donne en mille pour deviner son nom.

LA PRINCESSE
Bah ! Est-ce que je le connais?

CHAZERAY
Vous la voyez et vous en parlez tous les jours.

LA PRINCESSE
Alors, ce ne sera pas bien difficile.

CHAZERAY
Ne cherchez pas, c'est inutile.

LA PRINCESSE

Eh bien! dites-le moi. (Chazeray lui dit un mot à l'oreille.) Vraiment!

CHAZERAY

Voulez-vous que je vous la présente?

LA PRINCESSE

Certainement. Je meurs d'envie de causer avec elle. On dit qu'elle a tant d'esprit.

CHAZERAY

Vous êtes à deux de jeu, et je serai ravi de vous avoir servi de trait d'union.

LA PRINCESSE

Mais ne lui dites pas que je sais qui elle est.

CHAZERAY

Soyez tranquille. Au bal masqué, l'incognito est de rigueur. (A Constance.) Je vous le disais bien, elle grille d'engager le fer avec vous.

CONSTANCE

Elle s'imagine trouver quelque chose d'extraordinaire, un phénomène, un mouton à deux têtes.

CHAZERAY

Un mouton? Oh! non, vous ne vivez pas sur cette réputation là.

CONSTANCE

Pas si bête!

CHAZERAY

Tenez, princesse, voici un petit domino de mes amis qui voudrait vous intriguer. (Il s'éloigne.)

LA PRINCESSE

Eh bien ! charmant domino, on dit merveille de votre esprit : voulez-vous le montrer ?

CONSTANCE

De même que vous êtes une délicieuse princesse, moi, par état, je suis ce qu'on appelle bon prince.

LA PRINCESSE

Vraiment ?

CONSTANCE

Je montre tout ce qu'on veut.

LA PRINCESSE

Excepté votre visage.

CONSTANCE

C'est ce qui m'est le moins demandé et j'en suis bien aise.

LA PRINCESSE

Pourquoi ?

CONSTANCE

Parce que je passe ma vie à faire le bonheur de gens qui m'assomment.

LA PRINCESSE

Je suis certaine que vous êtes la femme la plus adorée de Paris.

CONSTANCE

On pourrait le croire au nombre et à la magnificence des tributs que l'on vient déposer sur mes autels.

LA PRINCESSE

Vous êtes sans cesse entourée de ce qu'il y a de plus merveilleux, de plus brillant...

CONSTANCE

De plus vaniteux et de plus sot.

LA PRINCESSE

Rien n'est plus flatteur que cet empressement universel.

CONSTANCE

Oui, si je n'en connaissais pas le véritable mobile.

LA PRINCESSE

C'est l'amour.

CONSTANCE

L'amour ! Rien n'y est plus étranger.

LA PRINCESSE

Oh !

CONSTANCE

Ecoutez, princesse, je vais, en deux mots, vous faire connaître la vérité sur ces existences que l'on voit tourbillonner dans une atmosphère d'or et d'azur.
— Il y a à Paris deux classes qui paraissent avoir l'une pour l'autre une affinité irrésistible. D'une part, ce qu'on appelle les fils de famille ; de l'autre... je n'ai pas besoin de les nommer.

LA PRINCESSE

Oui, oui.

CONSTANCE

Savez-vous quel est l'élément si puissant qui rive la chaîne de cette union ?

LA PRINCESSE

Je vous le disais tout à l'heure : c'est l'amour.

CONSTANCE

C'est le mépris.

LA PRINCESSE

Vous plaisantez.

CONSTANCE

Je vous dis la vérité la plus pure. N'allez pas croire que dans cette société on joue la comédie. Jamais on n'y fait le plus léger mensonge ; il y règne une franchise que rien n'égale, si ce n'est le cynisme. Ces gens que l'on décore du nom d'amant se méprisent ouvertement, sans détours. On se voit, on s'accepte, on se prend.

LA PRINCESSE

On *s'éprend*.

CONSTANCE

S'éprendre, jamais. On rougirait d'une affection comme du vice le plus honteux ; si cela arrivait jamais, l'homme se brûlerait la cervelle, la femme s'empoisonnerait plutôt que de l'avouer. Non, non, chacun sait très bien ce qu'il doit donner ou recevoir ; aussi, il n'y a pas d'exemple qu'on ait donné ou reçu plus que le marché ne le comportait.

LA PRINCESSE

Vous faites un bien triste tableau de ce monde brillant.

CONSTANCE

Princesse, félicitez-vous d'être dans la salle, aux premières, dans un bon fauteuil d'où vous voyez jouer cette comédie. Ne vous avisez jamais d'aller dans les coulisses, car, au lieu d'y trouver les dieux de l'Olympe, vous ne verriez que d'abominables machines.

LA PRINCESSE

Quelle déception !

CONSTANCE

On se recherche les uns les autres uniquement par vanité. — Où l'un a passé, tous se précipitent, comme les moutons de Panurge. On veut se connaître pour se donner mutuellement la basse satisfaction de médire. On ne se console, les unes de leur humiliation, les autres de leurs sacrifices, qu'en courant répandre en tous lieux mille bruits, quelquefois faux, très souvent vrais sur les mystères dont ces misérables accouplements dévoilent le secret.

LA PRINCESSE

Vous me glacez.

CONSTANCE

Adieu, princesse.

CHAZERAY (rentrant, à Constance)

Vous partez ?

CONSTANCE

Je vais regarder. (Elle sort.)

SCÈNE X

CHAZERAY, LA PRINCESSE

LA PRINCESSE

Je suis toute interdite.

CHAZERAY

Pourquoi donc ?

LA PRINCESSE

On vient de me dire des choses si étranges, si extraordinaires...

CHAZERAY

Sur qui ?

LA PRINCESSE

Sur un certain monde qui m'apparaissait tout en beau.

CHAZERAY

Comment, vous étiez encore dans ces illusions!

LA PRINCESSE

J'en conviens.

CHAZERAY

Vous en perdrez bien d'autres. D'ailleurs, votre ignorance sur ce sujet n'est pas bien étonnante. On vous a initiée à des mœurs qui devraient toujours rester secrètes pour des personnes de votre qualité;

mais ce qui est surprenant, c'est que vous ne connaissez pas davantage le milieu dans lequel vous vivez. Gageons que je vous causerai tout autant de surprise en vous disant la vérité sur tous ces gens qui nous entourent, que vous voyez chaque jour et que vous croyez connaître.

LA PRINCESSE

Quelle surprise voulez-vous me faire?

CHAZERAY

Je suis certain que vous ne connaissez pas plus le monde qui nous environne que celui dont on vient de vous entretenir.

LA PRINCESSE

Quelle plaisanterie. Qu'avez-vous à m'apprendre sur la Société que je ne sache tout aussi bien que vous?

CHAZERAY

Vous croyez? eh bien! Je vais vous prendre au hasard, une à une, toutes les personnes qui vont passer devant nous; je les dépouillerai de leur apparence officielle, j'ôterai leur masque, et nous verrons si ces personnages vous étaient apparus sous leur véritable jour. Voulez-vous que je vous fasse voir cette lanterne magique d'un nouveau genre?

LA PRINCESSE

Très volontiers. Commençons : voici Mme de Joigny.

CHAZERAY

Je tombe mal pour mon début. Il n'y a rien de

bien particulier à dire sur son compte; son histoire se résume à peu de chose. Elle était autrefois, M⁰⁰ de Cambertin. Les attentions d'un beau cavalier de son voisinage touchèrent son cœur, et, un matin, le garde de Cambertin, en faisant sa ronde dans le parc, trouva son maître mort. Il avait une balle dans la tête.

LA PRINCESSE
Oh !

CHAZERAY
Cette catastrophe fit grand bruit, on murmura mystérieusement; on laissa échapper timidement les noms de la femme et de son jeune galant; la justice fut *sur le point* d'intervenir; mais le mot de suicide prit le dessus; le silence se rétablit autour de la tombe de ce pauvre Cambertin et, un an après, jour pour jour, sa veuve devenait ce qu'elle est aujourd'hui, la femme de celui qui, un moment, avait été accusé de la mort de son premier mari.

LA PRINCESSE
Oh ! ce serait monstrueux et vous ne croyez pas ce que vous voulez faire croire.

CHAZERAY
Je raconte simplement les faits, c'est à vous d'en tirer les déductions qui vous sembleront le plus naturelles. Je ne suis pas une mauvaise langue.

LA PRINCESSE
On le voit bien; mais pourquoi aviez-vous com-

mencé par dire qu'il n'y avait rien de condamnable dans l'histoire de cette femme ?

CHAZERAY

Parcequ'il ne s'est produit ici qu'un fait très simple : deux hommes aiment la même personne ; quand on ne peut pas s'arranger à l'amiable, ce qui arrive presque toujours, il faut bien en revenir au droit naturel, et je dirai même que j'ai plus d'indulgence pour un homme qui tue son rival que pour celui qui le trompe.

LA PRINCESSE

Je voudrais bien vous y voir.

CHAZERAY

Oui, mais vous ne m'y verrez pas.

LA PRINCESSE (montrant une femme)

Et celle-ci ?

CHAZERAY

Ah! à la bonne heure, voici un bon sujet, ce n'est plus du drame; c'est de la comédie. Celle-ci est la marquise de Saint-Firmin.

LA PRINCESSE

Oui, je la vois souvent.

CHAZERAY

C'est un enfant de l'amour ; elle ne connut jamais père ni mère : on lui donna une éducation très convenable et ses dispositions pour la musique lui firent embrasser, *avant tout autre chose*, le professorat; à dix-huit ans, elle entra dans une institution pour enseigner le piano aux jeunes élèves de son sexe. Comme elle était jolie et aimable, ses amies l'introduisirent dans leurs familles ; mais elle n'eût pas plus tôt goûté du monde et des plaisirs que ses mauvais instincts, (je dis mauvais parce que c'est le terme en usage) ses instincts se révélèrent. Elle commença pas se faire faire la cour, puis elle la fit à tous les hommes de la Société à laquelle elle se trouvait mêlée : Père, frère, maris, elle ne respectait rien.

LA PRINCESSE

Oh ! la vilaine femme !

CHAZERAY

Cette conduite ne put pas demeurer bien longtemps un mystère, et l'on délibérait sur le moyen de l'éconduire lorsque le maître de la maison reçut la visite d'un de ses amis, vieux garçon, assez libertin, qui vint lui raconter que la veille, étant allé chez une de ses commères pour y passer agréablement la soirée, comme d'habitude, on lui présenta, qui ? la jeune maîtresse de piano.

LA PRINCESSE

Ce n'est pas possible.

CHAZERAY

On la nommait, dans ce monde interlope, Mlle de Saint-Louis.

LA PRINCESSE

Pourquoi ?

CHAZERAY

Vous ne comprenez pas ?

LA PRINCESSE

Non.

CHAZERAY

Cinq louis.

LA PRINCESSE

Oh ! quelle abomination ! elle Mme de Saint-Firmin ?

CHAZERAY (riant)

Comme j'ai l'honneur de vous le dire.

LA PRINCESSE

Comment se fait-il qu'elle soit ici ?

CHAZERAY

Il se fit qu'elle eut la chance de rencontrer M. de Saint-Firmin, le père de son mari. Elle lui plut tellement que, foulant aux pieds toutes les convenances, il l'emmena passer une saison avec lui dans ses terres où il menait grand train. Le fils du marquis vint comme tout le monde, et comme tout le monde s'éprit de la belle aventurière qui, avec son instinct de bête fauve, devina que c'était là sa véritable proie. — En quelques jours elle enflamme le fils, devient sa maîtresse et part avec lui pour l'Italie où elle se fait épouser malgré les oppositions, les protestations et les malédictions paternelles.

LA PRINCESSE

Quelle histoire !

CHAZERAY

Il s'en suivit un procès plein de scandales : ce qui n'a pas empêché le tribunal de repousser la demande en nullité formée par le marquis qui en est mort de chagrin.

LA PRINCESSE

Comment, Mme de Saint-Firmin !

CHAZERAY

Celle que vous voyez-là, tout le monde le sait.

LA PRINCESSE

Et on la reçoit.

CHAZERAY

Presque aussi bien que vous.

LA PRINCESSE

C'est flatteur. (Apercevant un mouvement qui se fait dans le salon voisin.) Ah ! voici Son Altesse Royale qui fait son entrée ; je vais lui présenter mes hommages.

CHAZERAY

Vous croyez que c'est elle.

LA PRINCESSE

Je l'aperçois — heureusement elle arrive à Paris et vous ne la connaissez pas, sans cela vous seriez capable de lui fabriquer son roman — vous me faites l'effet du diable boiteux.

CHAZERAY

Puisque je vous ennuie, allez faire vos respectueux

compliments à cet auguste personnage — un de ces jours je vous raconterai son histoire.

LA PRINCESSE

Quelque invention de l'autre monde.

CHAZERAY

J'en ai pour tous les goûts. J'ai commencé par le drame, puis la comédie : vient maintenant le ballet.

LA PRINCESSE

Non, franchement, ne plaisantez pas. Est-ce que vous savez quelque chose sur elle ?

CHAZERAY

Je le crois bien.

LA PRINCESSE

De la pure vérité ?

CHAZERAY

Vous savez bien que je ne suis pas une mauvaise langue.

LA PRINCESSE

Eh bien, j'écoute, car cela m'intéresse d'autant plus que, par son mariage, elle est devenue presque compatriote.

CHAZERAY

Vous saurez donc qu'il y a quelques années, ma cousine avait à son service une femme de chambre dont elle était fort satisfaite. Un jour, cette femme de chambre vint lui dire qu'elle avait une jeune sœur dont elle ne savait encore que faire, et qu'elle serait bien bonne si elle voulait permettre qu'elle vînt habiter le château et la seconder dans son office jusqu'à ce qu'elle ait trouvé l'occasion de la placer d'une manière convenable. La grâce fut facilement accordée ; la jeune fille vint ; elle n'était ni bien ni mal, et ma cousine eut la bonne chance de la caser dans une famille étrangère qui retournait dans le pays que vous savez.

LA PRINCESSE

Bah !

CHAZERAY

Oui, une fois là, notre petite femme de chambre trouva son métier maussade ; un jeune musicien la vit, s'en éprit ; elle consentit à le suivre et peu de temps après elle débutait, faute de voix, comme danseuse, au théâtre de la capitale.

LA PRINCESSE

Vraiment ?

CHAZERAY

C'est là que Son Altesse Royale la vit, et fut séduit par le galbe de ses jambes et du reste.

LA PRINCESSE

Je savais bien qu'elle avait été danseuse, mais femme de chambre !...

CHAZERAY

Ni plus ni moins. Ce qu'il y a de plus comique, c'est que quand ces Altesses arrivèrent à Paris, toute la *haute* société, comme on dit, fut sens dessus-dessous pour leur faire honneur ; on jalousa même extrêmement Mme de Trèves dont elles daignèrent honorer le salon de leur présence. Vous vous rappelez la fête qu'elle donna à cette occasion ?

LA PRINCESSE

Parfaitement, j'y étais.

CHAZERAY.

Ma cousine fut invitée et présentée comme tout le monde. Mais comprenez-vous quels furent son étonnement et son humiliation lorsqu'en saluant cette auguste princesse elle reconnut son ancienne femme de chambre.

LA PRINCESSE

Ah ! vous me feriez renoncer au monde.

CHAZERAY

Bah ! bah ! cela ne vous empêchera pas d'aller lui faire votre cour.

LA PRINCESSE

C'est pourtant vrai, il le faut, car sans cela mon mari tomberait en disgrâce.

CHAZERAY

Vous voyez bien.

LA PRINCESSE

C'est la dernière fois que je cause avec vous.

CHAZERAY

J'espère que non. (Elle sort.)

SCÈNE XI

CHAZERAY, CONSTANCE, ÉDOUARD.

CONSTANCE (entrant en riant)

Ah! ah! la bonne aventure!...

CHAZERAY

Vous venez de faire quelque méchanceté.

CONSTANCE

Je viens de m'amuser.

CHAZERAY

De qui?

CONSTANCE

De deux imbéciles qui s'adoraient il n'y a qu'un moment et qui, maintenant, sont à couteaux tirés.

CHAZERAY

Parce que?

CONSTANCE

Parce que je leur ai dit qu'ils avaient la tête dans le même bonnet.

ÉDOUARD (entrant)

Où est la princesse?

CHAZERAY (riant)

Auprès de Son Altesse Royale.

ÉDOUARD

Ma mère m'envoyait la chercher justement pour l'y

conduire. (Apercevant Constance.) Comment, Constance, encore ici ? Tu vas me faire une mauvaise affaire.

CONSTANCE

As-tu gagné ?

EDOUARD

Pas encore.

CONSTANCE

Alors, j'attends.

CHAZERAY

Voulez-vous intriguer l'Altesse ?

EDOUARD

Constance, pas de folie, tu m'as promis d'être sage.

CONSTANCE

N'aie donc pas peur.

EDOUARD

Je me sauve. (Il sort.)

CHAZERAY

Venez-vous faire un tour de valse ?

CONSTANCE

Je ne suis pas venue ici pour danser ; je préfère voir.

CHAZERAY

Eh bien ! allons voir.

SCÈNE XII

LES MÊMES, LOUISE.

CONSTANCE (à Chazeray)
Quelle est cette ravissante jeune fille ?

CHAZERAY
Vous ne la connaissez pas ?

CONSTANCE
Non.

CHAZERAY
On dit qu'Edouard doit l'épouser.

CONSTANCE
Mademoiselle de Sainte-Marie ?

CHAZERAY
Tout juste.

CONSTANCE
Qu'elle est jolie !

CHAZERAY
Ça ne vous effraie pas plus que cela ?

CONSTANCE
Pas le moins du monde; c'est un enfant et nous en ferons tout ce que..... je voudrai.

CHAZERAY (riant)
Vous croyez que vous pourrez vivre ensemble ?

CONSTANCE.

Je n'en doute pas. Elle a l'air doux, c'est ce qu'il me faut.

CHAZERAY

A la bonne heure !

CONSTANCE

Je préfère beaucoup cela à une autre combinaison dont Edouard m'a parlé, et qui me donnerait peut-être du fil à retordre.

CHAZERAY

La mère ?

CONSTANCE

Précisément.

CHAZERAY

Allons, tant mieux, venez.

CONSTANCE

Non, laissez-moi, il faut que je lui parle.

CHAZERAY

A votre rivale.

CONSTANCE

Dites à mon associée.

CHAZERAY

C'est très bien, (riant) ne l'étranglez pas.

CONSTANCE

Ne craignez rien. (Chazeray sort.)

SCÈNE XIII

CONSTANCE, LOUISE.

CONSTANCE (mettant son masque)

Mademoiselle Louise veut-elle causer un moment avec moi ?

LOUISE

Certainement, madame.

CONSTANCE

J'ai des choses fort intéressantes à lui dire sur quelqu'un qu'elle cherche peut-être.

LOUISE

Moi ?

CONSTANCE

Et qui vous cherche de son côté, sans doute, car il est plein de vous.

LOUISE

Vous voulez vous amuser.

CONSTANCE

Nullement, vous savez bien qui je veux dire.

LOUISE

Mais...

CONSTANCE

Allons, pas de feinte, le marquis vous aime et veut vous épouser.

LOUISE

Vraiment, madame.

CONSTANCE

Vous voyez bien que nous nous comprenons.

LOUISE

J'ignorais...

CONSTANCE

Le projet de mariage, peut-être, mais son amour, vous ne l'ignorez pas.

LOUISE

Je vous jure, madame, que jamais...

CONSTANCE

Il ne vous l'a pas avoué, sans doute, parce que c'est un homme d'honneur qui, pour rien au monde, ne voudrait troubler votre candeur sans être certain d'avance d'être agréé par votre mère.

LOUISE

Il n'a qu'à parler.

CONSTANCE

Me permettez-vous de le lui dire ?

LOUISE

Quoi ?

CONSTANCE

Que vous l'aimez.

LOUISE

Oh !...

CONSTANCE

Si vous saviez comme il serait heureux.

LOUISE

Vraiment ?

CONSTANCE

Il ne parle que de vous, ne songe qu'à vous.

LOUISE

A moi !

CONSTANCE

Sans doute, et vous méritez bien de tels hommages. Je suis certaine que je le comblerais de joie si je pouvais lui dire : vos vœux seront bien accueillis.

LOUISE

Oh ! oui.

CONSTANCE

Mais tous ces beaux rêves de bonheur dont vous êtes l'âme, peuvent être fatalement détruits par un coup de foudre.

LOUISE

Comment ?

CONSTANCE

Je ne suis venue ici que pour vous instruire d'un drame qui se cache sous les enchantements de cette fête.

LOUISE

Un drame ?

CONSTANCE

Terrible, car deux hommes, demain, se rencontreront pour se donner la mort.

LOUISE

Un duel ?

CONSTANCE

Et l'un des deux combattants est...

LOUISE

Le marquis!

CONSTANCE

Oui, le marquis se bat pour vous.

LOUISE

Pour moi ? A quel propos ?

CONSTANCE

Une querelle, une jalousie, un malentendu, peut-être.

LOUISE

Ah ! Il faut empêcher cette rencontre.

CONSTANCE

Il n'y aurait qu'un moyen.

LOUISE

Lequel ? parlez.

CONSTANCE

Avez-vous du courage ?

LOUISE

Je n'en sais rien, mais je ne crains qu'une chose, c'est de le perdre.

CONSTANCE

Eh bien, venez, partons et demain nous irons ensemble nous jeter entre les combattants.

LOUISE

Partons... mais comment ?

CONSTANCE

Prenez ce domino, voyez, j'ai tout prévu. (Elle découvre un domino rose sous le noir qu'elle ôte et qu'elle met à Louise.) Courez à l'antichambre, demandez Bourguignon et montez dans ma voiture, je vais vous y rejoindre.

LOUISE

Que va penser ma mère!

CONSTANCE

Voulez-vous sauver votre mari?

LOUISE

Partons!

CONSTANCE

Je vous suis. (Louise sort par une porte à gauche. Au moment de sortir par la porte du fond, Constance rencontre Chazeray.)

SCÈNE XIV

CONSTANCE, CHAZERAY

CHAZERAY

Je venais chercher un domino noir et j'en trouve un rose qui serait bien aimable s'il voulait accepter ma compagnie pour souper.

CONSTANCE (masquée)

Laissez-moi, je pars!

CHAZERAY

Quoi, c'est vous. Est-ce que vous jouez une pièce à tiroirs?

CONSTANCE

Je pense toujours à mes tiroirs.

CHAZERAY

Il y a quelque intrigue là-dessous?

CONSTANCE

Oui. Adieu.

CHAZERAY

Qu'avez-vous fait de la petite ?

CONSTANCE

Elle avait autre chose à faire que de bavarder avec moi et m'a quittée bien vite en entendant la ritournelle d'une valse.

CHAZERAY

Venez donc souper.

CONSTANCE

Non, vous dis-je, j'ai assez de plaisir comme cela ; je meurs de sommeil.

CHAZERAY

Vous ne ferez pas même un compliment à la maîtresse de la maison ?

CONSTANCE

Elle ne s'en soucie guère. Adieu.

CHAZERAY

La voici. Elle n'a pas l'air d'être folle de joie.

CONSTANCE

Quoi! c'est elle?

CHAZERAY
Oui, Mme de Sainte-Marie.

CONSTANCE
Vous êtes bien sûr?

CHAZERAY
Aussi sûr d'elle que de vous.

CONSTANCE (dans la plus grande surprise)
Elle, cette femme qui entre? (Mme de Sainte-Marie entre, donnant le bras à Guyencourt.)

CHAZERAY
Je vous affirme que c'est elle.

CONSTANCE
Il faut que je lui parle... Eloignez-vous.

CHAZERAY (riant)
Allons, je vous obéis.

SCÈNE XV

CONSTANCE, MADAME DE SAINTE-MARIE GUYENCOURT

CONSTANCE (à part)
Non, je ne me trompe pas, c'est elle, c'est bien elle. (Elle s'approche, masquée, de Mme de Sainte-Marie.) Je peux enfin, madame, vous adresser mon compliment sur la réception splendide que vous faites à vos hôtes.

MADAME DE SAINTE-MARIE

Vous êtes la première, madame, qui ayez eu cette politesse. Jusqu'à cette heure, je suis demeurée seule, comme une étrangère à laquelle personne n'a daigné faire la moindre attention.

CONSTANCE

Si on ne vous parle pas, on parle de vous.

MADAME DE SAINTE-MARIE

Sans doute pour en médire un peu.

CONSTANCE

Beaucoup.

MADAME DE SAINTE-MARIE

Beaucoup !... Cela m'étonne, car on ne me connaît guère.

CONSTANCE

Je suis certaine d'être ici votre plus ancienne connaissance.

MADAME DE SAINTE-MARIE

Vraiment !... J'en suis bien aise.

CONSTANCE

Nous avons habité le même toit.

MADAME DE SAINTE-MARIE

Où donc ?

CONSTANCE

A Bourbon.

MADAME DE SAINTE-MARIE (étonnée)

A Bourbon !

CONSTANCE

Vous n'avez pas l'air ravie de cette rencontre.

MADAME DE SAINTE-MARIE (à Guyencourt)

Voici un domino qui, à ce qu'il paraît, veut m'intriguer. Laissez-nous.

GUYENCOURT (riant)

Enfin ! cela va vous amuser. (Il s'éloigne.)

MADAME DE SAINTE-MARIE

Pourrais-je savoir à qui j'ai l'honneur de parler ?

CONSTANCE

Ne vous rappelez-vous plus d'avoir été en apprentissage chez une marchande de modes.

MADAME DE SAINTE-MARIE

Vous plaisantez.

CONSTANCE

Que vous avez trahie.

MADAME DE SAINTE-MARIE

Madame !

CONSTANCE

A laquelle vous avez enlevé son amant.

MADAME DE SAINTE-MARIE

Qui êtes-vous donc ! (Elle veut lui arracher son masque.)

CONSTANCE

Ne touchez pas à ce masque, sans cela je prends une voix d'airain pour vous démasquer à mon tour.

MADAME DE SAINTE-MARIE

Vous oubliez que vous êtes chez moi, que vous n'avez sans doute pas le droit d'y être, et que d'un mot je peux...

CONSTANCE

Me faire chasser, n'est-ce pas? mais pas avant de m'être vengée de vous, à qui je dois tous les malheurs de ma vie. (Elle ôte son masque.)

MADAME DE SAINTE-MARIE

Berthe!!!...

CONSTANCE

Oui, Berthe autrefois... Aujourd'hui, je suis Constance.

MADAME DE SAINTE-MARIE

C'est vous qui êtes?...

CONSTANCE

Oui, Constance que ses désordres ont rendue célèbre, la maîtresse du marquis que vous voulez m'arracher encore comme l'autre, afin de cacher votre passé sous le titre de marquise.

MADAME DE SAINTE-MARIE

Je ne comprends rien à toutes vos impertinences que j'ai écoutées trop longtemps. Sortez.

CONSTANCE

Oui, je vais sortir, mais le front haut et le visage découvert; non comme une vile esclave que l'on chasse, mais comme une ennemie triomphante et proclamant tout haut,...

MADAME DE SAINTE-MARIE

Ah ! j'étouffe ! ! ! (Elle s'évanouit.)

SCÈNE XVI

LES MÊMES ; GUYENCOURT, EDOUARD

GUYENCOURT (à Mᵐᵉ de Sainte-Marie qu'il soutient)

Qu'avez-vous ?

EDOUARD (à Constance)

J'ai eu un coup de six.

CONSTANCE (montrant Mᵐᵉ de Sainte-Marie)

Et elle un coup de sang.

EDOUARD

Tu lui as donc parlé ?

CONSTANCE

Je te fais mon compliment sur ta future marquise ; c'est une ancienne amie.

EDOUARD

Tu la connais ?

CONSTANCE

De longue date.

EDOUARD

Elle sait qui tu es ?

CONSTANCE

Si bien qu'elle en étouffe de rage.

EDOUARD

Tu me coûtes deux millions, va-t-en.

CONSTANCE

As-tu gagné ?

EDOUARD

Dix-huit mille.

CONSTANCE

Donne les, et je pars.

EDOUARD

Tiens, va. (Constance sort au milieu du tumulte que cause l'évanouissement de Mme de Sainte-Marie.)

SCÈNE XVII

LES MÊMES (beaucoup de monde s'empressant autour de Mme de Sainte-Marie).

GUYENCOURT (lui prenant les mains et lui faisant respirer un flacon)

Chère amie, qu'avez-vous ? Elle est évanouie. Tout ce monde, cette chaleur...

MADAME DE SAINTE-MARIE (se levant)

Où est-elle, chassez-la, qu'on la chasse !

GUYENCOURT

Mais qui, qui donc ?

EDOUARD (à part)

Je ne suis pas à mon aise. (Il sort.)

MADAME DE SAINTE-MARIE (se prenant la tête dans les mains)

Ma fille !... Amenez-moi Louise, qu'on nous laisse, fermez ces portes, que je ne voie plus personne, que je n'entende plus rien de tous ces bruits odieux.

GUYENCOURT

Calmez-vous, ce n'est rien, rien qu'un peu de fatigue.

MADAME DE SAINTE-MARIE

Où est Louise ?

UN DOMINO

Je viens de la chercher vainement dans tous les salons.

MADAME DE SAINTE-MARIE

Vous n'avez pas trouvé ma fille ?

UN SECOND DOMINO

Ni dans le bal, ni chez elle.

GUYENCOURT

Je vais moi-même...

MADAME DE SAINTE-MARIE

Où est le marquis ?

GUYENCOURT

Le marquis ?

MADAME DE SAINTE-MARIE

Oui, le marquis, car je pressens un abominable complot.

GUYENCOURT

Un complot !... le marquis !...

MADAME DE SAINTE-MARIE

Amenez-le, vous dis-je, s'il est encore ici.

GUYENCOURT

Je cours vous le chercher. (Rencontrant Edouard à la porte.) Le voici.

EDOUARD

Qu'y a-t-il ?

MADAME DE SAINTE-MARIE

Où est ma fille ?

EDOUARD

Mlle Louise ?...

MADAME DE SAINTE-MARIE

Qu'en avez-vous fait ? rendez-la moi.

EDOUARD

Je ne comprends absolument rien à votre demande.

MADAME DE SAINTE-MARIE

Vous avez commis un crime, vous avez un complice, mais vous en répondrez. (A Guyencourt.) Venez.

EDOUARD (à part)

Un crime !... je veux être pendu si je sais ce que cela veut dire. Il faut que Constance lui ait fait une terrible scène... Je ne la croyais pas jalouse.

ACTE IV

Le théâtre représente un salon.

SCÈNE PREMIÈRE

CONSTANCE, UNE FEMME DE CHAMBRE
(Constance est couchée sur son canapé. La femme de chambre entre un bougeoir à la main.)

CONSTANCE

Eh bien ?

LA FEMME DE CHAMBRE

Elle est profondément endormie.

CONSTANCE

A-t-on porté ma lettre ?

LA FEMME DE CHAMBRE

Oui, madame.

CONSTANCE

C'est bien, allez. (La femme de chambre sort. — Se levant.) Quant à moi, je ne peux pas fermer l'œil ; j'ai la fièvre, une fièvre de bonheur ; je vais donc pouvoir me venger de cette odieuse femme. Ah ! je n'ai pas perdu pour attendre, c'est bien la Providence qui m'a conduite et j'étais loin de penser que c'est à ce bal que je devais la retrouver. Je ne voulais qu'empêcher un mariage que mon instinct me faisait redouter, et voilà que d'un seul coup, par le plus grand des hasards, je peux faire éprouver à l'être que je déteste le plus au monde toutes les angoisses du désespoir. Ah ! merci, mille fois merci, fortune qui m'as été si cruelle, je ne me plaindrai plus de toi.

SCÈNE II

CONSTANCE, EDOUARD

EDOUARD (un bougeoir à la main)

Encore debout.

CONSTANCE

Je t'attendais, j'ai à te parler.

EDOUARD

Et moi aussi. Je te mènerai encore dans le monde ; tu t'y conduis bien.

CONSTANCE

N'est-ce pas ?

EDOUARD

Tu m'as ruiné.

CONSTANCE

Peut-être.

EDOUARD

On n'a jamais vu chose pareille. On peut aimer quelqu'un, être jalouse, mais faire une semblable esclandre.

CONSTANCE

Ah ! tu crois que c'est par jalousie ?

EDOUARD

Eh bien !

CONSTANCE

Que c'est parce que tu devais l'épouser.... Tiens, tu me ferais rire et je n'y suis pas disposée.

EDOUARD

Dis alors quel est le motif de tes violences vis-à-vis de Mme de Sainte-Marie.

CONSTANCE

Elle n'en mourra pas, va, il n'y a pas de danger.

EDOUARD

Mais ce scandale ?

CONSTANCE

Qu'a-t-on dit ?

EDOUARD

Personne, heureusement, n'a prononcé ton nom; mais on parlait de rivalités amoureuses, d'altercation violente, de coups, même.

CONSTANCE

Elle ment : je ne l'ai pas touchée, sans cela je l'aurais tuée.

EDOUARD

Tuée ! ah ça, je ne t'ai jamais vue dans une pareille exaspération. Comment, parce que je t'ai dit qu'il était question de mariage entre nous...

CONSTANCE

Eh bien oui, je ne veux pas que tu épouses cette femme ; et j'ai voulu rendre votre union impossible.

EDOUARD

Et mes deux millions ? J'ai eu bien tort de t'amener. Ah ! tu fais bien dans une fête.

CONSTANCE

N'est-ce pas ?

EDOUARD

Oui, à la façon de Lucrèce Borgia.

CONSTANCE

Ne te plains pas trop.

EDOUARD

Me voilà dans une jolie position, car on découvrira sans aucun doute que tu es l'héroïne de ce drame, que c'est moi qui t'ai introduite, et adieu à toutes mes espérances.

CONSTANCE

Nous arrangerons tout cela.

EDOUARD

Oui, on peut se fier à toi pour arranger les choses. — Heureusement encore que nous ne sommes pas partis ensemble, on m'aurait soupçonné... Car ce n'est pas tout. C'est la nuit aux aventures.

CONSTANCE

Qu'y-a-t-il encore ?

EDOUARD

Il y a que quand Mme de Sainte-Marie est revenue à elle, furieuse, écumante, elle a voulu rentrer dans son appartement et a demandé sa fille.

CONSTANCE

Eh bien !...

EDOUARD

On appelle, on cherche partout, personne. Mademoiselle Louise était partie, enlevée.

CONSTANCE

Ah !

EDOUARD

Si je n'avais pas été là, on n'aurait pas manqué de dire que j'étais le ravisseur, et je n'y pensais certes pas ; mais on ne trouve rien, aucun renseignement ne peut mettre sur la trace de cette intrigue, et voilà la mère dans un désespoir que rien ne peut peindre. Elle me fait appeler, m'accuse, je proteste, elle me menace, tout le monde est dans la plus grande agitation et je profite de ce bouleversement général pour m'échapper, tranquille sur ce seul point qu'on ne pourra pas t'accuser de ce rapt.

CONSTANCE (montrant la porte de la chambre)

Elle est là.

EDOUARD

Qui ?

CONSTANCE

Sa fille.

EDOUARD

Mademoiselle Louise ?

CONSTANCE

Mademoiselle Louise,

EDOUARD

Ici ?

CONSTANCE

Dans mon lit.

EDOUARD

Mademoiselle Louise ?...

CONSTANCE

Elle t'attend, va.

EDOUARD (il court vers la porte, et s'arrête)

Ce n'est pas possible, tu te moques de moi.

CONSTANCE

Va donc !

EDOUARD

Ah ! ça ! voyons, suis-je gris, suis-je éveillé, ou est-ce que je rêve ?

CONSTANCE

Tu n'es plus gris et tu ne rêves pas.

EDOUARD

Je tombe de surprise en surprise, je reste confondu, me diras-tu pourquoi, dans quel but, pour quel dessein ?...

CONSTANCE

Chazeray m'a montré cette charmante enfant, je me suis sentie attirée vers elle par une sympathie irrésistible. Je lui ai parlé ; il n'a pas été difficile de lire dans ce jeune cœur que tu le remplissais, je me suis laissée attendrir.

EDOUARD

Mais pourquoi est-elle là ?

CONSTANCE

J'ai voulu rendre votre mariage inévitable. En un clin d'œil mon projet était conçu pour brusquer le dénouement et tout rompre entre la mère et toi. Ce dont tu me béniras un jour.

EDOUARD

Et elle est venue ici pour moi, sans hésitation, sans combat ?

CONSTANCE

Je lui ai dit que tu devais te battre ce matin, qu'elle seule pouvait conjurer ce danger, et cette candide enfant a tout oublié pour aller se mettre entre ton adversaire et toi.

EDOUARD

Comment, c'est pour moi ?

CONSTANCE

Elle t'aime plus que tout au monde.

EDOUARD

Je suis anéanti.

CONSTANCE

Elle t'attend, elle brûle, cours lui donner le bonheur et signer ton contrat de mariage. Je me charge du reste.

EDOUARD

Elle est là ?...

CONSTANCE

Mais va donc ! (Elle le pousse.)

EDOUARD (résistant)

Je ne pourrai jamais !

CONSTANCE (furieuse)

Est-ce que tu as peur ?

EDOUARD

Oui, j'ai peur.

CONSTANCE

Eh quoi ! faux Don Juan, tu recules.

EDOUARD

Dieu merci, je recule.

CONSTANCE (avec mépris)

Je raconterai ce soir à tes amis...

EDOUARD

Dis ce que tu voudras...

CONSTANCE

Tu seras la risée de Paris.

EDOUARD

Que m'importe.

CONSTANCE

Tu trembles?...

EDOUARD

Oui, cette machination infernale m'effraie, et pour rien au monde je ne voudrais m'en rendre complice.

CONSTANCE

Songes-y bien, après ce qui s'est passé, adieu le mariage, adieu la fortune.

EDOUARD

Que je perde tout, soit, tout, fors l'honneur.

CONSTANCE (à part)

Je ne comptais pas avoir à lutter contre un bon sentiment. (Haut) Tu es un niais.

EDOUARD

C'est possible.

CONSTANCE

Mais je te sauverai malgré toi.

EDOUARD

Il y a dans tout ceci quelque secret, quelque chose d'infernal que tu me caches.

CONSTANCE

Oui, il y a un secret terrible, mais tu ne le sauras que quand il en sera temps.

EDOUARD

Parle donc.

CONSTANCE

J'ai voulu empêcher votre duel, j'ai voulu que le beau-père et le gendre ne pussent s'égorger.

EDOUARD

Ah! Guyencourt... Je l'avais oublié.

CONSTANCE

Il va venir.

EDOUARD

Ici ?

CONSTANCE

C'est Mlle Louise qui le recevra.

EDOUARD

Non, je ne permettrai pas qu'elle soit compromise de la sorte — J'en suis aimé, je le sens, oui, je l'aime, elle doit porter mon nom... (On entend une sonnette.) Constance, je t'en supplie, si tu as quelque affection pour moi, si tu ne veux pas me rendre le plus malheureux des hommes, fais la reconduire chez sa mère, que tout ce qui s'est passé cette nuit demeure enseveli dans le plus profond secret, je t'en conjure.

CONSTANCE

Tu ne sais pas quel sacrifice je te fais.

SCÈNE III

LES MÊMES, LOUISE

LOUISE (entrant)

Monsieur Edouard ! Madame ! (Elle court se cacher dans les bras de Constance.)
Qu'ai-je fait ? Ma pauvre mère !

CONSTANCE

Rassurez-vous.

LOUISE

Ma bonne mère, que va t-elle penser ?

EDOUARD

Mademoiselle Louise, en venant ici, vous avez fait un acte dont je vous aurai une éternelle reconnaissance. Vous vous étiez alarmée pour ma vie, je jure de vous la consacrer tout entière.

LOUISE

Vous ne vous battrez pas ?

EDOUARD

Non.

LOUISE

Vous le jurez ?

EDOUARD

Je le jure par mon amour pour vous.

LOUISE

Merci. — (A Constance) Madame, j'ai suivi votre conseil, j'ai fait ce que vous m'avez dit de faire, j'ai été assez heureuse pour réussir; maintenant, ramenez-moi près de ma mère, et obtenez mon pardon pour le chagrin que je lui aurai causé.

EDOUARD

Mademoiselle Louise, accordez-moi l'honneur de vous accompagner.

LOUISE

Oh! non, pas vous, mais madame.

EDOUARD

Que craignez vous?

LOUISE

Je ne crains rien, mais...

CONSTANCE

M. Guyencourt va venir, je l'attends.

LOUISE

Ah! Je respire.

CONSTANCE

C'est plus qu'un ami pour vous, je l'ai fait prévenir.

LOUISE

Merci.

CONSTANCE

Et je m'étonne... (Regardant la pendule.) Quelle heure est-il?

EDOUARD

Huit heures.

CONSTANCE

C'est justement celle que je lui ai marquée.
(On sonne encore.)

EDOUARD

Le voici.

SCÈNE IV

LES MÊMES, GUYENCOURT, LA FEMME DE CHAMBRE.

LA FEMME DE CHAMBRE

M. Guyencourt.

GUYENCOURT

Madame, je me rends à votre... (Apercevant Louise.) Louise... vous ici ?... (Il court à elle, apercevant Edouard.) Le marquis. Oh! monsieur !...

EDOUARD

Ne croyez pas...

LOUISE

Cher Monsieur Guyencourt, qu'a dit ma mère ? parlez-moi de ma mère.

GUYENCOURT

Je l'ai laissée au désespoir.

LOUISE

Ah ! venez, courons la consoler, mais jurez-moi, comme vient de le faire M. Edouard, que vous renoncez à ce maudit duel qui est la cause de tout.

GUYENCOURT
Comment savez-vous ?

LOUISE
Je le sais — accordez-moi cette grâce.

EDOUARD
Monsieur Guyencourt, je regrette profondément qu'un malentendu ait pu donner à mes paroles une signification qui était fort loin de ma pensée. J'avoue que je me suis rendu coupable d'une légèreté de langage qui n'était motivée par rien, et que vous me pardonnerez, car je vous en fais mes plus sincères excuses.

LOUISE
Oui, oui, vous oublierez tout, n'est-ce pas ?

GUYENCOURT (à Louise)
Puisque c'est vous qui me le demandez, tout soupçon s'efface; je reconnais que je me suis mépris, marquis, c'est moi qui vous demande pardon de mon emportement. Votre main...

EDOUARD
De grand cœur. (Ils se serrent la main.)

CONSTANCE (à Guyencourt)
Pour prouver que cette réconciliation est sans arrière-pensée, chargez-vous d'apaiser Mme de Sainte-Marie et d'unir deux cœurs qui ne peuvent plus se séparer.

GUYENCOURT
Ah! je ne peux pas vous dire avec quelle ardeur je m'y emploierai. Venez, Louise, j'ai bon espoir.

CONSTANCE (à Louise)
J'entends du bruit, je suis sûre que c'est votre mère.

LOUISE (à Guyencourt)
Allons nous jeter à ses pieds.

CONSTANCE
Non, pas encore, entrez dans cette chambre; je veux la préparer à la surprise qui l'attend.

LOUISE
Vous le voulez?

CONSTANCE
Je l'exige.

EDOUARD (à Constance)
C'est vous qui allez la recevoir?

CONSTANCE (les faisant entrer dans sa chambre)
Laissez-moi. (Seule.) Je ne veux pas encore lâcher ma proie.

SCÈNE V

CONSTANCE, MADAME DE SAINTE-MARIE

MADAME DE SAINTE-MARIE (entrant furieuse, malgré l'opposition de la femme de chambre)
Ma fille, où est ma fille?

CONSTANCE
Suis-je chargée du soin de garder votre fille?

MADAME DE SAINTE-MARIE

Elle est ici. Je ne sais par quelle horrible machination ce crime s'est accompli, mais mon cœur me dit que c'est vous qui l'avez enlevée. Où est-elle ?

CONSTANCE

Bon chien chasse de race, et la jeune Louise sera partie avec quelque amoureux.

MADAME DE SAINTE-MARIE

Elle, un ange !... rendez-la moi, ou dans cinq minutes je vous fais arrêter comme la plus criminelle des femmes.

CONSTANCE

Faites, amenez la justice et tout son abominable appareil, voilà ce que j'avais prévu et ce que je demande.

MADAME DE SAINTE-MARIE

Ah !... Elle est donc ici ?

CONSTANCE

Eh bien ! oui, votre haine a été clairvoyante ; elle est là, et j'ai voulu la perdre en vous déshonorant, car je raconterai votre histoire.

MADAME DE SAINTE-MARIE

Que m'importe ; où est ma fille ?

CONSTANCE

Là, entrez dans cette chambre et vous la trouverez dans les bras de votre amant.

MADAME DE SAINTE-MARIE (après hésitation)
Vous mentez toujours.

SCÈNE VI

LES MÊMES, LOUISE, EDOUARD, GUYENCOURT

LOUISE (se jetant dans les bras de sa mère)
Ah ! bonne mère, j'ai reconnu ta voix.

MADAME DE SAINTE-MARIE
Chère enfant ! (Elle l'embrasse, apercevant Edouard.) Quoi ! il est donc vrai ?

EDOUARD
Madame...

MADAME DE SAINTE-MARIE
Ah ! monsieur le marquis !...

LOUISE
Mère, c'est moi qui suis coupable, pardonne-moi.

MADAME DE SAINTE-MARIE
Toi ?

LOUISE
Pardonne-moi.

MADAME DE SAINTE-MARIE (à Edouard)
Vous avez commis un acte infâme.

EDOUARD
Mais madame...

LOUISE
C'est moi seule qu'il faut accuser, M. Edouard ignorait... (Elle se jette aux genoux de sa mère.)

MADAME DE SAINTE-MARIE
Comment, tu n'as pas été victime d'une violence, tu es venue ?...

LOUISE
Mon cœur m'a entraînée.

MADAME DE SAINTE-MARIE
Ah ! quel coup !

LOUISE
Il m'aime, maman, il m'aime !

MADAME DE SAINTE-MARIE
Sortons de cette maison.

EDOUARD
Vous vous trompez étrangement...

MADAME DE SAINTE-MARIE (au marquis)
Je vous méprise. (A Louise.) Viens.

LOUISE
Permettez que je ne quitte pas madame (elle va vers Constance) sans la remercier de l'intérêt qu'elle m'a témoigné.

MADAME DE SAINTE-MARIE
De l'intérêt ?...

LOUISE
J'ai commis une grande faute, je le reconnais, mais

j'ai empêché un grand malheur. — Merci, madame.
(Elle lui prend la main.)

MADAME DE SAINTE-MARIE (retirant vivement Louise)

Qu'est-ce que tout cela signifie ?

EDOUARD

Cela signifie que votre emportement vous fait imaginer des choses impossibles ; que votre fille va rentrer sous votre toit aussi pure qu'elle en est sortie ; qu'elle n'est venue ici que pour réconcilier deux hommes qui, par suite d'une déplorable méprise, devaient se couper la gorge ce matin. (Il prend la main de Guyencourt.)

MADAME DE SAINTE-MARIE

Un duel ?... vous nous trompez encore, c'était un piège.

GUYENCOURT

Non, madame.

MADAME DE SAINTE-MARIE

Vous aussi ?

GUYENCOURT

Non, nous ne vous trompons pas et vous pouvez me croire lorsque je vous en apporte le témoignage.

MADAME DE SAINTE-MARIE

Vous avez donc prêté la main à cet horrible attentat ?

GUYENCOURT

Un attentat !

EDOUARD

Mais madame...

MADAME DE SAINTE-MARIE (prenant sa fille par les épaules, et la regardant dans le blanc des yeux)

Non.

LOUISE (d'un air suppliant)

Chère mère.

MADAME DE SAINTE-MARIE

Ce calme, ce regard… (Elle l'embrasse.) Sortons.

EDOUARD

Mais écoutez donc l'explication.

MADAME DE SAINTE-MARIE

Je ne vous reverrai jamais.

LOUISE (pleurant)

Ah ! j'en mourrai.

GUYENCOURT (prenant Mme de Sainte-Marie à part pendant que Constance court à Louise et la serre affectueusement dans ses bras)

Non, vous ne briserez pas ainsi le cœur de votre enfant. Elle s'est laissée emporter par dévouement pour un homme qui l'aime.

MADAME DE SAINTE-MARIE (à Guyencourt)

Le marquis ?

GUYENCOURT

Oui, et aussi un peu pour moi, peut-être ?

MADAME DE SAINTE-MARIE

Pour vous !

GUYENCOURT

Qui sait auquel de nous deux cette rencontre devait être funeste.

MADAME DE SAINTE-MARIE

Un duel, c'était donc vrai, un duel... mais pourquoi ?

GUYENCOURT

Rien, un malentendu qui n'a eu pour résultat que de cimenter entre nous une inaltérable amitié, et c'est à ce titre d'ami que je vous demande la main de votre fille pour le marquis de Villiers-Vineux.

MADAME DE SAINTE-MARIE (à Guyencourt)

Lui ?... jamais !

GUYENCOURT (toujours à part)

Votre refus est impossible ; pour vous, pour elle, encore plus que pour lui, ce mariage est nécessaire.

MADAME DE SAINTE-MARIE

Je n'y consentirai jamais.

GUYENCOURT

Songez-y, tout le monde saura, sait même déjà.....

MADAME DE SAINTE-MARIE (avec emportement)

Vous ne comprenez donc pas, quand je vous dis que je n'y consentirai jamais.

GUYENCOURT

Je ne peux pénétrer le motif d'une aussi cruelle opiniâtreté qui doit empoisonner la vie de votre fille.

MADAME DE SAINTE-MARIE

Et c'est vous qui me pressez de faire ce mariage ?

GUYENCOURT (plus bas encore)

Quand tout vous commande de céder à nos prières, à ses larmes (il montre Louise), vos impitoyables refus m'épouvantent et je n'ose en chercher la cause.

MADAME DE SAINTE-MARIE (hésitant)

Qui me dit qu'il fera son bonheur? me répondrez-vous du marquis? Ses dissipations me font trembler pour l'avenir et, puisqu'il faut tout vous dire, pour le présent, ce mariage me ruine.

GUYENCOURT

Pourquoi?

MADAME DE SAINTE-MARIE

Je n'ai d'autre fortune que celle de Louise, et le jour où je la marierai...

GUYENCOURT

Comment! voilà la raison qui vous rendrait inflexible?

MADAME DE SAINTE-MARIE

Eh bien!

GUYENCOURT

Ah! que je suis heureux!

MADAME DE SAINTE-MARIE

Heureux?

GUYENCOURT

Oui, bien heureux, si toutefois vous acceptez, comme suffisante, la mienne que je vous offre de partager.

MADAME DE SAINTE-MARIE

Votre générosité me ferait mourir de honte si l'égoïsme dictait ma conduite, mais...

GUYENCOURT (désespéré)

Vous refusez toujours ?
(Edouard et Louise se désolent en voyant Mme de Sainte-Marie persister dans ses refus.)

CONSTANCE (prenant un parti qui lui coûte, à Louise)

Fiez-vous à moi, chère enfant, je triompherai de sa résistance. (Elle court à Mme de Sainte-Marie, et la prenant à l'écart :) Jusqu'à ce moment je n'avais écouté que ma haine et ma résolution de vous perdre. Mais la vue de cette enfant, le spectacle de sa douleur m'a vaincue, mon cœur s'est ému au souvenir du sang qui coule dans ses veines, au souvenir de son père qui m'a tant fait souffrir mais que j'ai tant aimé.

LOUISE (à Guyencourt et à Edouard qui la soutiennent)

Que dit-elle ?

GUYENCOURT

Je ne sais.

EDOUARD

Moi non plus, mais j'espère. (Il lui prend la main.)

MADAME DE SAINTE-MARIE (froidement)

Je ne vous comprends pas, madame.

CONSTANCE (avec emportement)

Comment, vous ne comprenez pas que je ne forme plus qu'un vœu : c'est de la voir heureuse. Consentez à cette union et je jure d'ensevelir pour jamais entre nous ce secret dont l'odieux rejaillirait sur elle.

MADAME DE SAINTE-MARIE

Êtes-vous sincère ?

CONSTANCE
J'en fais serment sur la mémoire de celui que je n'ai jamais pu oublier.

MADAME DE SAINTE-MARIE
Eh bien !...

CONSTANCE (lui prenant la main)
Tenez, voilà le premier instant de bonheur que j'éprouve depuis quinze ans.

GUYENCOURT (à Louise et à Edouard)
Ce n'est plus le moment de pleurer. Voyez. (Il montre Constance tenant la main de Mme de Sainte-Marie.)

MADAME DE SAINTE-MARIE (haut)
Puisque tout le monde le veut, que les circonstances sont plus fortes que moi, ma responsabilité est dégagée et ma conscience tranquille : je consens.

LOUISE (se jetant dans les bras de Mme de Sainte-Marie)
Ah ! bonne mère !

EDOUARD
Ah ! madame ! (Il lui baise la main.)

GUYENCOURT (à Mme de Sainte-Marie et lui montrant Edouard)
Puis-je l'appeler mon gendre ?

MADAME DE SAINTE-MARIE
Cela ne dépend plus que de vous.

GUYENCOURT
Ah ! merci ! (Il lui baise la main.)

LOUISE (courant à Constance et se jetant dans ses bras)
Ah ! madame, je vous aimerai toute ma vie !

CONSTANCE (après l'avoir embrassée)
Je ne croyais pas qu'une bonne action pût donner autant de bonheur.

EDOUARD (prenant la main de Constance)
Je n'oublierai jamais que je vous dois le mien.

PHYSIOLOGIE

ou

TOUTE VÉRITÉ N'EST PAS BONNE A DIRE

COMÉDIE EN UN ACTE

PERSONNAGES

GUYENCOURT. 40 ans.
REDON. 40 ans. Ami de Guyencourt
ALFRED DE NAGNY. 30 ans. Amant de Mᵐᵉ Guyencourt.
SYLVER. Agent de change.
GOLDEN. Agent de change.
Mᵐᵉ GUYENCOURT. 25 ans.
UN DOMESTIQUE.

La scène est à Paris.

AVANT-PROPOS

Cette petite pièce, ou plutôt cette petite farce, a pour base une idée très sérieuse que j'ai voulu mettre en lumière.

Elle est née de l'accouplement qui s'est opéré dans mon esprit entre l'observation et le raisonnement.

En voici le fruit.

Quant à la dernière scène, j'ai trouvé parfaitement inutile de la régler et de l'écrire, puis, elle consiste uniquement dans le jeu des acteurs, qui se traînent plus ou moins comiquement aux pieds de Mme*** en implorant un pardon qu'elle finit par accorder.

Tout lecteur pourra le faire aussi bien et même mieux que moi. — Je ne lui supprime donc pas un plaisir en m'abstenant; je lui procure, au contraire, une amusette.

— C'est une petite surprise, et mes essais en manquent totalement.

PHYSIOLOGIE

ou

TOUTE VÉRITÉ N'EST PAS BONNE A DIRE

Le théâtre représente un salon. Guyencourt et sa femme entrent en se donnant le bras.

SCÈNE PREMIÈRE

GUYENCOURT, MADAME GUYENCOURT

GUYENCOURT

Oh! ma bonne Louise, ma chère Louise, quel bonheur! que je suis heureux! Enfin, après cinq ans de vaines attentes, je vais avoir un fils!

MADAME GUYENCOURT

Je n'ai pas dit cela.

GUYENCOURT

Comment?

MADAME GUYENCOURT

Je ne sais pas si c'est un fils.

GUYENCOURT

Non, mais un enfant.

MADAME GUYENCOURT

Pour sûr.

GUYENCOURT

Pourquoi ne m'avez-vous pas annoncé plus tôt cette grande nouvelle ?

MADAME GUYENCOURT

J'avais quelques raisons d'y croire, mais après tant d'espérances déçues, je ne voulais vous donner qu'une certitude.

GUYENCOURT

Cette fois c'est certain ?

MADAME GUYENCOURT

Je ne peux m'y tromper.

GUYENCOURT

Depuis quand la nature a-t-elle révélé ce divin secret ?

MADAME GUYENCOURT

Depuis hier.

GUYENCOURT

Et je ne l'apprends qu'aujourd'hui, vilaine ! (Il l'embrasse.) Je ne contiens pas ma joie ; il faut qu'elle éclate, que je la répande, que je la crie dans la maison, sur les toits, dans la rue...

MADAME GUYENCOURT

Allons, pas de folie.

GUYENCOURT

J'ai besoin d'embrasser mes domestiques, le premier venu, tout le monde, vous d'abord. (Il l'embrasse.) Vous toujours.

MADAME GUYENCOURT

Contenez-vous; il me faut le secret jusqu'à ce soir.

GUYENCOURT

Pourquoi donc?

MADAME GUYENCOURT

Parce que c'est une surprise que je ménage à nos familles.

GUYENCOURT

Ah! voilà donc le motif de ce grand dîner.

MADAME GUYENCOURT

Justement.

GUYENCOURT

Allons, soit, je me tairai; mais la langue va furieusement me démanger.

MADAME GUYENCOURT

Il le faut.

GUYENCOURT

C'est entendu. Pourtant j'ai peur que cette contrainte ne m'étouffe. Permettez-moi d'en parler à une seule personne.

MADAME GUYENCOURT

A qui donc?

GUYENCOURT

A Alfred.

MADAME GUYENCOURT

Pas plus à lui qu'à d'autres.

GUYENCOURT

Il est presque de la famille.

MADAME GUYENCOURT

Pas d'exception.

GUYENCOURT

Il serait si heureux de partager ma joie.

MADAME GUYENCOURT

Qu'en savez-vous ?

GUYENCOURT

Je n'en doute pas.

MADAME GUYENCOURT

Vous pouvez vous tromper beaucoup.

GUYENCOURT

Comment ?

MADAME GUYENCOURT

Il sera peut-être jaloux.

GUYENCOURT

Jaloux ? lui, jaloux, et de quoi ?

MADAME GUYENCOURT (riant)

De votre bonheur.

GUYENCOURT

Lui, mon meilleur ami ?

MADAME GUYENCOURT

C'est votre ami, sans doute, mais il est aussi le mien.

GUYENCOURT

Eh bien !

MADAME GUYENCOURT

Et vous savez, au moins vous devriez savoir, que dans l'amitié d'un homme pour une femme, il est impossible qu'il n'entre pas un peu de sentiment plus tendre.

GUYENCOURT

Comment ! Il vous fait la cour ?

MADAME GUYENCOURT

Nullement, mais il est galant et cherche à me paraître aimable.

GUYENCOURT

Ah ! pardieu ! vous m'en apprenez de belles !

MADAME GUYENCOURT

Je ne vous apprends rien. Vous seriez bien plus contrarié s'il était tout à fait indifférent au peu d'agréments que je puis avoir.

GUYENCOURT

Nullement.

MADAME GUYENCOURT

Vous n'êtes pas sincère.

GUYENCOURT

Je suis tellement sincère, que je vais lui signifier...

MADAME GUYENCOURT

Vous ne lui signifierez rien du tout ; c'est un bon jeune homme...

GUYENCOURT
Bon jeune homme, bon jeune homme...

MADAME GUYENCOURT
Dont vous n'avez, certes, rien à redouter...

GUYENCOURT
Bon jeune homme...

MADAME GUYENCOURT
Et qui ne m'adresse quelques hommages que pour sacrifier aux convenances.

GUYENCOURT
Ces convenances-là ne me conviennent pas du tout.

MADAME GUYENCOURT
Vous voulez faire le rustre, mais vous valez mieux que cela; vous êtes parfaitement certain qu'il n'y a rien à craindre, ni pour vous ni pour moi, du côté de M. Alfred. C'est un ami, un bon ami, pas autre chose.

GUYENCOURT
Un bon ami. (Il passe sa main dans ses cheveux.) Voilà précisément ce qui...

MADAME GUYENCOURT
Oui, un bon ami, sans double entente; et s'il mêle un petit grain de galanterie à notre amitié, c'est uniquement pour la rendre plus durable. Ce sentiment, comme les métaux les plus précieux, a besoin d'un peu d'alliage pour acquérir toute sa solidité.

GUYENCOURT

Bien vrai ? (Il lui baise la main.)

MADAME GUYENCOURT (riant)

Calmez vos alarmes. Et puis, vous savez bien qu'il ne m'a jamais plu beaucoup.

GUYENCOURT

Pourquoi cela ; il est très bien.

MADAME GUYENCOURT

Oui, mais il est blond.

GUYENCOURT

Un fort beau blond.

MADAME GUYENCOURT

Vous savez parfaitement encore que je n'aime que les bruns, comme vous, vilain jaloux. (Elle l'embrasse.)

GUYENCOURT

C'est égal, je ne serai tranquille que quand j'aurai vu comment il supportera le coup de cette confidence ; c'est une épreuve que je veux lui faire subir, ma confiance en lui, que vous venez d'ébranler, ne reprendra son empire qu'à ce prix. Louise, permettez-moi de faire cette expérience, je vous en conjure.

MADAME GUYENCOURT

Vous le voulez ?

GUYENCOURT

Absolument. Ne laissez pas planer ce nuage sur le plus beau jour de ma vie.

MADAME GUYENCOURT

Allons, grand enfant que vous êtes, faites comme vous le désirez.

GUYENCOURT

Merci. (Il lui baise la main.)

MADAME GUYENCOURT

Il faut que je vous aime bien pour consentir à ce que vous exigez, car c'est quelque peu impertinent pour moi.

GUYENCOURT

Oh! il ne s'agit pas de vous, mais uniquement de lui. Je veux connaître le fond de sa pensée, et savoir si c'est un véritable ami ou un traître qui se nourrit d'abominables espérances.

MADAME GUYENCOURT

Vous me faites rire avec vos airs d'Othello.

UN DOMESTIQUE

M. Alfred de Magny demande si Monsieur peut le recevoir?

GUYENCOURT (à sa femme)

Le voici. — Faites entrer.

MADAME GUYENCOURT

Je vous laisse.

GUYENCOURT

Restez.

MADAME GUYENCOURT

Non, non, je ne veux pas qu'il me surprenne dans

ce négligé ; seulement, si vous êtes satisfait de lui, engagez-le à dîner.

GUYENCOURT

Coquette. Nous allons voir.

(Alfred entre par la porte de droite, M⁽ᵐᵉ⁾ Guyencourt sort par celle de gauche, mais, avant de disparaître, elle envoie un baiser à Alfred pendant que son mari a le dos tourné.)

SCÈNE II

GUYENCOURT, ALFRED

GUYENCOURT

Ah! mon cher ami, vous arrivez bien à propos et jamais je n'ai eu plus de plaisir à vous serrer la main.

ALFRED

Eh bon Dieu! Qu'y-a-t-il de nouveau?

GUYENCOURT

Vous voyez devant vous le plus heureux des hommes.

ALFRED

Il y a longtemps que je le sais.

GUYENCOURT

Non, vous ne savez pas ce qui met le comble à mon bonheur.

ALFRED

Avez-vous gagné quelque petit million de plus?

GUYENCOURT

Il ne s'agit pas d'argent : j'en ai presque trop.

ALFRED

Êtes-vous sûr de votre élection ?

GUYENCOURT

Pas tout à fait, mais j'y arriverai.

ALFRED

Tout vous a réussi et, pour combler la mesure, vous avez trouvé une femme...

GUYENCOURT

Elle est charmante.

ALFRED

Trop, hélas !

GUYENCOURT

Pourquoi hélas ?

ALFRED

Parceque malgré tous vos écarts, le bonheur de lu plaire n'est réservé qu'à vous.

GUYENCOURT

Ah ! désormais, je veux mener une vie exemplaire.

ALFRED

Bah ! Bah !

GUYENCOURT

Tenez, dans ce moment, je ne l'aime pas, je l'adore. Ah ! si vous saviez ?

ALFRED

Quel mystère ! Vous défiez-vous de moi ?

GUYENCOURT

Moi ! Allons donc ! Mais c'est Louise...

ALFRED

Ah ! je n'aurais pas cru que M⁻ Guyencourt ait pu vous recommander de la défiance à mon endroit.

GUYENCOURT

De la défiance... à propos ! (Se croisant les bras.) C'est moi qui devrais me méfier de vous.

ALFRED

A quel sujet ?

GUYENCOURT

Il paraît que vous lui faites la cour.

ALFRED

A qui ?

GUYENCOURT

A M⁻ Guyencourt.

ALFRED (riant)

Qui peut dire une pareille horreur ?

GUYENCOURT

Elle-même, sans en avoir l'air bien scandalisée.

ALFRED

La cour ?... vous savez bien qu'il n'en est rien ; mais je cacherais vainement l'agrément que je goûte à la voir et à me trouver auprès d'elle...

GUYENCOURT

Ah ! si elle ne m'avait pas recommandé le secret,

ALFRED
Mais quoi donc?
GUYENCOURT
Quoi? Vous qui connaissez mon cœur comme le vôtre, vous ne devinez pas?
ALFRED
Ah!!! J'y suis... le ciel a comblé vos vœux.
GUYENCOURT (le regardant entre les yeux)
Il a enfin béni mon mariage. Et je vais être père.
ALFRED (se jetant dans ses bras)
Ah! Quel bonheur!
GUYENCOURT (à part)
J'avais tort, c'est un ami. (Haut.) Vous comprenez maintenant toute mon allégresse; un enfant, un fils peut-être, ce fils tant désiré.
ALFRED
Ah! Si je le comprends; tenez, j'en suis presque aussi heureux que vous.
(Il l'embrasse encore.)
GUYENCOURT
Vous ne comprenez pas à quel point ces témoignages d'affection me sont précieux, et combien il m'est doux d'épancher ma joie dans le cœur d'un ami. Louise m'avait fait jurer de garder le secret, elle veut que tout le monde l'ignore jusqu'à ce soir; elle veut qu'il éclate au dessert comme le bouquet d'un feu d'artifice, au milieu de nos familles réunies à ce sujet. Et vous y

avez votre place, mon cher Alfred, vous devez être et vous serez de cette fête.

ALFRED
Ah ! vous me comblez ; jamais preuve d'amitié ne me sera plus douce.

GUYENCOURT
Ah ! cher ami, que je suis donc heureux !

UN DOMESTIQUE (présentant une carte)
M. Redon demande si monsieur peut le recevoir ?

GUYENCOURT
Redon ! D'où diable tombe-t-il celui-là ?

ALFRED
Qui est-ce ?

GUYENCOURT (au domestique)
Faites entrer. Un camarade de collège que je n'ai pas vu depuis dix ans ; un bon garçon, mais un viveur effréné. Je suis certain qu'il vient me demander de l'argent.

ALFRED
Il avait de la fortune ?

GUYENCOURT
Une quinzaine de mille livres de rentes.

ALFRED
Il est bien raisonnable s'il a mis dix ans à les manger.

GUYENCOURT
Oh ! c'est un débauché sérieux ; il est arrivé moins

vite qu'un autre au bout de son rouleau parce qu'il a bon goût; il n'aime que les débutantes.

ALFRED
Ah !

GUYENCOURT
Oui, cela vaut mieux et coûte moins cher.

SCÈNE III

ALFRED, GUYENCOURT, REDON

REDON (entrant)
Ah ! mon cher Guyencourt.
(Il lui serre la main avec effusion.

GUYENCOURT
Eh ! Quel bon vent t'amène ?

ALFRED (se retirant)
Adieu.

GUYENCOURT
A ce soir.

ALFRED
A sept heures.
(Il sort.)

REDON
Peste ! Ce n'est pas un hôtel que tu habites, c'est un palais.

GUYENCOURT
Ce n'est pas mal, mais il y a mieux.

REDON
Pas beaucoup. Depuis que nous nous sommes perdus de vue, tu as donc gagné des monceaux d'or ?

GUYENCOURT
Pas tant que cela, mais j'ai été assez heureux. Et toi ?

REDON
Moi ? Oh ! Je n'ai pas à me plaindre, tout mon petit patrimoine s'est consumé dans le feu des plaisirs et de l'amour, mais je commence à trouver la vie moins douce.

GUYENCOURT
Que te reste-t-il ?

REDON
Absolument rien.

GUYENCOURT
Ce n'est pas assez pour continuer ton genre d'existence.

REDON
Ah ! Que la vie est bonne quand on aime le vin et les femmes !

GUYENCOURT
Et qu'on a de l'argent pour se les offrir.

REDON
Oh ! oui que c'est bon !

GUYENCOURT
Comment, il ne reste rien ?

REDON
Pas ça. (Il fait claquer son ongle sur ses dents.)

GUYENCOURT
Tu es allé grignotant ton saint frusquin jusqu'au dernier sol sans penser au lendemain ?

REDON
J'étais trop occupé.

GUYENCOURT
On te voyait toujours courant, le jour sur les boulevards, le soir dans les bals publics.

REDON
Tu en parles d'un air bien dégoûté.

GUYENCOURT
Je ne comprends pas, en effet, qu'un homme bien élevé passe sa vie dans un milieu où il ne peut rencontrer que de pauvres créatures...

REDON
Mais où veux-tu donc que je les cherche. Quand tu veux du chocolat tu vas chez Marquis, quand tu veux des cigares, tu vas au Grand Hôtel ; moi, quand je veux m'offrir une bonne consommation, je vais la chercher dans les lieux où j'ai du choix.

GUYENCOURT
On dirait qu'il s'agit d'une marchandise.

REDON
C'est bien la marchandise la plus courante.

GUYENCOURT

La plus coureuse !

REDON

Et la plus courue.

GUYENCOURT

Enfin tu n'as jamais pensé aux choses sérieuses ?

REDON

C'est-à-dire ennuyeuses, jamais ; je me disais que j'aurais bien le temps d'y songer lorsque je ne pourrais pas faire autrement. M'y voilà et je viens te voir.

GUYENCOURT

Merci.

REDON

Pour te demander conseil, consulter l'oracle et savoir comment il faut s'y prendre pour continuer mes chères habitudes. D'abord, je ne suis bon qu'à cela : m'étendre dans une barque capitonnée et descendre joyeusement le fleuve de la vie.

GUYENCOURT

Il ne te faut que cela ?

REDON

Rien de plus.

GUYENCOURT

Tu n'es pas ambitieux.

REDON

Dieu m'en garde ! Là où l'ambition demeure, il n'y a plus de place pour le bonheur.

GUYENCOURT

Tu es un véritable épicurien.

REDON

Pas autre chose. Voyons, veux-tu me piloter, me faire accrocher quelques lambeaux de cette fortune qui t'a comblé de ses dons ?

GUYENCOURT

Je ne demande pas mieux. Tu es jeune, bien conservé ?

REDON

Mais pas trop mal ; j'arrive encore à une bonne moyenne... Quand j'en ai le moyen.

GUYENCOURT (riant)

Je ne parle pas de ton corps, mais de ton activité, de ton intelligence.

REDON

Parfaite et prompte comme à vingt ans. Ce ne doit pas être bien difficile de gagner de l'argent ?

GUYENCOURT

Pas plus que d'en perdre.

REDON

Alors je suis bon là.

GUYENCOURT

As-tu du nez ?

REDON (se regardant dans la glace)

Mais assez, tu vois.

GUYENCOURT

Je veux dire : as-tu du flair ?

REDON

Comme Don Juan : *Odor di femina.*

GUYENCOURT

Ce n'est pas encore cela. Es-tu fin, un peu madré ?

REDON

Euh ! Euh ! Pas trop bête, voilà tout.

GUYENCOURT

Il n'en faut pas davantage.

UN DOMESTIQUE

M. Sylver.

GUYENCOURT

Qu'il entre. (Le domestique sort.) Tu tombes bien, voici ton affaire, tu vas pouvoir exercer tes facultés et reconnaître de suite si tu as les aptitudes nécessaires au succès de tes desseins.

REDON

Vraiment ?

GUYENCOURT

Prends ce journal, assieds-toi dans un fauteuil, et écoute. C'est un agent de change, un baissier féroce, un bavard fieffé. A propos de rien il met les armées en campagne, ouvre un congrès et décide le sort du monde, tout cela pour vous amener à vendre 25 ou 50,000 livres de rente. (Redon prend un journal, le déploie.)

SCÈNE IV

LES MÊMES, SYLVER

SYLVER

Monsieur Guyencourt, comment vous portez-vous ?

GUYENCOURT

A merveille, merci. Quoi de neuf, ce matin ?

SYLVER

Les dépêches sont détestables. — L'entrevue de Venise inspire les plus grandes craintes. — La Russie, comme on devait s'y attendre, sort enfin de la réserve où elle avait dû s'enfermer depuis la chute de Sébastopol. Elle vient d'envoyer à Constantinople une note qui peut, qui doit mettre le feu aux quatre coins de l'Europe.

GUYENCOURT

Vous me donnez le frisson.

SYLVER

Je l'ai prévu depuis longtemps; vous me rendrez la justice de reconnaître que je n'ai cessé de vous dire que c'est sur la question d'Orient qu'éclatera une guerre générale.

GUYENCOURT

Oui, j'en conviens; vous dites la même chose depuis dix ans.

SYLVER

N'est-ce pas ? Eh bien ! nous touchons à cette crise suprême, et l'esprit est confondu quand on songe aux complications qui peuvent surgir de la rupture des traités sur lesquels repose la paix du monde.

GUYENCOURT

Assurément, mais vous exagérez peut-être...

SYLVER

Non, non, soyez certain de ce que j'avance. Et ce n'est pas tout, le maréchal a passé une mauvaise nuit ; on parle d'une névralgie intestinale.

GUYENCOURT

Une colique... ce n'est rien, je connais cela.

(Il se frotte le ventre.)

SYLVER

C'est très sérieux, il est condamné à un régime sévère, je connais son médecin, il lui fait prendre de l'iode pour le fortifier.

GUYENCOURT

Bah !

SYLVER

C'est très dangereux, il peut en résulter de fâcheuses excitations et ma foi ! on a peur. Rien, vous le savez, n'est contagieux comme la peur à la Bourse.

GUYENCOURT

Vous pensez donc ?...

SYLVER

Que la rente ouvrira en baisse de 50 centimes et le mobilier de 50 francs. Il y a 100 francs à gagner dessus d'ici à la liquidation.

GUYENCOURT

Alors vous croyez qu'il faut vendre ?

SYLVER

De tout, primes comme ferme, c'est de l'argent sûr. (Redon fait des gestes qui trahissent sa joie.)

GUYENCOURT (à part à Redon)

Tu vois. (Haut) Vraiment ?

SYLVER

Aussi sûr que j'ai l'honneur de vous en donner mon avis. Voulez-vous faire quelque chose ?

GUYENCOURT

Pas aujourd'hui. J'attendrai demain, le temps de consulter mon docteur.

SYLVER

Votre docteur ? Est-il donc aussi bon juge à la Bourse qu'à la clinique ?

GUYENCOURT

C'est lui qui soigne le maréchal.

SYLVER

Le père Lancette ?

GUYENCOURT

Justement.

SYLVER

Je ne vous en fais pas mon compliment.

GUYENCOURT

Pourquoi donc ? c'est un homme de beaucoup d'esprit.

SYLVER

Oui, c'est un médecin qui fait des mots et n'en guérit jamais.

GUYENCOURT

Pas si bête.

SYLVER

Allons, c'est très bien, consultez-le : je vous laisse, à demain. (Il sort.)

SCÈNE V

GUYENCOURT, REDON

REDON (se levant précipitamment, et prenant son chapeau)

Adieu, j'ai mon affaire.

GUYENCOURT

Où vas-tu ?

REDON

A la Bourse, vendre mille mobilier.

GUYENCOURT

Ne te presse pas tant.

REDON
Il l'a dit, c'est de l'argent sûr, je vais empocher 50,000 francs, c'est toujours cela.

GUYENCOURT
Un peu de calme.

REDON
Je ne veux pas attendre une minute. Ah ! je ne m'étonne plus, mon gaillard, de te retrouver millionnaire si on t'apporte ainsi 100,000 francs chaque matin.

GUYENCOURT
Ne t'enflamme pas. Ce Sylver est un oiseau de mauvais augure, il voit tout en noir.

REDON
Non, non, il l'a affirmé, c'est certain. Je me disais bien qu'il ne devait pas être difficile de gagner de l'argent. (Il veut sortir.)

UN DOMESTIQUE
M. Golden.

GUYENCOURT
Qu'il entre. (à Redon.) Tu vas entendre la contre-partie de ce que Sylver nous a débité.

REDON
Qu'est-ce que M. Golden ?

GUYENCOURT
Encore un agent de change.

REDON

Tu en as donc de rechange ?

GUYENCOURT

Il le faut bien. Celui-ci est un haussier imperturbable.

REDON

Ah !

GUYENCOURT

Retourne à ton fauteuil.

(Redon prend son journal et s'assied.)

SCÈNE VI

LES MÊMES, GOLDEN

GOLDEN (entrant)

Tout est sauvé !!!

GUYENCOURT

A la bonne heure ! Votre collègue Sylver nous avait mis la mort dans l'âme.

GOLDEN

Sylver... mais c'est un crétin, il est toujours à la baisse comme un sourd, ou plutôt, comme un aveugle...

GUYENCOURT

Alors vous croyez que tout va bien.

GOLDEN

J'en ai la certitude. Les dépêches du matin nous apportent l'écho du concert le plus pacifique; tous les Cabinets de l'Europe se confondent dans une même politique d'entente cordiale.

GUYENCOURT

Bravo !

GOLDEN

Il est de plus en plus question d'un désarmement général.

GUYENCOURT

Que le ciel vous entende.

GOLDEN

Croyez-moi, quand je vous dis : Tout est sauvé. Ce qui est fort important aussi, c'est que le Maréchal a passé une excellente nuit.

GUYENCOURT

On le disait souffrant.

GOLDEN

Pas plus que vous. Je le sais de bonne source, je connais son médecin.

GUYENCOURT

Le père Lancette ?

GOLDEN

Justement. L'homme le plus sérieux et le plus habile de Paris.

GUYENCOURT

Alors tout est en hausse ?

GOLDEN

La rente ouvrira avec 50 centimes et le mobilier avec 50 francs de bonification sur hier. Il y a 100 francs à gagner dessus d'ici à la liquidation.

GUYENCOURT

Vous croyez?

GOLDEN

C'est de l'argent sûr... *(Guyencourt regarde Redon qui est tout attristé.)* Sans compter que Boursicaut est vendeur de trois millions de primes et que nous allons le faire joliment courir après. Voulez-vous en prendre votre part?

GUYENCOURT

De quoi?

GOLDEN

De Boursicaut.

GUYENCOURT

Vous allez donc l'égorger et le mettre en morceaux?

GOLDEN *(riant à gorge déployée)*

Nous ne lui laisserons pas un sol : faut-il vous acheter quelque chose?

GUYENCOURT

Je ne dis pas non, mais attendons demain.

GOLDEN

A demain donc l'honneur de vous voir.

(Il sort.)

SCÈNE VII

GUYENCOURT, REDON

GUYENCOURT
Eh bien ! tu ne prends pas ton chapeau pour courir à la Bourse ?

REDON (rêveur)
Est-ce que tu en vois beaucoup comme cela ?

GUYENCOURT
Quatre ou cinq.

REDON
Je ne comprends plus comment tu as pu faire fortune.

GUYENCOURT
Au contraire ; il y en a toujours un qui est dans le vrai.

REDON
Mais il faut le deviner.

GUYENCOURT (relevant sa cravate)
C'est justement ce qui distingue l'homme fort ; et c'est pour cela que je te demandais si tu étais fin.

REDON
Ma foi ! je n'en sais absolument rien. J'ai beaucoup lu.

GUYENCOURT

Quoi ?

REDON

Je connais tous les poètes et je les ai lus dans leurs langues.

GUYENCOURT

Peste !

REDON

Eschyle comme Homère, Le Dante comme Shakspeare, Rabelais et Molière comme Corneille et Racine. J'ai traduit Platon, Epictète.

GUYENCOURT

Ce n'est pas dans ses maximes que tu as pu apprendre à faire fortune.

REDON

Oh ! non. J'ai lu les dialogues de Lucien et d'Erasme sur les courtisanes.

GUYENCOURT

C'est ta spécialité.

REDON

Quels hommes ! comme ils ont approfondi la matière.

GUYENCOURT

Ce n'est pas encore cela qu'il te faut.

REDON

J'ai étudié le droit et il ne serait pas facile de me coller sur les Institutes et les Pandectes.

GUYENCOURT

Science de procureur.

REDON

J'ai même une bonne teinture de médecine.

GUYENCOURT

Tu en as fait sur toi ?

REDON

Un peu, de temps en temps, pour réparer l'effet des mauvaises humeurs d'Aphrodite.

GUYENCOURT

Eh ! eh ! ceci n'est pas à dédaigner.

REDON

Mais ce qui a le plus piqué ma curiosité et satisfait mon goût pour la recherche de la vérité, c'est la physiologie.

GUYENCOURT

Quelle idée baroque.

REDON

Rien n'est plus curieux.

GUYENCOURT

La physiologie ? Est-ce que tu n'es pas un peu... (Il se frappe le front.)

REDON

Pas encore... Et c'est à cette mamelle de la science que j'ai puisé les notions qui ont eu le plus d'influence sur ma vie.

GUYENCOURT (riant)

Vraiment ?

REDON

Elles m'ont donné une sainte horreur du mariage.

GUYENCOURT

Comment cela ?

REDON

La physiologie m'a fait connaître la nature des choses, elle m'a fait remarquer des lois lumineuses, éclatantes comme le soleil, et que la foule aveugle ne soupçonne pas. Rien n'est plus ignoré que les conditions qui rendent efficaces les rapports des sexes entre eux.

GUYENCOURT

Tu m'avais bien dit que tu savais le latin et le grec, mais voilà que tu me parles hébreu, maintenant. Oh ! oh ! (Il se frotte le front.)

REDON

Certainement, c'est de l'hébreu pour la vile multitude.

GUYENCOURT

Bien obligé.

REDON

C'est cependant ce qu'il y a de plus clair, de plus rationnel et de plus simple.

GUYENCOURT

Je ne saisis pas le rapport que toutes ces phrases peuvent avoir avec ton horreur pour le mariage.

REDON

Je ne me suis pas marié parce que si je n'avais pas eu d'enfant dans la première année...

GUYENCOURT (riant)

Tu te serais brûlé la cervelle ?

REDON

Je me serais brûlé la cervelle s'il m'en était arrivé un plus tard.

GUYENCOURT

Parce que ?

REDON

Connais-tu l'agriculture ?

GUYENCOURT

Pas trop.

REDON

Eh bien, tu sauras que quand une terre est rebelle à certaine semence, il faut en changer.

GUYENCOURT

Tout le monde sait cela.

REDON

En arboriculture, c'est la même chose. Là où un poirier reste stérile il faut mettre un pêcher.

GUYENCOURT

Ton remède c'est le pêcher.

REDON

Justement.

GUYENCOURT

J'ai beau chercher, je ne vois aucun rapport entre l'arboriculture et le mariage.

REDON

J'y arrive.

GUYENCOURT

Tu bats la campagne.

REDON

Quand une union est heureuse, féconde, qu'elle a donné un, deux, trois enfants, cela arrive, il y a des natures privilégiées...

GUYENCOURT

Ce n'est pas rare.

REDON

Sans doute ; mais ce qui est beaucoup moins rare, c'est de n'avoir qu'un enfant.

GUYENCOURT

Après ?

REDON

Après ! il s'écoule un temps plus ou moins long : on voit passer deux, trois, cinq années stériles et les meilleures pour la reproduction ; et puis, un beau jour il vous arrive un nouveau fruit.

GUYENCOURT

Eh bien ! voilà-t-il pas un phénomène surprenant.

REDON

On l'appelle même le chérubin.

GUYENCOURT

Certainement, car c'est une faveur dont on rend grâce à la Providence.

REDON (riant)

La Providence ! oui, elle est jolie ta Providence !

GUYENCOURT

Certainement.

REDON

Dans une semblable conjoncture, l'heureux mari peut s'écrier avec Bossuet : « Un homme s'est trouvé ! »

GUYENCOURT

Tu crois cela, toi ?

REDON

J'en suis certain. Deux êtres se marient, ils se conviennent ou ne se conviennent pas physiquement ; s'ils se conviennent ils auront des enfants, c'est très bien ; s'ils ne se conviennent pas le temps ne fait rien à l'affaire... au contraire, ils ont beau cohabiter il n'en résultera jamais rien. Ce qui n'empêche pas qu'il y a d'innombrables ménages où l'on accepte comme parfaitement légitimes ces rejetons tardifs.

GUYENCOURT (très anxieux)

Et celui qui devient père après cinq ans, qu'en penses-tu ?

REDON (riant aux éclats)

Oh ! celui-là n'est pas fort s'il ne devine pas : la nature, cher ami, la nature !

GUYENCOURT

Tu crois que le poirier a été remplacé par le pêcher, n'est-ce pas ?

REDON

Rien n'est plus évident : *natura diverso gaudet*, rappelle-toi cette maxime.

GUYENCOURT

Tu parles sérieusement ?

REDON

Aussi vrai que nous sommes face à face. D'ailleurs, la preuve de cette vérité est bien facile à acquérir ; le bonhomme n'a pas besoin d'avoir recours à des conjurations extraordinaires, il n'a qu'à remonter un peu, bien peu dans l'histoire de son ménage un an, dix-huit mois au plus, et il reconnaîtra qu'il s'y est produit une nouvelle intimité.

GUYENCOURT (cherchant et à lui-même)

Un an, dix-huit mois ?...

REDON (riant)

Ce n'est pas plus malin que ça, et il y a cent à parier contre un que cette sorte d'incubation ne soit pas plus ancienne.

GUYENCOURT (à lui-même)

Mais il y a un an à peine qu'Alfred...

REDON (riant)

Qu'est-ce qu'Alfred ?... Est-ce que tu connaîtrais quelqu'un dans les conditions que je viens d'indiquer ?

GUYENCOURT (furieux)

Plus de doute, c'est certain, je suis trompé, je suis un idiot, une brute, (se pressant la tête) je suis plus encore !

REDON (effrayé)

Mais qu'as-tu donc ?

GUYENCOURT

Je suis le plus malheureux des hommes, mais je me vengerai d'une manière terrible !

(Il sort furieux.)

SCÈNE VIII

REDON, seul.

Qu'a-t-il donc ?... Je crains d'avoir fait quelque balourdise... Est-ce qu'il serait marié ?... Est-ce que, sans m'en douter, j'aurais déchiré le voile qui cachait quelque petit mystère conjugal ? Quel imbécile je suis de ne lui avoir pas demandé s'il était père de famille avant de l'initier à ma théorie scientifique... Eh bien ! me voilà gentil, je dois être bien dans ses papiers et puis compter sur lui pour faire fortune... Je crois que ce que j'ai de mieux à faire est de quitter la place et de ne plus y remettre le pied.

SCÈNE IX

REDON, ALFRED, et un domestique portant une aiguière.

ALFRED

Je crois que cette surprise lui fera plaisir, posez là cette aiguière.

LE DOMESTIQUE

Oui, Monsieur Alfred.

REDON (à part)

Monsieur Alfred !

ALFRED

Sur cette console ; très bien.

(Le domestique sort.)

REDON

Pardon monsieur, c'est vous que dans cette maison on appelle monsieur Alfred ?

ALFRED

Oui monsieur, Alfred de Magny.

REDON

Je crains d'avoir, sans m'en douter, commis une grande maladresse qui peut vous causer quelques désagréments.

ALFRED (riant)

A moi, monsieur ?

REDON

Eh ! mon Dieu oui, à monsieur Alfred.

ALFRED

Cela m'étonnerait beaucoup.

REDON

Pas plus que moi.

ALFRED

Et comment, s'il vous plaît ?

REDON

J'ai divulgué à Guyencourt un secret que je ne connaissais pas.

ALFRED

Et lequel ?

REDON

Je lui ai affirmé que vous étiez... comment cela ?... Ah ! bah ! brusquons les choses, le temps presse et j'ai hâte de sortir d'ici.

ALFRED (riant à part)

C'est un fou ! (haut) Je vous écoute.

REDON

J'ai dit à Guyencourt que vous étiez l'amant de sa femme.

ALFRED

Mais vous perdez la tête, monsieur.

REDON

Je crains de n'avoir jamais été aussi lucide...

ALFRED

A coup sûr vous avez dit une folie.

REDON

J'ignorais qu'il fût marié depuis cinq ans.

ALFRED

Eh bien ?

REDON

Qu'il n'avait pas eu d'enfant jusqu'à ce jour.

ALFRED

Après.

REDON

Et, en parlant de généralités, je lui ai dit que la physiologie démontrait...

ALFRED

Mais il ne s'agit pas de physiologie.

REDON

Si parbleu ! je l'ai fort étudiée et elle prouve que quand après cinq ans il survient un enfant dans un ménage, c'est que...

ALFRED

Mais en quoi toutes ces balivernes me concernent-elles ?

REDON

Ah ! C'est que j'ai eu le tort de préciser davantage, et je lui ai affirmé qu'en remontant d'une année, environ, dans le particulier de ce ménage, on reconnaîtrait facilement l'intimité nouvelle qui a produit le collaborateur.

ALFRED

Vous avez dit cela ?

REDON

Et c'est alors que l'infortuné Guyencourt s'est écrié : Alfred ! c'est Alfred ! avec une exaspération qui me donne les plus vives inquiétudes pour les suites de ce regrettable incident.

ALFRED

Mais monsieur...

REDON

Et il est sorti de cet appartement courant comme un furieux. Je vais faire de même avec grand plaisir.

(Il veut sortir.)

ALFRED (furieux et le retenant par le collet)

Comment monsieur, vous venez jeter dans les plus terribles complications non seulement moi, qui ne vous connais pas, mais une femme qui ne vous a jamais vu, une personne adorable, honnête, vertueuse.

REDON

Eh ! mon Dieu, je le vois bien.

ALFRED

Que les négligences, les irrégularités coupables de son mari ont forcément poussée à commettre une faute.

REDON

Ah ! la physiologie ! la physiologie !

ALFRED

Mais enfin, de quoi vous mêlez-vous ?

REDON

C'est vrai, monsieur, je m'accuse, je m'en veux et je vous jure... (Il veut sortir.)

ALFRED (le retenant)

Vous vous en voulez, c'est très bien, mais cela n'arrange rien, et si quelque malheur arrive, c'est à vous que je m'en prendrai.

REDON

C'est juste, trop juste. (Il veut sortir.)

ALFRED (le retenant toujours)

Et si je dois me battre, c'est certainement avec vous que je commencerai.

REDON

Vous avez raison. (Il veut sortir.)

ALFRED (se cramponnant à lui)

Et je vous tuerai comme un lapin.

REDON

Je ne l'aurai pas volé. (Il veut sortir.)

ALFRED

Mais je me soucie bien de vous tuer, cela ne me suffit pas.

REDON

En effet, cela ne réparera pas grand'chose.

ALFRED

Que le diable vous emporte, vous et vos bavardages !

REDON

Cette satanée physiologie !

ALFRED

Il ne s'agit pas de physiologie.

REDON

Ah ! c'est bien exact, allez.

ALFRED

Que m'importe ?

REDON

Très exact, trop exact même, comme vous voyez.

ALFRED

Il faut que vous répariez le mal que vous avez fait.

REDON

La science, hélas ! ne m'en fournit pas le moyen.

ALFRED

Cela vous regarde.

REDON (cherchant)

Je ne vois pas.

ALFRED

Cherchez.

REDON (voulant sortir)

Je cherche à m'en aller.

ALFRED (le retenant)

Vous ne sortirez pas. Il faut trouver un remède, il le faut, entendez-vous, il le faut. (Il le secoue violemment.)

REDON

Comment ?

ALFRED
Je vous tuerai.

REDON
J'entends bien, mais ce n'est pas un remède.

ALFRED
Vous avez commis l'acte le plus infâme, le plus abominable.

REDON
Qui aurait pu se douter ?

ALFRED (regardant dans la coulisse)
Voici Guyencourt, il est hors de lui.

REDON
Je suis perdu.

ALFRED
Nous sommes perdus.

REDON (se frappant le front)
Pas encore.

ALFRED
Vous avez trouvé ?

REDON
Faites comme moi, dites comme moi...

ALFRED
Quoi ?

REDON
N'importe. (Guyencourt paraît au fond et les écoute. Redon et Alfred rient aux éclats.) Imaginez-vous que je ne l'avais pas vu depuis dix ans, mais j'étais parfaitement au cou-

rant de sa vie, je savais son mariage et tout à l'heure en entrant dans cette splendide demeure, j'ai été saisi d'un mouvement de jalousie, d'envie irrésistible en voyant que la fortune l'avait comblé quand elle me refusait tout.

ALFRED

Il est vrai que tout lui a réussi d'une façon prodigieuse.

REDON

Au collège, c'était un cancre, je lui faisais ses thèmes et ses versions, et depuis que nous en sommes sortis je végète misérablement tandis que lui...

ALFRED

Ah ! c'est un homme habile.

REDON

Je ne dis pas non, mais il a fallu encore pour couronner cette carrière si brillante qu'il trouvât pour épouse une femme charmante, un trésor.

ALFRED

Un véritable trésor de grâce et de vertu.

REDON

Oui, c'est bien le mot, un trésor de vertu à lui... qui n'était... tranchons le mot, qui n'était qu'un libertin.

ALFRED

Oh ! il s'est bien rangé et je ne crois pas que depuis son mariage, il y ait grand chose à lui reprocher.

REDON

C'est possible, mais ce bonheur insolent m'a exaspéré et une idée infernale s'est emparée de mon esprit; j'ai voulu troubler ce bonheur et l'empoisonner dans sa source la plus pure.

ALFRED (riant)

Eh! Grand Dieu! Comment vous y êtes-vous pris?

REDON

Je lui ai fait accroire que cet enfant si désiré ne pouvait pas être de lui.

ALFRED

Ah! vous avez commis une action indigne d'un galant homme et je m'étonne qu'il ne se soit pas borné à vous prier de sortir de chez lui.

REDON

Je le sens, j'en conviens, mais le diable a été plus fort que moi, je me suis vengé et je pars.

SCÈNE X

LES MÊMES, GUYENCOURT

GUYENCOURT (arrêtant Redon)

Comment, misérable!

REDON

Laisse-moi!

GUYENCOURT

Comment tu as osé.

REDON

Eh bien oui, j'ai osé te faire une plaisanterie qui troublera, j'en suis certain, ce bonheur sans mélange qui m'humiliait, qui me révoltait.

GUYENCOURT

Tu mériterais que je te fasse sauter la cervelle.

REDON

Je ne demande pas mieux, tiens, allons nous battre, ma foi ! je n'ai rien à perdre, moi...

GUYENCOURT

Pas si sot que de risquer ma vie contre si peu de chose.

REDON

Parce que je n'ai pas gagné des millions, n'est-ce pas ?

GUYENCOURT

Tu es indigne de croiser l'épée avec un honnête homme et je me contenterai de te faire mettre à la porte par des laquais. (Il sonne.)

REDON

Ah ! ça ! dis donc...

GUYENCOURT (au domestique et montrant Redon)

Vous allez... mettre le couvert de monsieur. (Prenant Redon et Alfred dans ses bras.) Ah ! mes amis, mes amis ! Ce n'était donc qu'une comédie !

ALFRED (riant)

Une abominable comédie.

REDON (riant)

Mais certainement, et tu t'y es laissé prendre comme un paysan qui croit que c'est arrivé.

GUYENCOURT

Eh bien, je te dois la plus grande joie que j'aie éprouvée de ma vie; mais cette transition a été si violente que j'étouffe. (Il s'asseoit.) Je viens de traverser un siècle d'émotions et de supplice. (Se relevant et les embrassant.) et ce n'était qu'une illusion, qu'un mensonge! Quel bonheur! Je sors de l'enfer et plus heureux qu'Orphée, j'en ramène mon Eurydice.

REDON

Ah! je vais donc connaître ma victime.

ALFRED

Est-ce que vous lui avez fait part de vos soupçons.

GUYENCOURT

Mais certainement, pauvre chère petite femme, je lui ai dit qu'elle n'était qu'un monstre, que je ne souffrirais pas qu'elle restât une minute de plus dans cette maison et que j'allais vous tuer.

ALFRED (riant)

Me tuer moi, et pourquoi?

GUYENCOURT

Parce que j'avais imaginé à la fois son crime et son

complice. Je comprends maintenant tout ce que mes soupçons avaient d'injurieux et son indignation. Oh! elle m'a traité!!!

REDON.

Tu l'as bien mérité.

GUYENCOURT

Assurément. Aussi j'ai fait un salutaire retour sur moi-même et je jure bien qu'à l'avenir il n'y aura pas au monde un mari plus irréprochable que moi.

REDON

Allons, c'est le cas de dire : à quelque chose malheur est bon... ma mauvaise action n'aura pas été sans fruit. (On entend le bruit d'une voiture.)

SCÈNE DERNIÈRE

LE RACCOMMODEMENT

LES MÊMES, MADAME GUYENCOURT

GUYENCOURT (appelle un domestique et lui demande quelle est cette voiture. C'est celle de madame qui part)

GUYENCOURT (se précipitant vers elle)

Où allez vous ?

MADAME GUYENCOURT

Je quitte cette demeure pour n'y jamais rentrer, pour

ne plus voir un homme qui m'a aussi odieusement outragée.

Gayencourt se jette à ses pieds; elle résiste. Il y fait mettre Alfred, puis Redon, et tous trois se traînent à ses genoux, la supplient, la retiennent par sa robe. Enfin, elle se laisse fléchir, elle pardonne et tout le monde s'embrasse.

UN JALOUX POSTHUME

COMÉDIE EN UN ACTE

PERSONNAGES

Le Général Comte GENTILLY, 70 ans.
EDOUARD, cousin de la Comtesse et amoureux d'elle.
EDMOND, neveu du Comte.
LE DOCTEUR.
UNE FEMME DE CHAMBRE.
UN DOMESTIQUE.

La scène est à Paris.

AVANT-PROPOS

J'ai connu ce Jaloux. Je l'avais, d'abord, pris pour une exception, une singularité; mais en y regardant de plus près, en examinant avec attention les individualités qui s'agitent dans le monde, je me suis rapidement convaincu que cette jalousie féroce était bien véritablement un trait permanent du caractère humain. Bien peu de gens, en effet, pourraient sonder leur conscience sans y trouver, dans une mesure plus ou moins grande, ce sentiment égoïste qui, de prime abord, semble si révoltant.

C'est ce qui m'a conduit à signaler cette faiblesse et à faire cette pochade, comme dirait un rapin.

UN JALOUX POSTHUME

Le théâtre représente un salon, ayant deux portes au fond.

SCÈNE PREMIÈRE

LE DOCTEUR puis ÉDOUARD

LE DOCTEUR (entrant à reculons et parlant à la cantonade)

La diette, le ventre libre, les pieds chauds. (Il ferme la porte et s'enfuit précipitamment en mettant son mouchoir sous le nez.) Pouah !!! (Rencontrant Edouard qui entr'ouvre la porte.) Que diable venez-vous faire ici ?

ÉDOUARD

Je viens savoir des nouvelles.

LE DOCTEUR (voulant sortir)

Très bonnes.

ÉDOUARD (étonné et tristement)

Comment très bonnes ?

LE DOCTEUR (voulant toujours sortir)

Oui, très bonnes... pour vous.

ÉDOUARD

Que voulez-vous dire ?

LE DOCTEUR
Qu'il n'en a pas pour deux jours.

EDOUARD
Il y a si longtemps que vous me dites cela que je finis par n'y plus croire.

LE DOCTEUR (voulant sortir)
Que voulez-vous, c'est une décomposition épouvantable qui aurait dû l'emporter depuis un mois, mais cela ne peut pas durer. Espérez.

EDOUARD (le retenant)
Je vous en supplie, éclairez-moi, dites-moi la vérité.

LE DOCTEUR (toujours le mouchoir sur la bouche et courant ouvrir les fenêtres toutes grandes)
Mais vous voulez donc que je m'empoisonne avec vous. (Respirant avec force.) Ah !

EDOUARD
Pourquoi ?

LE DOCTEUR
Parce qu'il règne ici une atmosphère mortelle, et que ce vieillard moribond entrainera dans sa tombe tout ceux qui se dévouent inutilement à prolonger ses jours.

EDOUARD
Mais elle, elle !

LE DOCTEUR
La comtesse, sa femme, elle est là, près de lui; malgré tous mes conseils elle s'acharne à disputer ce cadavre à la mort, et elle y succombera.

EDOUARD

C'est ce qui cause mon désespoir.

LE DOCTEUR

J'ai vainement épuisé tous mes efforts pour la détourner de ce suicide ; son noble cœur l'entraîne, elle connaît le danger, mais elle est dominée par le vertige de dévouement que sa générosité lui inspire. Elle ne veut rien écouter.

EDOUARD

Mais son mari sait-il qu'il la tue en acceptant ses soins assidus ?

LE DOCTEUR

S'il le sait ?

EDOUARD

Oui, comprend-t-il le danger qu'il lui fait courir ?

LE DOCTEUR

Voulez-vous que je vous dise quelle est sa pensée, son dernier désir ?

EDOUARD

Dites.

LE DOCTEUR

Il veut l'ensevelir avec lui.

EDOUARD

Ce n'est pas possible, elle, si belle, si jeune encore.

LE DOCTEUR

C'est précisément pour cela. Il l'aime encore, il en est jaloux comme au premier jour.

EDOUARD

Comment, c'est de l'amour ?

LE DOCTEUR

Il en est dévoré.

EDOUARD

Dans l'état où il est ?

LE DOCTEUR

Oui, ce débris humain, cet amas purulent couve encore les feux les plus ardents.

EDOUARD

L'amour, l'amour persiste !

LE DOCTEUR

Oui, c'est un phénomène étrange, c'est l'amour seul qui ranime ses restes. Il prévoit, il pressent qu'une fois disparu, enterré, cette femme va renaître ; qu'elle va pouvoir jouir enfin de sa jeunesse et de sa beauté. Il est jaloux.

EDOUARD

Jaloux !

LE DOCTEUR

Jaloux jusqu'à la fureur, jusqu'à la haine, jusqu'au meurtre, car c'est un meurtre qu'il commet en persistant, malgré tous mes avis, mes remontrances, mes reproches, à la retenir sans relâche à son chevet.

EDOUARD

Mais c'est un monstre.

LE DOCTEUR

Il est jaloux.

EDOUARD

De qui ?

LE DOCTEUR

De vous. — Adieu. — (Il veut sortir.)

EDOUARD

Encore un mot.

LE DOCTEUR

Assez, assez : je ne suis pas amoureux, moi.

EDOUARD

Je vous en prie.

LE DOCTEUR

Non, non, je ne suis que trop demeuré dans cette maison pestiférée, adieu. Tenez votre mouchoir, faites comme moi, je ne vous dis que cela. (Il veut sortir.)

EDOUARD

Je vous en supplie, faites tout au monde pour que je la voie un instant ; il y va de sa vie.

SCÈNE II

LES MÊMES, EDMOND

EDMOND (entrant et retenant le docteur

Eh bien, docteur ?

LE DOCTEUR
Encore !

EDMOND
Où en sommes-nous ?

LE DOCTEUR
Qu'est-ce que cela vous fait ?

EDMOND
Comment ce que cela me fait !

LE DOCTEUR
Laissez-moi sortir. (Parlant toujours dans son mouchoir.) Edouard vous renseignera. (Il sort en bousculant Edmond.)

SCÈNE III

EDOUARD, EDMOND

EDMOND
Ce que cela me fait ?... Mais que signifie cette fuite précipitée, cette terreur, ces mots entrecoupés qu'il étouffe dans son mouchoir. Et toi même. (Montrant le mouchoir que Charles tient sous le nez.)

EDOUARD
Il dit qu'il règne ici un air empoisonné.

EDMOND (avec effroi et prenant son mouchoir)
Ah bah !

EDOUARD

Rassure-toi, la fenêtre est ouverte.

EDMOND

Tu crois ?

EDOUARD (montrant la chambre du comte)

C'est là qu'est le danger pour la comtesse qui ne le quitte pas.

EDMOND

Elle est près de lui ?

EDOUARD

Toujours !

EDMOND

Je voudrais bien voir mon oncle, mais si c'est comme cela, merci. Et pourtant, le temps presse, il faut lui rappeler que je suis son neveu, le seul héritier de son nom, et qu'il doit me laisser dans sa fortune une part qui me permette de le porter convenablement.

EDOUARD

Tu penses à l'héritage ?

EDMOND

Mais certainement.

EDOUARD

Et sa fille ?

EDMOND

Sa fille ne portera pas son nom.

EDOUARD

Est-ce que tu n'as pas une vingtaine de mille francs de rente ?

EDMOND

La belle affaire !

EDOUARD

Je sais bien qu'avec tes habitudes...

EDMOND

Ah voilà ! mes habitudes.

EDOUARD

Oui, elles sont édifiantes.

EDMOND

Vous êtes bien tous les mêmes ; parce que j'ai des goûts que je satisfais carrément, c'est-à-dire sans hypocrisie...

EDOUARD

Scandaleusement.

EDMOND

C'est donc scandaleux d'aimer les bons cigares, le bon vin et les jolies filles ?

EDOUARD

Ce n'est pas une raison pour passer ta vie à courir après elles, la journée sur les boulevards et la nuit dans tous les bastringues et les mauvais lieux de Paris.

EDMOND

Où veux-tu donc que je les cherche ? Si j'étais en Espagne j'irais à l'église, en Orient j'irais au bazar.

EDOUARD

Oui, je sais bien.

EDMOND

Dame! quand tu veux du chocolat, tu vas chez Marquis, du curaçao, chez Focking, des cigares, au grand hôtel; quand tu veux faire un bon dîner, tu vas au café anglais; eh bien, moi, comme j'aime les femmes par dessus tout, qu'il m'en faut absolument, je consacre ma vie à la recherche de ce produit charmant.

EDOUARD

Je connais ton système.

EDMOND

Ah! ce n'est pas une petite affaire que d'être au courant de ce qui paraît, de ce qui arrive de tous les coins du globe, de ce qui émerge de cette foule innombrable; je ne peux pas distraire une minute à ce travail d'Hercule qui consiste à découvrir une fleur qui voit le jour et s'épanouit dans le champ sans limites de la galanterie.

EDOUARD

Si, encore, tu cherchais une de ces pauvres créatures pour la retirer du gouffre, l'aimer, en faire une compagne, une amie, passe.

EDMOND

Ah! oui, je la connais celle-là, me coller!...... Jamais! *natura diverso gaudet* : c'est ma devise. Il me faut du nouveau; je marche, je marche toujours.

EDOUARD

Tu es le Juif-Errant de l'amour.

EDMOND

C'est ma vocation, j'ai la passion de la beauté, de la fraîcheur ; il me faut ce trésor le plus précieux de tous : la jeunesse ! Je ne suis pas comme les 99 centièmes des hommes qui se contentent des sujets les plus médiocres. Regarde autour de nous, vois un peu les maîtresses que nos amis trouvent adorables.

EDOUARD

Eh bien...

EDMOND

Des rossignols.

EDOUARD

Tu es fou, mon pauvre ami.

EDMOND

Il n'y en a pas une qui puisse soutenir une minute la comparaison avec cette multitude de femmes que je te citerai, qui font l'ornement de ces réunions que je trouve agréables et qui te font horreur.

EDOUARD

Laisse-moi donc, le monde est plein de femmes charmantes.

EDMOND

Oui, habillées.

EDOUARD

Tu es cynique.

EDMOND

Je ne vois pas cela. La figure est un agrément fort intéressant, sans doute ; une étiquette fort affriandante ; mais la taille, la tournure, le corsage !

EDOUARD

Oui, parle de corps sage, c'est bien ton affaire.

EDMOND

Ah ! tu joues sur les mots. Je suis un réaliste, voilà tout, et vous êtes tous des rêveurs qui n'avez aucune idée, aucun besoin de la réalité ; je la cherche sans relâche et je la prends partout où je la trouve.

EDOUARD

Es-tu souvent satisfait ?

EDMOND

Ah ! mon métier n'est pas exempt de déceptions et d'amertumes, mais j'ai au moins cette satisfaction de me dire que je n'ai rien négligé pour arriver à mon but.

EDOUARD

Ton but, c'est d'avoir de la chair fraîche.

EDMOND

Certainement ; j'aime à ne m'offrir que de bonnes consommations, de première catégorie.

EDOUARD

Oui, de la boucherie.

EDMOND
Le nom ne fait absolument rien à la chose.

EDOUARD
Va, il n'y a ni bonheur, ni plaisir sans un peu de sentiment.

EDMOND
Tu me fais rire avec ton *sentiment;* comme tu es arriéré. Nous autres, amateurs, nous cherchons ces produits charmants que la fantaisie invente et que la mode réalise suivant le goût du jour.

EDOUARD
Et vous nommez cela ?

EDMOND
La *bicherie*.

EDOUARD
Où cela se vend-il ?

EDMOND
Partout, mais ne se donne nulle part ; c'est la marchandise la plus courante.

EDOUARD
La plus coureuse.

EDMOND
Et la plus courue. Les prix ont doublé depuis dix ans et c'est pour cela qu'il est indispensable que ce bon oncle me laisse de quoi encourager cette intéressante industrie. Il faut que tout le monde vive.

EDOUARD

Soit, vas voir ton oncle, cajole-le et reste le plus longtemps possible près de lui pour permettre à cette pauvre comtesse de venir ici respirer un peu d'air, car elle y périra.

EDMOND (sur le point d'entrer dans la chambre)

Comment y périra ?

EDOUARD

Le docteur dit que cette chambre est pestiférée.

EDMOND

Ah diable ! C'est vrai.

EDOUARD

Mais vas donc !

EDMOND

Pas de bêtises.

EDOUARD

Et l'héritage ?

EDMOND

Nous verrons plus tard, mieux vaut gougeat debout qu'empereur enterré. (Regardant sa montre.) D'ailleurs je n'ai plus le temps. J'ai rendez-vous avec une personne, (Envoyant un baiser.) Je ne te dis que cela.

EDOUARD

Que tu es lâche !

EDMOND

Vas-y, toi.

EDOUARD

Ah ! si je pouvais !

EDMOND

Adieu, mon bon. (Rencontrant à la porte une femme de chambre.) Peste ! la belle enfant ! Comment vous nommez-vous ?

LA FEMME DE CHAMBRE

Julie, monsieur.

EDMOND

Je reviendrai. (Il sort.)

SCÈNE IV

EDOUARD, JULIE (un mouchoir sous le nez et une fiole à la main.)

EDOUARD

Où allez-vous ?

JULIE

Porter ce laudanum à madame.

EDOUARD

Dites-lui que je voudrais lui parler ; il faut que je la voie un moment, rien qu'un moment.

JULIE

Si je puis, car M. le comte épie nos regards et nos gestes avec des yeux qui me font peur.

EDOUARD

Faites tout au monde pour que je lui parle : il y va de sa vie.

JULIE

Madame le sait bien.

EDOUARD

Allez. (Julie entre dans la chambre.) Il faut l'enlever d'ici à tout prix. C'est ma vie, d'ailleurs, que je défends en préservant la sienne. (A Julie qui rentre.) Eh bien ?

JULIE (toujours parlant à travers son mouchoir)

Je crois, monsieur, que madame m'a comprise.

EDOUARD

Ah !

JULIE

Elle donne le laudanum à monsieur le comte, et s'il s'endort... (Elle s'enfuit.)

EDOUARD

S'il s'endort ?

JULIE (sortant)

Attendez.

SCÈNE V

EDOUARD (seul)

Attendre ! non, je ne peux pas attendre. (Regardant son mouchoir qu'il tient toujours à la main.) Et que m'importe après tout, si elle doit y succomber, que ferais-je de la vie ? (Il remet son mouchoir dans sa poche.) Je dois l'arracher de ce gouffre. Ce n'est pas seulement mon amour qui le veut, c'est mon devoir qui le commande ; je suis son cousin, son seul parent, le seul homme qui se puisse aider de l'autorité du sang pour la sauver malgré elle et malgré son vampire.

SCÈNE VI

EDOUARD, LA COMTESSE

EDOUARD (à la comtesse qui entre à reculons avec les plus grandes précautions.)

Ah ! chère cousine. (Il lui prend une main qu'il baise avec transport.)

LA COMTESSE

Chut !

EDOUARD

Il faut cependant que je vous parle.

LA COMTESSE

Bien bas, je ne suis pas certaine qu'il dorme.

EDOUARD

Le docteur vient de me déclarer...

LA COMTESSE (tombant épuisée sur une causeuse)

Je sais tout ce qu'il vous a dit. Ah ! qu'il fait bon ici, je respire ! (Se retournant, voyant les fenêtres ouvertes et courant les fermer.) Grand Dieu ! s'il apprenait qu'on a ouvert !

EDOUARD (la retenant)

Il vous faut de l'air pur.

LA COMTESSE

Fermez bien vite : il lui faut de la chaleur.

EDOUARD

Mais vous y périrez.

LA COMTESSE (revenant s'asseoir)

Je le sais ; mais s'il sentait la moindre fraîcheur il m'accuserait.

EDOUARD

De quoi ?

LA COMTESSE

De vouloir hâter sa fin.

EDOUARD

C'est la vôtre qu'il conspire.

LA COMTESSE

Je sais qu'il ne veut pas que je lui survive.

EDOUARD

Et cela ne vous donne pas le courage de penser à vous ?

LA COMTESSE

Mon sacrifice est fait.

EDOUARD

Et votre fille ?

LA COMTESSE

Ah ! ne réveillez pas cette douleur !

EDOUARD

Il faut cependant que vous y songiez.

LA COMTESSE

C'est pour vous parler d'elle que je suis venu vous trouver. Il faut qu'elle parte ; il faut l'enlever d'ici et j'ai compté sur vous.

EDOUARD

Mais vous ?

LA COMTESSE

Ne nous occupons pas de moi. Je vous la confie, ou plutôt, je vous la lègue; vous la conduirez aux dames du Sacré-Cœur qui m'ont élevée ; elles la recevront en souvenir de moi.

EDOUARD

Partez avec elle, je resterai.

LA COMTESSE

Vous me conseillez une lâcheté.

EDOUARD

Mais votre fille, mais moi : je ne suis donc rien pour vous ?

LA COMTESSE

Je sais le chemin que je dois suivre ; ni la mort, ni l'amour ne m'en écarteront; ma résolution est inébranlable et je ne faiblirai pas dans l'accomplissement de mon devoir.

EDOUARD

Votre fille, votre fille !

LA COMTESSE

Sauvez-là en l'arrachant de cette maison. J'ai vainement lutté jusqu'aujourd'hui pour obtenir de mon mari l'éloignement de cette pauvre adorée.

ÉDOUARD

Il ne peut pas s'y refuser.

LA COMTESSE

Je l'ai trouvé implacable, mais je suis résolue, pour ce qui la concerne, à ne plus tenir compte de ses ordres.

ÉDOUARD

C'est une cruauté inouïe.

LA COMTESSE

C'est de la jalousie.

ÉDOUARD

Il est jaloux de vous peut-être, mais de sa fille ?

LA COMTESSE

De sa fille comme de moi. Il veut que rien de nous ne lui survive.

ÉDOUARD

Voilà donc cet homme généreux auquel vous vous êtes consacrée.

LA COMTESSE

Que voulez-vous, c'est mon destin ; il m'a prise pour femme, il m'a aimée, il m'aime encore jusqu'à la fureur, car s'il pouvait nous tuer toutes deux et lui avec nous il n'hésiterait pas une seconde.

ÉDOUARD

Non, cela ne sera pas.

LA COMTESSE

Non, cela ne sera pas pour ma fille. Pauvre enfant! si jeune, cher ange je te sauverai. (Se levant.) Venez. Je vais lui dire adieu, l'embrasser encore une fois et vous partirez avec elle.

EDOUARD (désolé)

Mais vous, vous!

LA COMTESSE

Moi ? vous savez bien que je dois mourir ici. Venez.

SCÈNE VII

LES MÊMES, LE COMTE

LA COMTESSE

Mon mari! (Courant vers lui.) Quelle imprudence!

LE COMTE

C'est vous, madame, qui commettez une imprudence, car je ne suis pas encore mort.

LA COMTESSE

Que voulez-vous dire ?

LE COMTE (avançant avec la plus grande peine et s'appuyant sur les meubles)

Cela veut dire que j'étais sûr de vous trouver avec monsieur.

EDOUARD

Mon cousin, je venais savoir de vos nouvelles.

LE COMTE

Je connais la nouvelle que vous venez chercher : c'est celle de mon enterrement.

EDOUARD

Vous interprétez bien mal l'intérêt...

LE COMTE

Je sais quel intérêt vous guide, et si vous voulez me le témoigner de la seule façon qui puisse m'être agréable, c'est de ne plus remettre le pied ici.

EDOUARD

Mais...

LA COMTESSE

Allez, Edouard.

EDOUARD

Adieu, cousine. (Il veut lui baiser la main.)

LE COMTE

Assez, monsieur, assez, épargnez-moi le spectacle de ces affectueux témoignages.

LA COMTESSE

Allez, allez. (Elle lui fait un signe pour lui dire de l'attendre.)

EDOUARD

Je vous obéis. (Il sort.)

SCÈNE VIII

LE COMTE, LA COMTESSE

LA COMTESSE (le prenant par le bras pour l'aider à s'asseoir)
Vous êtes tout tremblant, asseyez-vous.

LE COMTE
Oui je tremble, et j'ai peine à contenir ma rage quand je vois qu'on n'a pas la pudeur d'attendre quelques jours encore pour...

LA COMTESSE
N'achevez pas, épargnez-moi, épargnez-vous de nounouvelles injures dont vous connaissez l'injustice. Contentez-vous d'avoir indignement chassé de chez moi mon seul parent, mon seul ami,

LE COMTE
Dites votre amant.

LA COMTESSE
Mon amant?

LE COMTE
Pis encore : votre futur mari.

LA COMTESSE
Qu'en savez-vous?

LE COMTE
Je le vois, je le sens, je suis certain que quand vous

aurez fait enlever et disparaître ces restes misérables (Il se frappe la poitrine.) que je traîne dans la douleur, tout va renaître ici d'une vie nouvelle; et qu'après avoir fait au souvenir de votre vieux mari le sacrifice des quelques mois de deuil que la loi exige et que les convenances ordonnent, tout va se parer pour un nouvel et, cette fois, un joyeux hyménée.

LA COMTESSE

Me suis-je jamais plainte de celui que j'ai contracté avec vous?

LE COMTE

Qui vous y a contrainte?

LA COMTESSE

Personne, et j'ai accepté votre nom pleine de reconnaissance.

LE COMTE

Ah! oui, de la reconnaissance! Que peut-on donner à un vieillard!

LA COMTESSE

Je vous ai consacré ma vie, et, pendant dix ans, je me suis estimée heureuse. Je vous avais donné le bonheur.

LE COMTE

Un vieillard! N'avoir jamais été pour elle qu'un vieillard!

LA COMTESSE

Vous êtes mon bienfaiteur,

LE COMTE

Oui, un bienfaiteur.

LA COMTESSE

Et j'ai toujours eu pour vous l'affection d'une loyale épouse, affection qui est née dans mon sein, avec cette enfant chérie...

LE COMTE

Ma fille, mon sang, cet ange que j'adore comme vous ; où est-elle, pourquoi ne la vois-je qu'un instant chaque jour, pourquoi me sépare-t-on d'elle avant que la mort vienne l'arracher de mes bras ?

LA COMTESSE

Parce que vos embrassements sont un poison pour elle et que vous la tueriez.

LE COMTE

Et quand cela serait, n'est-elle pas à moi, n'est-elle pas une émanation de ma vie ?

LA COMTESSE

C'est la mienne aussi, elle m'est plus précieuse encore, car j'en dois compte à Dieu qui me l'a donnée.

LE COMTE

Mais je suis donc un pestiféré, un objet immonde dont tout le monde doit se détourner avec horreur ?

LA COMTESSE

Votre médecin m'a ordonné de la séparer de vous.

LE COMTE
Mais, vous-même, pourquoi restez-vous près de moi ?

LA COMTESSE
Oh ! moi, c'est différent : c'est mon devoir ; je l'accomplis sans crainte comme sans regrets ; je vous dois ma vie, je l'ai juré, j'acquitterai ma dette.

LE COMTE
Toujours le sacrifice ! Mais si l'on prétend m'enlever ma fille, ma joie, mon seul, mon dernier rayon de bonheur, si l'on veut me réduire à cette misérable aumône d'une minute et d'un baiser par jour, non, je n'y consentirai pas. Je veux la voir, je le veux.
(Il se lève et veut sortir.)

LA COMTESSE (le faisant rasseoir)
Asseyez-vous, calmez-vous, reprenez un peu plus d'empire sur vous-même, réfléchissez un instant.

LE COMTE
Non, je veux la voir. (Il se lève encore.)

LA COMTESSE
Vous ne la verrez pas. (Elle sonne.)

LE COMTE
Que faites-vous ?

LA COMTESSE (le faisant rasseoir, à un domestique qui entre)
Monsieur veut rentrer dans sa chambre, aidons-le.

LE COMTE (la repoussant)
Laissez-moi, j'irai sans votre secours.
(La comtesse sort.)

SCÈNE IX

LE COMTE, LE DOMESTIQUE.

LE COMTE

Voilà, on me laisse aux mains de domestiques. (Quand la comtesse est sortie, le domestique tire son mouchoir et le met sous son nez.)

LE DOMESTIQUE

Monsieur le Comte veut-il ?

LE COMTE

Non, tout à l'heure.

LE DOMESTIQUE (voulant sortir)

Faut-il demeurer près de Monsieur le Comte ?

LE COMTE

Non. (Le domestique sort précipitamment.)

SCÈNE X

LE COMTE seul.

LE COMTE

Ce qu'elle me dit serait-il vrai ? Faut-il donc abandonner tout espoir, tout ce que j'ai aimé, cette femme adorée, cette enfant qui est mon orgueil ! Que deviendra-t-elle lorsque je ne serai plus ? l'épouse délaissée d'un libertin, conservant à peine quelques mois le souvenir confus de son père!!! Et elle, cette femme qui me fait éprouver toutes les ardeurs de l'amour, elle m'oubliera bientôt aussi dans les douceurs d'une ivresse partagée! Ah, voilà le vrai bonheur et je ne l'ai jamais goûté! Jamais je n'ai été pour elle qu'un vieux mari! Ah! je préférerais, oui je préférerais cent fois les emporter avec moi dans la tombe. Quel supplice! Eh bien, non, cela ne se peut pas, car je suis encore un homme, je le sens, tout mon être frémit comme à vingt ans. Non, je ne suis pas mort; quand je la vois, mon cœur bondit et mon sang bouillonne; allons, du courage, comme au matin d'une bataille; préparons-nous pour un dernier effort, disputons courageusement quelques instants à la mort, et mourons, s'il le faut, en lui donnant mon dernier soupir! (Il sonne; le domestique paraît avec son mouchoir sous le nez.) Apporte-moi une bouteille de mon vieux vin de chypre.

LE DOMESTIQUE

Mais, Monsieur le Comte...

LE COMTE

Tu entends, pas une demie, une bouteille. (Le domestique disparaît.) Ah! l'on croit que je ne suis plus un homme! C'est ce que nous allons voir. (Le domestique apporte un plateau sur lequel se trouvent une bouteille et un verre.) Allons, verse.

LE DOMESTIQUE

Monsieur, Monsieur...

LE COMTE

Verse, te dis-je. (Il boit.) Maintenant je me retrouve, je me reconnais, vas me chercher un habit et une cravate blanche. (Le domestique sort.) Je vais lui prouver que je ne suis pas mort, que je l'aime encore, qu'elle est encore ma femme, et, dussé-je y périr, je veux encore jouir d'un éclair de bonheur quand bien même je devrais être foudroyé dans ses bras ! (Prenant la bouteille et versant.) O Vénus, ô ma bonne déesse ! c'est ton vin que je bois, je te l'offre en sacrifice, sois-moi propice encore une fois, et accepte tout ce qui reste de moi en retour de cette dernière faveur ! (Il boit. Que je l'aime cette femme ! que je l'aime ! Ah ! si nous pouvions mourir tous deux dans ce suprême embrassement ! (Au domestique qui rentre.) Allons, vite, habille-moi, jette au feu cette ignoble défroque d'hôpital. (Il jette au loin sa robe de chambre.) Mets-moi cette cravate, mon habit maintenant. (Il se lève pour le mettre et retombe épuisé.) Cours dire à la comtesse que je veux lui parler.

LE DOMESTIQUE (à part)

J'aime mieux cela. (Il sort en courant son mouchoir sous le nez.)

LE COMTE (le rappelant)

Joseph, donne-moi un miroir. (Le domestique revient et le lui donne. — Après s'être regardé.) C'est bien — vas. — A la bonne heure ! je me reconnais, c'est bien moi, le général comte Gentilly ! Nous allons voir ce qu'elle dira de cette métamorphose. Ce que c'est que l'amour, quelle force, quelle puissance ! et l'on voulait m'enterrer ! pas encore.

SCÈNE XI

LE COMTE, LA COMTESSE

LA COMTESSE

Que signifie cette toilette, ce vin ?

LE COMTE

Je me trouve tout à fait bien.

LA COMTESSE

Vous en avez bu ?

LE COMTE

Certainement.

LA COMTESSE

Quelle folie !

LE COMTE

Je me sens jeune comme il y a dix ans, et j'ai voulu me parer comme au plus beau jour de ma vie pour vous prouver que je suis encore votre époux.

LA COMTESSE

Si le docteur apprenait...

LE COMTE

Ne me rappelez plus le docteur, laissez-moi vous parler de mon amour.

LA COMTESSE

Mais c'est insensé.

LE COMTE

Venez, ma vie, venez, mon soleil, asseyez-vous là, près de moi, comme à l'aurore de mon ivresse conjugale. (Elle s'asseoit.) Tu sais bien que je n'ai jamais aimé que toi ?

LA COMTESSE

Oui, oui, calmez-vous.

LE COMTE

Mais ce que tu ignores, c'est l'intensité des feux que je nourris et qui me dévorent. (Il la presse.)

LA COMTESSE

Je vous en conjure. (Elle veut se lever.)

LE COMTE

Non, reste, donne-moi ta main, Louise, Louise, ma chère femme ! (Il lui prend la main et veut se mettre à ses pieds.) Tiens, vois-tu, je sens mon cœur déchirer ma poitrine pour s'élancer vers toi et confondre ma vie avec la tienne. (Il veut la prendre dans ses bras et tombe épuisé.)

LA COMTESSE

Mon ami, mon cher ami, qu'avez-vous fait ! (Elle lui ôte sa cravate. Elle sonne et appelle.) Joseph, Julie, venez, venez, le comte étouffe ! Joseph, Julie !!!

SCÈNE XII

LES MÊMES, JOSEPH, JULIE, puis LE DOCTEUR

LA COMTESSE

Venez, le comte expire, (Les domestiques s'empressent auprès du comte.) sa main est froide. (A Joseph.) Courez chercher le docteur !

LE DOCTEUR (entrant et lui tâtant le pouls)

Ouvrez tout.

LA COMTESSE

Eh bien ?

LE DOCTEUR

C'est fini, chère comtesse. (Aux domestiques.) Transportez le comte dans sa chambre.

LA COMTESSE

Vous n'avez plus d'espoir ?

LE DOCTEUR

Aucun. (On transporte le comte.)

LA COMTESSE

Je ne m'attendais pas à cette fin foudroyante. (Elle veut accompagner le corps.)

LE DOCTEUR

Restez, vos soins lui sont désormais inutiles. (Il la retient et la fait asseoir sur le canapé.)

LA COMTESSE (pleurant)
Il n'a pas revu sa fille, je vais la chercher.

LE DOCTEUR
Epargnez à votre enfant ce douloureux souvenir ; il ne peut plus la voir.

LA COMTESSE
Mon pauvre mari !

SCÈNE XIII

LES MÊMES, EDOUARD

EDOUARD
Que viens-je d'apprendre ?

LE DOCTEUR
C'est fini.

EDOUARD (à la comtesse, et lui prenant la main)
Ah ! chère cousine !

LA COMTESSE (pleurant)
Ses derniers moments m'ont déchiré le cœur.

EDOUARD
Allons, du courage, ce n'est pas aujourd'hui qu'il doit vous faire défaut.

LA COMTESSE
Je suis épuisée.

LE DOCTEUR

Comtesse, allez près de votre fille, ses baisers calmeront votre douleur, vous en avez besoin.

LA COMTESSE

Non, je ne dois pas le quitter encore.

LE DOCTEUR

Allez prendre un peu de repos.

LA COMTESSE

Je ne peux croire que tout est fini. (Elle veut aller dans la chambre.)

EDOUARD (la retenant)

Bonne cousine, épargnez-vous ce douloureux spectacle, pensez maintenant à votre fille, à tous ceux qui vous aiment.

LA COMTESSE

Je n'aurais jamais cru que ce coup, prévu depuis si longtemps, me serait aussi cruel.

LE DOCTEUR

Allons, allons.

SCÈNE XIV

LES MÊMES, EDMOND

EDMOND (au docteur)

Eh bien ? (Le docteur fait un geste désespéré. Edmond se retourne vers Edouard.) Comment ? (Edouard fait le même geste. A la Comtesse.) Est-il vrai, ma tante ? (La comtesse porte son mouchoir à ses yeux. Edmond désespéré.) Quoi ! mort, mort sans m'avoir vu ; sans que j'aie pu me rappeler à son souvenir, sans lui dire que je suis le seul héritier de son nom.

LE DOCTEUR

Je crois que ce sera votre seul héritage.

EDMOND

Il ne pouvait pas me l'arracher.

EDOUARD (lui montrant la comtesse, à part)

Tu oublies quelle t'entend.

EDMOND

Tu en parles bien à ton aise.

EDOUARD

Respecte un peu sa douleur.

EDMOND (sans être entendu de la comtesse qui demeure absorbée)

Sa douleur, sa douleur, et la mienne donc, toutes mes expérances englouties !

LE DOCTEUR (bas à Edmond, se moquant de lui)

Epousez-là.

EDMOND

Vous croyez ?

LE DOCTEUR (bas)

Dame ! je ne vois pas d'autre moyen.

EDMOND (à part au docteur)

Au fait, cela s'est vu, les convenances de famille plaident en ma faveur.

LE DOCTEUR (lui montrant Edouard qui prend affectueusement
la main de la comtesse)

Il n'y a pas de temps à perdre. (A Edmond qui veut en faire
autant, et le retenant.) Mais pas en ce moment.

EDMOND (à part au docteur)

Je crois que je suis distancé. (On amène la jeune enfant qui
se jette dans les bras de sa mère.)

LA COMTESSE (l'embrassant)

Ma fille, ma chérie, ma seule consolation !

EDOUARD (reprenant les mains de la comtesse et avec reproche)

Oh ! cousine !

LE DOCTEUR (à Edmond lui montrant Edouard et se moquant
de lui en dedans)

Je crois en effet que la place est prise.

EDMOND

Je n'ai cependant pas perdu de temps.

LE DOCTEUR

C'est vrai.

EDMOND

Oh ! une idée !

LE DOCTEUR

Laquelle ?

EDMOND (bas au docteur)

Si je demandais la main de la petite ?

LE DOCTEUR

Vous êtes un homme fort. (A la comtesse.) Comtesse,
rentrez dans votre appartement, et laissez-nous, ces

messieurs et moi, pourvoir aux derniers soins que ces tristes circonstances exigent.

LA COMTESSE (se levant, et se disposant à sortir avec sa fille)
Merci.

EDMOND (au docteur)
Qu'allons-nous faire ?

LE DOCTEUR
Les lettres de faire part.

EDMOND
De mon mariage ?

LE DOCTEUR
Pas encore.

EDMOND
Ah ! c'est vrai.

LE DOCTEUR
Il faut d'abord enterrer votre oncle.

EDMOND
Oui, cet homme généreux était tout bonnement un égoïste.

LE DOCTEUR
Vous n'avez jamais dit plus vrai, et si vous voulez réussir dans vos projets (il montre l'enfant.) il faut d'abord faire votre cour...

EDMOND
A la petite ?

LE DOCTEUR (montrant Edouard)
A celui qui sera bientôt son beau-père. (Edouard, la comtesse et l'enfant se dirigent vers la porte où ils rencontrent la femme de chambre.)

EDMOND

Je n'ai pas de veine. (Apercevant Julie.) Je vois qu'au lieu d'une bonne succession je n'aurai à toucher ici qu'une bonne d'enfant. (Il l'enveloppe d'un long regard, l'examine de la tête aux pieds et faisant un geste de la main.) Ce galbe me promet un dédommagement. (Il envoie, sans être vu, un baiser à Julie qui le regarde.) A bientôt !

LE DOCTEUR (qui l'a deviné)

Allons, tout est pour le mieux. Avec quel art, quelle profondeur de vue admirable dame Nature fait mouvoir ces marionnettes humaines ! Chacune d'elles ici va tirer son épingle du jeu.

TABLE

Préface. 1
Un imbécile ou Un Conseil aux Femmes 1
Une Imprudence 163
La Princesse des Ursins ou Un Mariage royal . . . 223
Résignation 297
Le Grand Monde 355
Physiologie ou toute vérité n'est pas bonne a dire . 497
Un Jaloux posthume . . . .

ÉVREUX, IMPRIMERIE DE CHARLES HÉRISSEY

www.ingramcontent.com/pod-product-compliance
Lightning Source LLC
Chambersburg PA
CBHW060413230426
43663CB00008B/1476